未来的城镇化道路
China's Next Urbanization

任远 著

復旦大學出版社

前言 FOREWORD

　　城镇化构成国家发展的基本主轴。经济发展和结构提升不断推动非农化，吸纳农村劳动力向城市集聚，在此过程中逐步破解城乡二元结构，也带动国土空间分布的调整。在城镇化过程中，城乡居民的生活质量得到提高，推动社会进步和现代国家治理体系的逐步完善。良好的城镇化发展构成中国维持经济持续增长和实现全面建成小康社会的重要支柱。

　　中国是世界上人口最多的发展中国家，目前也正经历人类历史上规模最大的城镇化过程，其发展的难度、暴露出的问题、对治理能力的挑战都显得尤其突出。虽然改革开放以来的经济发展和快速城镇化带来了极大的经济进步和财富积累，但是城镇化过程中也越来越显著地表现出土地浪费、社会分化、环境破坏、农村萧条、城乡不平衡加剧、"城市病"等问题，这些经济社会问题构成一种"发展的陷阱"，制约着城镇化的进一步推进，也制约国家经济社会发展的继续进步。因此，站在这个历史时点展望我国未来的城镇化发展，需要积极应对当前城镇化发展过程中的问题和挑战，使城镇化发展道路能够有效推进，并使得国家发展能够推进到一个新的历史时期。

　　进入 21 世纪第二个十年以来，国家提出了新型城镇化的发展战略，构成未来城镇化道路的基本指针。关于探索新型城镇化的发展道路，我觉得需要强调，新型城镇化不是说中国的城镇化发展道路是全新的和与众不同的，而更意味着我国的城镇化发展将进入一个新的历史发展阶段。在城镇化发展初期，国家发展面临的主要任务是通过工业化提供非农化就业机会以解决农业社会的贫困问题；而在城镇化发展的中期和更高阶段，就需要应对日益严峻的结构性问题，破解城乡二元结构和实现城乡一体化，通过产业结构的调整和科技创新提高生产率来带动城乡发展，促进乡城移民的市民化和社会融合，缓解社会分化和实现社会团结，以及更加重视城市群的建设来优化城市体系，实现大中小城市的协调发展。新型城镇化意味着我国城镇化发展进入更高的发展阶段，意味着国家发展进入新的更高阶段。在此过程中，先发展国家的经验值得学习，而先发展国家的教训也值得认真吸取，从而能够使中国城镇化发展突破挑战，提升到或者说升级到新的历史阶段。

探索新型城镇化的发展道路，一个重要的问题是需要探索城镇化发展的内在规律，并努力根据城镇化过程中的内在规律性实现更好的城镇化发展。城镇化不是简单的土地利用转变、农民进入城市的人口空间位置变化的过程，城镇化过程中存在若干内在的规律性，城镇化发展过程中的经济增长、人口城乡变化和土地利用变化需要实现内在的平衡和协调；从小城镇到大城市以至于城市群的发展具有演化的内在机理，也需要城市体系结构实现相互有效的支撑；在城乡之间的迁移流动和社会融合过程也受到一系列家庭决策安排、社会机制和制度因素的影响；城镇化过程中的人口集聚对城市的管理服务和有效运行带来压力，造成"城市病"现象；城市化过程中的空间安排对人类行为的影响具有复杂的关联性，城镇化发展的各种结构性矛盾对于国家有效规避"中等收入陷阱"具有不利影响；等等。对中国新型城镇化的探索需要认识中国城镇化发展的独特性，并深入思考城镇化发展中的内在规律性，使城镇化发展能够避免主观性，避免行政性的武断，从而更好适应社会主义市场经济资源配置的规律，更好实现经济社会协调发展。在此过程中避免和突破城镇化过程中的各种陷阱，走向一个良性发展的阶段。

探索新型城镇化的发展道路，需要树立城镇化发展的未来愿景。不能过分强调将城镇化作为经济增长的工具，这种 GDP 主义的发展观越来越不能适应更综合全面的国家发展要求。城镇化发展需要树立更为综合的发展愿景，包括实现城乡统筹发展和城乡一体化，要求改变城镇化发展中的社会分化和浅城镇化，实现更加深入的城镇化，实现社会整合。城镇化发展要求实现以人为本的城镇化，要求充分发挥人的能力，保障人的利益和权利，以及在城镇化过程中增进社会福利和幸福。未来的城镇化也需要实现可持续发展的目标，并将可持续发展内嵌到城镇化发展过程中。城镇化的动力也需要从要素推进的粗放模式过渡到更加依赖人力资本、依赖创新的推动。

探索新型城镇化发展的道路，需要依赖技术和制度的综合进步，依赖治理体系的完善。技术创新为应对城镇化过程中的各种问题提供了工具，也为不断推动产业进步、推动管理能力的提高提供了可能。制度改革对于中国城镇化过程具有尤其重要的作用。从 20 世纪 80 年代以来的制度改革促进了市场的活力和经济发展机遇，积极地推动了城镇化。而如果制度改革滞后，也会限制城镇化的进一步发展。因此，我国城镇化的发展需要户籍制度、土地制度、福利制度、财税制度等一系列的变革。城镇化的进一步推进需要市场机制的完善，充分发挥市场对于资源配置的决定性作用。同时，城镇化发展需要动员相关社会主体的积极参与和维护，包括动员社会力量，增强企业的自主性和社会责任。在此过程中，法治建设对于城镇化发展具有关键作用。

通过深入把握城镇化发展的内在规律，积极应对我国城镇化发展带来的问题和挑战，加强制度建设和治理体系建设，才能够使中国城镇化迈向更高的发展阶段，达成更良好的愿景和目标，或者说使城镇化的运行实现提升和升级。本书以对中国新型城镇化发展道路的探索为核心内容，针对城镇化未来发展的若干重大理论和现实问题开展讨论。

城镇化发展作为国家发展的主轴，其所涉及的内容非常丰富。对新型城镇化发展道路的探索，也必然是一种愚公移山式的学术努力。无疑，我国城镇化作为人类历史上规模空前的城镇化，既包含城镇化发展的共性经验，也有自身的独特特点和制度因素。中国城镇化发展乃至中国国家发展，正处在一个关键的历史时期，中国城镇化过程和国家发展所遇到的矛盾也无比复杂和深刻，中国的制度改革和迈向未来也面临迫切的任务，需要一步一个脚印地破解疑难，探索未来前行的方向。这本著作汇集了笔者最近几年来对新型城镇化发展道路的一些思考和所得，希望这些一孔之见和研究思考，能够对中国城镇化的未来发展和国家不断走向现代化作出一点贡献。

目录 CONTENTS

上篇 ● 新型城镇化

一 城镇化的升级 / 3

1. 国家发展的基本主轴 / 3
2. 城镇化的不断升级 / 5
3. 城镇化升级的五个任务 / 9

二 城镇化的平衡 / 18

1. 城镇化的三个侧面 / 18
2. 城镇化的制度杠杆 / 21
3. 城镇化的内在平衡 / 24
4. 结构调整、效率增进和加强管理服务 / 27
5. 内涵性的城镇化发展 / 30

三 人的城镇化 / 33

1. 市民化和社会融合 / 33
2. 生活福祉和幸福 / 43
3. 人的主体性和发展能力 / 48
4. 人口的多样性 / 51

四 深化"浅城镇化" / 55

1. 浅城镇化 / 56
2. 浅城镇化和发展陷阱 / 66
3. 城镇化发展的深化 / 73

五 "进城"和"返乡" / 81

1. "进城"和"返乡"的综合过程 / 81
2. 支持农村劳动力的进城 / 85
3. 支持外出劳动力的返乡回流 / 89
4. "迁移效应"和"回流效应" / 91

六 可持续城镇化 / 96

1. 可持续发展目标的过程化 / 96
2. 应对不可持续性的挑战 / 98
3. 可持续的城镇化模式 / 100
4. 实现可持续城镇化 / 103

中篇 ● 大城市的挑战

七 人口调控，还是人口服务？ / 109

1. 适应城镇化发展规律 / 109
2. 城市病 / 113
3. 人口综合服务 / 120
4. 加强法治和提升治理能力 / 123

八 城市病，还是城市新生？ / 126

1. 城中村和城市病 / 126
2. 城中村社会治理的目标 / 132

3. 对三个城中村社区的考察 / 134
4. 城中村社会治理的出路 / 144

九 理想的人口规划 / 151

1. 积极应对城市病 / 151
2. 科学的人口规划 / 154
3. 促进移民群体有效融入城市社会 / 158

十 包容性城市社会 / 164

1. 迁移者不同类型的社区生活 / 164
2. 逐步融入所在的生活社区 / 166
3. 逐步参与和改变生活社区 / 169
4. 建设更加包容性的城市社会 / 171

十一 社会融合的社会机制 / 178

1. 社会融合的社会机制 / 178
2. 社会机制的构建 / 185
3. 政府主导的社会建设 / 192

十二 智慧移民城市 / 198

1. 智慧移民城市 / 199
2. 数据共享和技术应用支持 / 202
3. 制度-技术综合改革 / 204

十三 多中心的巨型城市 / 207

1. 新城与开发区 / 207
2. 多中心巨型城市的发展演化 / 210
3. 巨型城市的挑战 / 214
4. 新城的人口发展和有效治理 / 219

下篇 ● 制度改革和治理

十四　户籍改革 / 233

1. 形成和历史变革 / 234
2. 户籍改革的滞后 / 238
3. 改革的困境 / 249
4. 改革的路线图 / 254
5. 大城市和特大城市的户籍改革 / 264

十五　农地制度 / 270

1. 农地价值 / 271
2. 农地流转 / 275
3. 城乡联动的改革 / 278

十六　社会保障 / 282

1. 社会保障发展不足 / 282
2. 人口流动性 / 287
3. 社会保障制度改革 / 290
4. 共同的意愿和行动 / 294

十七　统筹城乡发展 / 302

1. 城乡平衡发展 / 302
2. 城乡活性化 / 306
3. 城乡发展的双向进步 / 309
4. 城乡整体发展的道路 / 312

后记 / 316

上篇
新型城镇化

一 城镇化的升级

我国正在经历快速的城镇化过程，城镇化实际上构成了国家经济社会发展的基本主轴，以此为动力推动城乡二元结构调整和推动区域发展，扩大内部和产业进步，促进空间形态和基础设施的建设，同时促进城乡公共服务的投入和社会生活的整体进步。国家已经将新型城镇化作为城镇化发展的基本指南。新型城镇化是对我国城镇化发展道路的探索，也是对20世纪80年代以来城镇化发展过程中经验和问题的总结与应对。城镇化发展的重要启示在于，当前我国已经从城镇化发展的起步时期进入了城镇化发展的中后期。随着城镇化的不断发展和进入更高的发展阶段，城镇化面临着新的问题和挑战，也需要新的发展思路，实现新的任务。也就是说，我国城镇化需要从城镇化的初期阶段升级为更高阶段，才能不断推动经济社会的发展进步。

1. 国家发展的基本主轴

城镇化构成改革开放以来到未来一段时期国家发展的基本主轴。20世纪80年代我国城镇化水平保持在20%左右，在东部沿海地区大量国际投资和工业化发展的带动下，经济发展吸纳大量农村劳动力进入城市，同时经济发展不断扩展城市的空间，带来土地利用的变化，推动我国城镇化水平快速提高。1990年我国城镇化水平为26.4%，到了2000年我国城镇化水平达到36%，2010年达到49.68%，2016年年底我国的城镇化水平已经达到57.3%。进入21世纪以来，我国城镇化发展呈现出加速推进的态势。对于未来的城镇化水平各方面有不同的预测。例如，万广华（2011）的研究预测我国城镇化在2030年会达到80%，联合国开发署（2013）在2013年度的国家人类发展报告中预判中国城镇化发展到2030年将达到65%。对于中长期城镇化可能达到什么水平各方面也有不同的判断，但基本共识是，当前城镇化将继续延续30多年来快速推进的态势，我国城镇化仍然处于继续推进的历史阶段。在城镇化发展过程中，城乡关系、经济产业、人口变动、社会生活的变化，以及民众的需求和产生的社会问题都是围绕这个主轴发生变化，并因此带来国家社会经济的整体变化。

近年来城镇化引起突出的关注主要还是其对于经济增长的积极作用。特别是在2008年世界金融危机以后，出口对于我国经济增长的贡献有所下降。为了实现经济持续快速增长，越来越需要增强内需对于经济增长的拉动作用。而城镇化过程中大量人口进入城市，他们的生活方式转变和消费革命，使得城镇化能够成为内需的重要来源。城镇化构成庞大投资的核心，城镇化过程带来土地利用和城市形态的变化，引发房地产业发展的巨大投资，从而刺激经济增长。在城镇化过程中的人口集聚不断推动教育、卫生、环境、居住、道路交通和基础设施建设，带来积极的"马太效应"，进一步促进规模经济发展，促进产业集聚和人口集聚，推动创业创新活动。因此，在当前我国经济发展转型的过程中，如果能够通过城镇化将投资和消费的潜力释放出来，中国经济就能够找到持续增长的动力。

在城镇化过程中，国家发展得以逐步破解城乡二元体制和实现城乡发展的一体化。刘易斯在其城乡两部类模型的分析中揭示了城镇工业部门逐步扩大生产，将传统农业部门的剩余劳动力吸纳完毕，并因此逐步带来劳动力市场价格的提高，实现城乡部门劳动生产率趋向一致，从而逐步实现城乡一体化的发展路径。在城镇化过程中，社会生活也逐步从农业社会过渡为现代公民社会。农业社会本质上是依靠亲属和熟人社区形成的初级社会共同体,而城镇化则带来现代规则体系的建立。社会关系网络和社会结构的日益复杂,增强了人们的权利意识和规则意识,从而在平等和法治基础上推动社会进步,建设成熟的现代国家。这其实是城镇化发展更深层次的意义。沿着城镇化的主轴同时带来新的生活方式,带来中产阶级的形成,带来职业结构和社会结构向上提升,并因此增强了公共意识和公共生活。城镇化过程中也带来对社会公共投资的增长,因此降低了死亡率和生育率,提高了教育、健康和保障等各项福利事业的进步。因此,城镇化不仅是经济过程,更重要的意义在于,沿着城镇化的主轴逐步展开丰富的社会变迁、结构转变、社会生活的塑造和制度的建设,并同时推动人口的社会福利增长和现代化国家建设。

2. 城镇化的不断升级

沿着城镇化的基本主轴不断推动国家经济社会发展,有助于我们理解当前时期城镇化发展的历史阶段。并根据城镇化发展的历史阶段来思考其面临的主要挑战和发展任务。

我们可以将城市化发展分为不同的阶段,包括低水平的城市化时期、中等水平的城市化时期和高度城市化时期。第一阶段是城市化处于30%以下的水平,属于城市化的起步时期,城镇化的增长速度比较缓慢和平稳。第二个阶段是城市化水平从30%上升到70%,这段时期的城市化处于人口向城市迅速集聚的快速城市化时期。这个阶段往往也可以分为两个时期:一是城市化水平从30%到50%的城镇化中期;二是城市化水平突破50%,也就是一个国家有更多的人口居住在城市,进入城市化的中后期。第三阶段是高度城市化时期,是城市化已经达到70%到80%的较高平台以后的继续发展,这个时期的城镇化发展也相对比较平稳。我国城镇化已经从20世纪80年代的20%左右增加到现在的54.7%，已经从城镇化的起步时期过渡到中等城镇化水平，目前正进入城镇化发展的中后期。在这个城镇化升级转型的关节点上，我国的城镇化面临和过去城镇化发展完全不一样的任务和问题，也具有着不一样的追求。

在城市化发展的起步时期向中等城市化水平转型升级的过程中，面临的首要问题是突破"贫困陷阱"的挑战。也就是如何解决落后的传统农业、庞大剩余劳动力和落后的工业化所带来的城乡贫困。我国在改革开放初期遇到的主要挑战正是这个"贫困陷阱"，也是20世纪80年代以来国家的最核心任务。改革开放以来，我国通过沿海地区的工业化带动，提供劳动力密集型的产业发展，逐步吸纳农村剩余劳动力，顺利地完成了城镇化发展第一个阶段的历史任务。以工业化和促进就业为核心的城镇化发展进步显著，取得了经济发展的奇迹。相比较而言，我们说非洲和印度是没有工业化的城镇化，其城镇化不是由城市工业部门吸引农业劳动力而带动城市化，而是由贫穷和脆弱的农业部门的人口挤出所带来的城市化。城市难以为大量涌入的贫困人口提供足够的就业机会，城市失业水平较高，并在城市中形成了庞大的非正规就业，如马路摊贩、拾荒者等。据估计，印度就业者中的93%属于非正规就业。农村中的失地人口、穷困人口涌入城市，将农村贫困问题转入城市，形成城市贫困问题，在孟买、加尔各答、德里等特大城市都有大片的贫民窟。据估计，孟买居住在贫民窟和大街上的人占该市全部居民的40%—50%。这些地方卫生条件极差，各种疾病流行，城市的供水不足、电力短缺、环境污染严重（任远等，2013）。因此，即使到现在，印度仍然需要加强工业化来克服"贫困陷阱"，实现从城镇化初期到中等水平城镇化阶段的升级转型。

当城镇化的水平达到50%左右，城镇化发展面临向中后期继续升级转型的任务。这个时期城镇化发展的核心任务就不仅仅是创造就业和吸纳农村剩余劳动力就业——当然，劳动力就业的问题在城镇化发

一、城镇化的升级

展的不同阶段永远都存在——而是协调处理城镇化过程中日益扩大的社会分化。工业化的发展促进城市就业，并通过加强城市工业部门的吸纳能力促进人口集聚。良好的工业化带来了城市经济、人口的迅速发展，并增强了城市的投资，从而加强了城市对人口的承载能力。同时，在这一时期，随着大量农村人口进入城市，工业部门和农业部门的经济差异日益扩大，城乡之间的经济差异日益扩大。工业化劳动和城镇化发展的初期，由于大量剩余劳动力和促进就业的内在需求，使城镇化保持了低成本的劳动力密集型的产业形态和就业模式。城镇化初期的许多经济产业是家庭工业和密集型的劳动密集型产业，这样的产业经济模式在城镇化初期促进就业是可行的，但是到了城镇化中后期以后，生产的不规范性和缺乏劳工福利保障会限制经济发展的质量，限制劳动者福利的提高。城市的社会分化是以劳动力市场分化为基础的，正是因为大量的非正式用工和非正规就业，社会分化日益加剧，城镇化中期的社会分化也表现为贫富分化和社会阶层的固化和极化。在城镇化发展的过程中，财富的城乡分配日益不平衡，城乡之间和城市内部的社会分化日益扩大。因此，这一阶段城镇化发展遇到的核心挑战是"中等收入陷阱"。典型的例子是拉美国家在20世纪80年代经济快速增长和快速城镇化以后，由于显著的贫富分化和社会分化，社会冲突加剧，削弱了进一步发展的潜力（郑秉文，2011；王友明，2012）。进入21世纪以来，在基本解决了贫困问题和农村剩余劳动力就业问题以后，我国的城乡结构、经济结构、社会结构的不平衡问题日益突出，陷入"中等收入陷阱"的风险日益增大。因此，需要将促进社会整合、协调经济增长和社会进步，平衡社会利益和协调社会分配，作为这个时期城镇化继续升级转型的核心任务。

我们也可以进一步预判，城镇化将继续向前发展，进入70%—80%的高度城镇化时期，社会经济发展将更加依靠城市为中心的发展和调整。第三产业的迅猛发展使得城市的职能更加复杂和多样化，进而成为所在地区以及整个社会的经济中心、科技中心、文化中心、商业贸易中心和情报信息中心。在这个时期，需要通过科技创新培育形成新的产业，继续提高产业能力，同时创新发展出新的城市社会生活模式。城镇化发展总是不断寻找新的增长动力，沿着城镇化发展主轴展开出新的产业模式、新的社会生活内容，以及展开新的治理结构，确定新的定位和更高的发展目标。在我国东部一些已经实现高度城镇化的城市区域（如上海），城镇化水平达到80%以上，已经开始将其城镇化发展面临的主要任务定位于建设创新型城市和国际科技创新中心。

因此，从低城镇化发展水平向城镇化发展中期升级转型，主要需要突破"贫困陷阱"，也就是解决农村地区的大量贫困人口，通过发展工业化来解决贫困问题，形成推动城市化的动力，以及通过工业化的发展为城市部门提供进一步发展所需要的资本积累。中等城镇化发展水平向城镇化发展中后期升级转型所面临的主要挑战是"中等收入陷阱"，也就是如何应对结构性矛盾扩大的挑战，如何避免城乡收入的日益扩大，如何协调城市化过程中的城乡关系和城乡结构，如何实现劳动者收入保障的提高以促进稳定的中产阶级社会的形成。高度城市化发展阶段所面临的挑战则主要是"创新陷阱"，也就是如何能够在产业不断外部转移的背景下通过产业升级巩固自身在产业链的高端地位，通过产业创新创造更高附加值的就业岗位，以及提高居民收入，不断提高城市生活的品质，满足高度城市化对于土地、能源的巨大需求。在城市化发展的不同阶段，城市化和城市转型面临不同的挑战，也只有通过不断转型升级，才能推动城镇化不断向前推进，并创造出良好的社会经济生活和现代治理模式。

相对于城镇化发展初期更加重视通过工业化和非农经济发展解决就业问题，当前我国城镇化发展水平达到54.7%，基本处于向城镇化发展中后期转变的阶段。因此，城镇化升级需要更加重视促进城乡统筹发展、避免社会分化、促进经济结构转型升级等各种结构性问题。同时在东部沿海一些高度发达的城镇地区，需要进一步实现城镇化的升级跨越，通过科技创新发挥龙头作用，创造出具有领先意义的新的经济产业模式和社会运行体系，带动国家的进一步发展。因此，当前我国城镇化发展的主要任务是实现城镇化发展阶段中期的结构整合，同时也要求在东部沿海一些高度发达的城市地区进一步推进创新型城市建设。沿着城镇化过程不断推动国家社会经济的整体进步，需要从城镇化不断升级的视角来探索城镇化发展如何继续进步，从而推动经济社会发展、城乡结构整合、城乡生活改善，不断促进现代化文明的进步。

3. 城镇化升级的五个任务

我国正处于经济转型升级、不断推动城镇化发展迈向新的更高水平的历史时期，推进城镇化构成国家发展的主导战略。国务院 2014 年制定发布了《国家新型城镇化规划（2014—2020）》，将推进新型城镇化作为国家发展的一项核心战略，提出需要"围绕全面提高城镇化质量，加快转变城镇化发展方式，以人的城镇化为核心，有序推进农业转移人口市民化；以城市群为主体形态，推动大中小城市和小城镇协调发展；以综合承载能力为支撑，提升城市可持续发展水平；以体制机制创新为保障，通过改革释放城镇化发展潜力，走以人为本、四化同步、优化布局、生态文明、文化传承的中国特色新型城镇化道路，促进经济转型升级和社会和谐进步"。

所谓新型城镇化，并不是说我们的城镇化是人类历史上独特的或者全新的城镇化。恰恰相反，作为后发展国家的城镇化，我国需要总结世界城镇化发展的经验和教训，从世界城镇化发展的最新理念中来寻找未来的突破口，追求可持续的城镇化、智慧城市、宜居城市、更加正义的城市，这些对于我国推进新型城镇化发展都是有重要启示意义的。所谓新型城镇化，是指我国的城镇化发展需要不断升级，提升和进步到更高的发展阶段。从城镇化在不同历史阶段不断升级转型的角度看，当前我国正处于中等收入阶段和从城镇化中期向中后期过渡的时期，城镇化向更高阶段升级转型主要面临五个方面的任务。

第一，在社会结构方面，我国城镇化发展需要从"非农化的城镇化"向"市民化的城镇化"升级，促进城镇化过程中城乡结构、城市内部社会结构的整合。

城镇化初期主要的任务是通过工业化解决就业问题，因此非农化构成1980年以来我国改革开放和城镇化发展的核心任务。无论是20世纪80—90年代初期的乡镇工业，还是20世纪90年代以后沿海工业化带动乡城迁移和城镇化，非农化发展在城镇化初期均发挥了吸纳就业、逐步破解城乡二元结构的积极作用。但是到了城镇化的中后期，农村剩余劳动力很快会被吸纳干净，"刘易斯转折点"开始出现（蔡昉，2007；吴要武，2007），我国也在总体上突破了"贫困陷阱"。因此，相对于吸纳农村剩余劳动力，吸纳移民在城市中实现社会整合就显得更加迫切和重要。

在当前城市化发展阶段中，乡城移民和跨地区移民的市民化不足造成的社会结构分化问题已经表现得越来越突出。具体来说，中国的城镇化水平已经达到53.7%，但是用户籍口径来衡量的城镇化水平只有35.2%。在一些城市，非户籍外来移民已经超过本地人口，甚至达到本地人口的几十倍。但是，城市中大量人口没有实现市民化，本地人口和非户籍人口之间公共服务和社会福利制度安排的差异性非常明显，扩大了城市内部的社会分化。市民化不足导致城市内部不同族群缺乏共同认同，这进一步和利益、福利的差别结合在一起，将社会分化表现为族群的分化，带来强烈的本地人口和外来人口的社会紧张关系。同时，由于市民化不足，导致移民群体储蓄率较高、消费率不足。市民化不足也同时带来企业和劳动者自身的人力资本投资不足，不仅企业对具有很强流动性的劳动者缺乏投资的计划，缺乏稳定市民化预期的劳动者

一、城镇化的升级

也不愿意增强自身的人力资本投资。这些都阻碍着产业进步和经济发展。由于市民化不足，强化了移民在城镇化过程中的家庭分离，大量留守家庭成员和大量暂时性迁移成员同时存在，增加了城乡社会的不稳定性。进城的劳动力在年龄较大失去就业机会以后，只能返回农村，由于他们缺乏社会保障，会进一步增加农村地区的养老压力。这也说明，如果城镇化过程中的市民化没有实现，城镇化也就不能完成。乡城转移人口如果没有彻底转移到城市，农村发展的压力甚至还会升高，导致城乡之间的发展差距进一步扩大。市民化的问题不能完成，严峻的城乡分化和社会分化，就会削弱国民经济和社会长远发展的能力，就有可能使国家发展陷入"中等收入陷阱"。

因此，当前时期的城镇化发展并不是单纯为农村人口提供非农就业机会，城镇化需要给所有社会成员提供有质量的、稳定的就业，提供市民化的权利和待遇，从而增强他们的社会认同。这样才能真正完成我国的城镇化过程。城镇化发展的进一步升级，需要重视弥合35%的户籍人口城镇化和54.7%的常住人口市民化中表现出来的内在紧张，通过移民的市民化和社会融合，在社会结构上形成新的中产阶层，在经济结构上培育出稳定产业工人的主体，这样才能支持城镇化发展到一个促进城乡社会整合、促进城市内部社会整合的发展阶段。

第二，在城市体系的结构上，需要实现从"中小城市优先的城镇化"向"城市群依托的城镇化"升级，更加重视巨型城市的发展和城市-区域的联动发展。

在城镇化的初期，小农经营的农业具有劳动力密集型投入的性质，需要家庭劳动力周期性地返回农村地区进行农业生产。同时，城市的工业化薄弱，城镇化从离土不离乡起步。"小城镇大战略"构成20世纪80—90年代中期以来中国城镇化发展的核心战略。随着工业化发展，工业化要求要素集聚能力的提高，我国城镇化发展也越来越向高层次演进。到了20世纪90年代中期以后，开始出现大城市容纳人口数量的快速增长。实际人口数据显示，中国已经进入大城市驱动的城镇化发展阶段。到了当前时期，在东部沿海的若干特大城市和巨型城市已经出现了千万人口以上的巨型城市，巨型城市也表现出多中心化的态势。这些城市和周边的城市正逐步构成有机的城市体系，使得在一些典型地区形成规模庞大的城市群和城市区域地带，例如长三角地区和珠三角地区。城镇化水平的提高和城市的要素集聚能力增强，带动了城市成长，我国的城镇化主体力量逐步从以小城市和小城镇为主，转变为以特大城市和城市群联动为主的时期。

因此，城镇化战略已经不能用"积极发展中小城镇、严格控制大城市和特大城市"的传统城市化战略来加以指导，新型城镇化发展需要以城市群的一体化发展带动区域经济，支撑超大规模巨型城市的发展，以及在城市群内部加强一体化的基础设施和社会管理。这样能够在中国若干具有要素集聚能力的巨型城市和城市区域，进一步发挥集聚人口的作用，提升城镇化规模经济和增强发展效率。在这个意义上看，类似北京、上海等特大城市已经不是单个城市，而是多个城市构成的巨型城市，他们各自整合在庞大的城市群体系中。因此，城市化的发展不是要严格控制特大城市，而是要调整城市区域的空间布局和空间联动性，推动城市群中综合城市体系的发展，增强巨型城市对城市群的整体辐射能力，增强城市群对国民经济的整体带动能力。我国虽然仍然要积极发展中小城市，特别是在中西部地区，努力使城市和区域间的基本公共服务实现均衡；但是，城镇化的最重要推动力量已经是依靠特大城市和城市群的城镇化扩展，不再是依靠传统的由下到上的就地城镇化的发展演进。这也使得中国的城镇化开始进入"城市区域化"时期，这要求进一步提升巨型城市的管理能力，破除城市群内部的发展壁垒，实现城市区域的整体联动发展。

第三，在产业结构和经济发展方式上，新型城镇化需要从"粗放投入的城镇化"向"创新驱动的城镇化"升级转型。

一、城镇化的升级

城市化初期的基本任务是要促进就业和吸纳农村剩余劳动力。在劳动力无限供给的条件下，低成本劳动力构成经济增长的比较优势，城镇化初期形成了劳动力密集投入、低成本劳动力使用和过度消耗资源环境的粗放投入型城镇化。但是，随着在城镇化过程中农村剩余劳动力基本吸纳完毕，城乡关系出现了"刘易斯转折点"，在此之后，劳动力成本上升、污染加剧和资源环境支撑能力恶化，传统城镇化发展必然面临劳动力要素和生态环境要素难以支撑的局面。要素投入推动经济发展和城镇化，同时带来生产要素的浪费性使用。比如，通过土地用途转变带来经济利益也成为城镇化发展的重要驱动力，引发土地资源在城镇化过程中被大量占用，而土地使用低效率占用和浪费耕地，也形成资产泡沫，构成城镇化发展过程中的巨大风险。在一些三、四线城市出现大量的"空城"现象，在城镇化过程中的大量土地限制和住房空置，都说明了要素驱动的城镇化会带来巨大的发展风险，导致不可持续的城镇化发展。

当劳动力供给出现短缺，新型城镇化需要更加重视发挥人力资本的作用。区别于简单的制造业经济，新型城镇化需要强调创新和创业的发展。区别于更加依靠土地和资源环境的粗放投入，新型城镇化需要重视要素使用效率的提高，实现生态友好和低碳发展的模式。同时，新型城镇化需要从过分依赖煤炭的能源结构，过渡到更多依靠新能源和提升能源效率的发展阶段，等等。通过人力资本整合、技术创新和低碳发展，才能形成城镇化过程中新的比较优势，从"粗放投入的城镇化"转变为"创新驱动的城镇化"，并在这个过程中构造出城镇化发展新阶段的发展动力和发展空间。

特别是我国东部沿海地区的城镇化发展，迫切需要通过创新驱动来创造新的经济产业。东部沿海地区的城镇化发展不仅面临劳动力供求格局变化和土地等生产要素日益稀缺的压力，同时，世界贸易变化也进一步挤压传统劳动力密集的出口加工产业的生存空间。东部地区经济产业发展尤其需要通过创新创业，发展具有独立知识产权与新技术能力的产业和产品，这只能依靠创业和创新才能实现。东部地区包括上海、北京、深圳等巨型城市，在城镇化的发展进程中，已经达到较高的城镇化发展阶段，其城镇化的升级也具有更高的目标。例如，上海已经进一步将建设国际科技创新城市作为发展目标，建设世界水平的综合性全球城市。这需要进一步提高科技创新能力，通过创新驱动，才能实现城镇化在更高水平上的继续升级。

第四，城市管理和城市治理方面，中国城镇化发展需要从"传统管理的城镇化"向"智慧城市的城镇化"转型。

在中小城市为主体的城镇化阶段，城市的管理相对简单。随着城市人口集聚和向超大规模巨型城市发展，城市运行的复杂性增强了，城市风险的不确定性增强了。城市所要应对的风险不仅包括城市自身的风险，同时也包括区域发展的风险、全球变化的风险；不仅包括经济就业和经济运行的风险，同时也包括社会发展、公共安全和环境污染等综合风险。这都要求城镇化发展不仅要关注工业化和经济增长，还要有能力应对城镇化过程中遇到的综合风险。

"城市病"正是城镇化过程中面临综合风险的反映。各种"城市病"如交通拥挤、住房贫困、社会治安水平下降、食品安全和污染问题等等，都反映出城市管理水平的相对不足。我们往往将"城市病"作为人口问题，认为人口快速集聚引发了城市问题，实际上有足够的研究表明，城市密度和城市人口数量本身和环境问题、公共安全问题、公共服务问题并没有直接联系，"城市病"的根本问题是城市管理能力不足和公共服务供给不足（任远，2015）。治理一个数千万人口的巨型城市乃至上亿人口的城市群地区，和一个几万、几十万人口城市的管理不能相提并论，新型城镇化需要适应城镇化升级，实现管理和治理升级。城市管理模式需要更加精细化，同时应该改变过度依靠政府管理的管控模式，动员社会多元力量实现自我管理。特别是随着信息技术的发展和大数据的积累应用，城市管理的能力和潜力都得到极大扩展。例如纽约和伦敦，这些巨型城市甚至在进一步实现人口集聚和密度提高，建设更高效率的超高密度城市，这些都需要城市管理和服务能力的极大提升。有理由相信，通过不断提升能力，实现更加智能的城镇化管理，城镇化能够应对不断提高的人口集聚和人口密度的压力，应对城镇生活的各种风险，同时提升城乡人口的福利水平。

第五，在社会生活的运行上，新型城镇化需要从更加重视利益的"土地和产业的城镇化"过渡到"以人为核心的城镇化"，重视社会发展和人民福利的进步。

实际上，城镇化天然会带来人民的福利进步。数据表明，城镇化过程中带来死亡率下降、预期寿命提高、教育健康投资提高、生态环保效率提高和住房改善，等等。但是相对于城镇化初期比较重视经济增长和就业，比较重视城镇化的经济内涵，对城镇化过程中的福利和利益保障、社会生活改善、文化现代化、环境改善和治理进步等却显得不足。所以，新型城镇化的升级意味着城镇化发展要从重视物质财富和物质进步，过渡到重视人的活动和人的福利，在城镇化的升级中实现"城镇化使人的生活更美好"。

城市化发展初期的主要功能是生产，主要考虑制造业发展，重视土地利用转变来促进经济增长。城镇化的升级，需要考虑将城镇化建设成为人们生活幸福的城市，考虑人们的生活，考虑人们的行动。因此，城市发展和建设需要从由上到下的宏观规划转变为基于人们需求和行为的城市更新和福利增进。基于城乡居民的生活服务需求，重视社区建设，考虑包括移民群体、老年人口、儿童和就业人口的具体需求。发展各种社会服务和促进社区内聚力的形成，应该成为比征地、建设开发区更加重要的发展任务。当前的城市建设往往热衷于建设大型的广场、建设大规模的骨干交通道路、建设几十乃至上百平方公里的工业区域，这种经济中心主义的城市建设模式，已经表现出不利于城市社会机理发育的不良后果。城市发展需要转向更加重视市民生活需求的社区功能建设和社会生活形态构建。所以，城镇化的初期可能考虑的是如何扩大和建成城市，而当城市建成以后则需要打造城市的功能和提升城市的品质，增强城市传统文化和现代文化的协调，增强居民的社会网络和归属感。也就是说，更加重视城市的功能建设，提高城市发展的内涵，应该成为更高水平的城镇化发展的重要内容。在城市化逐步进入相对稳定期以后，就需要重视人们的生活、福利，保障城市居民的权利和利益，建设吸引人们生活的城市。

在城镇化过程中社会生活的构造和社会秩序的构建方面，我们也发现城镇化过程中的利益分化正表现得越来越显著。例如，城镇化过程中的农村征地和城市更新改造已经引起非常尖锐的社会冲突。这些社会冲突的实质是利益分化利益冲突。由于没有一个利益保护机制，将导致社会冲突有可能进一步加剧。对于社会冲突的解决，只是依靠上访不能解决问题，更根本的对策是要依靠法治来规范化、合理化利益结构，建立规范的利益秩序。

因此，随着城镇化发展从初期阶段进入中后期，城镇化面临的背景、解决的问题和实现的目标都和以前不一样了。良好的城镇化发展需要促进城镇化的升级。因此，新型城镇化需要应对的主要是结构性的任务，包括城乡结构、城市内部结构、经济结构和社会结构，调整城市的空间结构，协调利益结构和权力结构，塑造更有品质的城市社会生活结构、文化结构等。

城镇化发展具有后发优势，先发展国家对城镇化道路的探索，提供了应对城镇化发展的正面和反面借鉴，提供了新的发展思路和发展工具，提供了可以学习的经济发展方式和社会运行形态。因此，新型城镇化需要具有一种不断升级的眼光，从自己的比较优势出发，实现经济的结构性升级、社会的结构性融合、政治的结构性协商、文化的结构性继承，将城镇化推进到更高水平，带动区域发展和稳定可持续的经济增长。

当前，我国的城镇化发展进入一个新的发展阶段。新型城镇化发展，正沿着城镇化的主轴即经济社会生活的构造和现代文明的整体建设前进。在城镇化发展主轴的中后期，通过城镇化的升级，可以解决各种结构性问题。新型城镇化的目的在于不断提升城镇化的能级，过渡到城镇化发展的更高阶段。以城镇化为主轴推动国家发展各相关方面的结构性进步，才能突破转型期陷阱，实现经济增长、社会进步、生态环境友好、国家治理能力提高和人的福利进步。在这个意义上的新型城镇化，才是未来10—20年中国全面建成小康社会和建设现代国家的真正动力。

参考文献

蔡昉：《破解农村剩余劳动力之谜》，《中国人口科学》2007年第2期。

国务院：《国家新型城镇化规划（2014—2020年）》，2014年3月16日。

任远：《关于特大城市人口综合调控问题的思考》，《南京社会科学》2015年第1期。

任远等：《未来十年亚洲的城市转型与城市化》，载上海论坛组织委员会编：《危机以后的调整与再生》，复旦大学出版社，2013年。

万广华：《中国城镇化率达到80%》，《国际经济评论》2011年第6期。

王友明：《拉美陷入"中等收入陷阱"的教训、经验及启示》，《当代世界》2012年第7期。

吴要武：《刘易斯转折点来临：我国劳动力市场调整的机遇》，《开放导报》2007年第3期。

郑秉文：《"中等收入陷阱"与中国发展道路》，《中国人口科学》2011年第1期。

"Unprecedented pace of urbanization presents challenges and opportunities to China", http://www.cn.undp.org/content/china/en/home/presscenter/pressreleases/2013/08/unprecedented-pace-of-urbanization-presents-challenges-and-oppor.html, Accessed 17 Apr 2016.

二　城镇化的平衡

城镇化发展主要是伴随着工业化以后的产业过程得到推进。工业化打破了以土地为核心的农业经济体系，使得农业经济生产方式和社会生活形态向工业化、后工业化社会转变，生产要素和产业活动趋向集中，在此过程中提供就业机会，促进城市的形成和成长，促进人口和劳动力向城镇集聚，扩大城市空间范围，城市周边的农业用地转变为城市建设用地，土地利用的经济效益得到提高。在工业化和城镇化的过程中，也相应伴随生态环境的变化、社会结构和社会生活变化、人们的价值观念变化，以及治理结构变化等。城镇化因此构成了从工业化时代开启的人类社会发展进步的主轴。在这样整体发展转型的综合过程中，产业要素的空间集聚构成城镇化的根本特征，产业集聚、人口集中和土地利用集聚效应的不断提高构成了城镇化过程的基本特点，而城镇化发展的这三个侧面的变化是内在统一的。

本章从城镇化三个侧面即人口城镇化、产业城镇化和土地城镇化的特点和内在关系出发，讨论城镇化发展的内在平衡性问题，并以此探讨城镇化发展演进的内在规律。笔者也将从这三个侧面的相互平衡和不断发展转型，思考中国城镇化的未来发展。

1. 城镇化的三个侧面

（1）人口城镇化

一般来说，我们所讨论的城镇化主要是人口城镇化。人口城镇化是

二、城镇化的平衡

居住在城镇地区的人口占总人口的比重。但是什么是城镇地区，有着不同的界定标准。第五次人口普查数据将每平方公里大于1 500人的街道和市辖区的人口都作为城镇人口。城市规划部门将关于城市建设用地的地区作为城镇地区，包括设立区的城市的市辖区、县城的城关镇和重点城镇的镇区。第六次人口普查数据的定义是将居委会所在的地区作为城镇地区。对于如何来确定城镇地区，有的研究根据人口密度进行衡量，国外的都市区根据通勤的范围加以衡量，随着可以通过卫星采集灯光亮度数据，又有了新的衡量方法，可以将灯光亮度的集聚区域作为城镇地区，并因此分析城镇化的分布和变化。

不仅对于什么是城市（镇）地区有着不同的口径和衡量方法，同时对于什么是城市人口也有不同的处理办法。例如，人口统计年鉴往往是将户籍人口作为城市人口，而人口普查则以居住在城市地区半年及半年以上的常住人口作为城镇人口。我国在2014年的城镇化率为54.8%，但是户籍人口口径的城镇化率大约是35.7%左右。近年来越来越普遍采用常住人口作为人口城镇化的基本口径。

人口城镇化意味着城镇人口数量的增长和城镇人口比重的提高。城镇人口的增长包括城镇人口的自然增长和人口从农村进入城镇。城镇地区的生育率水平非常低，而且城镇人口的生育率水平基本是低于农村地区。因此，人口城镇化水平的提高相当大程度上是由于农村人口向城镇地区转移的结果。以刘易斯（1954）为代表的发展经济学认为，城乡二部类经济的调整转变是人口城镇化的动力。而农村人口向城镇部门转移的人口城镇化也具有两种不同的形式：一是当地农村人口向城镇地区集中的过程，可以说是就地城镇化；二是跨地区的农村地区居民向城镇地区集中的过程。这些都是人口城镇化的主要过程。我们也可以看到，人口城镇化有的时候表现为城镇人口比重的提高，但其实质可能是土地城镇化，从20世纪90年代中期以来，不少城市纷纷拆县并市、拆县建区，城镇地区的行政区划扩大甚至涵盖了周边郊县和农村地区，从而提升了城镇人口数量和城镇化水平。

可见，用人口指标来衡量的城镇化，本身包含着城乡经济结构变化的产业变动过程，同时折射出大规模的人口移民过程，包括城市土地利用变化过程。而随着人口向城镇集聚，城镇地区人口结构发生变化，交往网络和社会结构发生变化，新的劳动力人口参与城市的经济活动和创新创业，使得人口城镇化同时成为产业城镇化和城市形态变化的积极力量。

(2) 产业城镇化

从经济产业角度看城镇化，城镇化是非农产业比重的提高和非农经济的空间集聚。对于城镇化水平的衡量办法也曾使用过统计非农业户籍人口的比重。非农业人口和农业人口是1958年户口管理制度所确定的户籍性质，其最主要的还是反映经济产业的结构指标。但是改革开放以来，农业户籍性质的人口也不一定从事农业，离土不离乡的农村工业化以及离土又离乡的农民工外出务工经商，使得户籍和经济结构就脱钩了，包括"农民工""农民企业家"，都反映了经济城镇化和人口城镇化的不一致。在这种情况下，利用非农户籍人口来反映经济结构就变得没有意义。户籍制度则暴露出对于人口空间移动和劳动力经济活动的产业转移具有排斥和限制的不利影响。

城镇化是非农业经济活动日益发展和集中的经济产业过程，意味着经济活动方式从农业社会向工业社会，以及向后工业社会转变。因此，从经济产业角度来衡量的城镇化，应该通过经济从业人口中的非农业就业人口占总就业人口比重来表明城镇化发展的水平。作为经济产业过程的城镇化，还需要通过经济产业的集中性、生产要素的集聚性和产业结构来衡量。

(3) 土地城镇化

土地城镇化的过程是城市建设用地面积的扩大，其主要的发展过

二、城镇化的平衡

程是农业用地转变为建设用地。城市的建设用地包括工业用地和居住用地等。实际上，农村中部分集体经营的土地也是建设用地，很大程度上是非农业经济的土地利用，但是这部分土地利用并不统计为城市建设用地。土地利用变化是城镇化发展的另一个重要内涵，以至于土地利用规划在很大程度上成为地方城镇化发展的主要内容。不少地区纷纷规划和扩展新增建设用地，促进建成区形态和景观的变化，在此过程中带来巨大投资和经济增长，使得城镇化发展很大程度上表现为土地城镇化。

城镇化发展包括人口城镇化、产业城镇化和土地城镇化这三个不同的维度和侧面。而从这三种城镇化的发展演进来看，这三种城镇化本身也是相互交错的。人口城镇化有时是土地城镇化的表现方式，而人口城镇化有时又反映了经济产业变化的面貌。这种相互交错的特点使得我们认识到城镇化是一个综合的过程。而在此过程中，人口城镇化、产业城镇化和土地城镇化构成了城镇化发展最为基本的维度。

2. 城镇化的制度杠杆

市场的力量和经济增长是我国城镇化发展的根本力量，而中国的城镇化发展显著地受到各种制度因素的影响。制度改革和制度创新有助于推动经济发展和城镇化进程，而在另一方面，如果制度改革缓慢，则会对城镇化发展带来限制。从人口城镇化、产业城镇化和土地城镇化这三个侧面来看，当前时期我国推动城镇化发展需要一系列的制度改革。

户籍制度构成人口城镇化突出的制度限制。城市化首先是农村人口进入城市的过程，城市周边地区的人口向城镇集中，以及中部和西部的农村和小城镇人口向东部城镇地区转移。我国城镇中有2.3亿左右跨地区的非户籍迁移人口，他们虽然在城市长期居住和稳定就业，但是很难获得当地的户籍，因此多数迁移者并没有彻底实现人口城镇化。即使是户籍在当地的城镇化人口中，也仍然有相当数量的农业户籍人口，这些人口主要是离土不离乡的农民工及其家庭成员，还有不少是由于城镇区划扩大和拆县建区，在统计上被统计为城镇人口，但是人口的农业户籍身份仍然没有改变。因此，实际人口的城镇化和户籍人口城镇化有很大的差别，说明受到制度因素的约束，相当数量人口的城镇化并没有充分完成。因此，促进人口城市化得到真正完成，需要促进以人口进城和实现农民工市民化为目标的户籍制度改革，以及加快与户籍制度相关联的社会福利制度改革。当前进入城市的大量流动人口和农民工群体难以获得本地居民的市民待遇和均等化的社会服务，这限制了农民工市民化和外来人口成为本地人口的进程，也因此限制了中国人口城市化的步伐。因此，对城市中的大量农民工和流动人口来说，目前仍需要通过包括就业、信用、社会福利等相关的制度改革，实现对移民的社会接纳和社会融合。

从促进产业城市化来说，需要促进以城市经济发展和增加就业机会为目标的产业和就业制度改革。城镇化以工业化为驱动力，并在工业化发展基础上带动生产性服务业、社会服务业和各类第三产业的发展，并在产业和经济发展过程中提供城镇就业机会。在城镇化过程中的经济就业包括两类：一类是有质量的就业，具有完善的劳动关系和就业保障；另一类则是缺乏质量的非正规就业。在发展中国家的城市化过程中，我们发现当城市经济产业机会吸纳能力不足，以及对劳工就业权益保护不足，会更加带来以非正规就业为特征的城市化道路。以非正规就业驱动的城市化，具有过渡性城市化的积极作用，但对增强经济发展的内部需求、提高经济生产的标准化、提高产品与服务的质量，以及对城市运行的安全则带来不利影响。城镇化中存在大量非规范用工和非正规部门的经济就业，例如不少企业不和企业用工签订劳动合同、规避社会保障、违反相关的就业管理和环境标准等。这要求产业城镇化需要完善规范的企业管理。在另一方面，不少产业还受到政府垄断和制度性的限制，进而又限制了部分新兴产业的发展。因此，城镇化发展需要同制度改革和政府职能改革并行，促进经济结构调整和经济产业发展，需要促进产业资本集聚，继续推动非农经济增长，创造就业。

从促进土地城市化来说，城镇化发展需要推动以城市建设用地合理增长和合理利用为目标的土地制度改革。城市化意味着城市空间的扩张，意味着为进入城市的人口居住和发展提供空间支持。城市化发展要求城市内部空间的合理布局，包括一些特大城市正在形成多中心的巨型城市地区。随着城市空间的扩大，带来城市建设用地的扩大，需要在城市建设用地、农村建设经营用地、农村宅基地和农村农业耕地之间通过制度创新实现合理的转换，从而实现土地资源的最优化配置。在城镇化过程中，也越来越表现出农村劳动力的土地安排对其实现进城落户具有限制和影响，但是相关的土地流转仍然缺乏完善的市场交易制度途径，一些土地只能通过私下和村集体内部进行流转。可以说，20世纪90年代以来，以级差地租和城镇土地权建设为核心的土地制度改革，极大地推动了土地城镇化的过程，带动了城镇化和经济的整体发展。土地作为城镇化发展的重要杠杆作用在于，通过土地的级差地租作用，为地方政府的财政积累提供了巨大的资本积累，从而可以通过投资带动基础设施建设和城镇发展。同时，土地利用的变化并非仅仅包括土地用途的合理管控，更在于在土地利用变化过程中如何合理协调和分配土地利益，合理保障土地利用改变过程中农民群体的权益。土地城镇化过程中的利益协调和协调治理，目前过分依赖政府，从而进一步加剧了城镇化过程中政府和农民的矛盾与冲突。土地制度和土地市场交易体系的规范化、法制化安排，土地城镇化过程中的利益协调机制和协同治理，都需要一系列的制度改革才能实现。土地制度和土地改革相关的社会制度改革对于推动土地城镇化和保障规范化的土地城镇化过程至关重要。

3. 城镇化的内在平衡

对于良好的城镇化发展来说，有一个基本规律是需要努力实现人口城镇化过程、产业城镇化过程和土地城镇化过程的内在平衡。内在平衡决定了城镇化过程的有序性和稳定性，从而表现出良好推进的城镇化；而如果城镇化发展三个侧面发生显著的失衡，则可能使城镇化发展产生问题，并带来经济效率和社会福利的损害。城镇化发展的内在平衡首先包括人口、产业和土地利用变化相应调整，变化的增量和速度需要实现相对平衡。

（1）人口城镇化和产业城镇化的相互平衡

从人口城镇化和产业城镇化的相互平衡看，如果人口城市化速度过快，超过了产业城市化的能力，也就是城市非农产业发展难以为进入城市的人口提供足够的就业机会，或者城市部门由于经济波动导致经济增长下降，挤压了就业机会，那么在城市中就会出现失业增加、非正规就业增长，也相应带来贫困问题加剧、贫困社区扩大，带来犯罪率上升、社会治安下降和社会失序等问题。人口城镇化过快超过了经济产业的吸纳能力，增加了社会压力，这在一定程度上会表现为"城镇化过度"了。例如，非洲国家出现了"没有工业化的城镇化"，这就容易恶化城市贫困和强化就业的非正规化。

而如果产业城市化速度超过人口城市化速度，或者说人口城市化滞后于产业发展，那么经济增长不能获得充足和持续的劳动力供给，就会表现出劳动力供给不足和生产成本上升，对经济竞争力带来压力。人口城镇化滞后于产业城镇化，也意味着产业进步的财富增长并没有支撑相应的城乡结构调整，因此会带来城乡差距的扩大。

改革开放以来的我国城镇化发展，按照世界平均水平来衡量，总体

二、城镇化的平衡

上表现为人口城镇化滞后于产业城市化的状态，工业化和产业化对于乡城迁移具有巨大的拉力，但是产业所带来的人口城镇化多数属于暂时性的迁移人口，真实的人口城镇化增长仍然是非常缓慢。从农村迁移到城市的人口并没有实现从农民向市民的转变，也并没有实现在城市永久居留而形成暂时性的迁移。人口城镇化不足带来消费不足，使得我国城镇化过程的经济进步主要是投资驱动，缺少内需的增加。而且人口城镇化不足带来城市产业发展缺乏稳定的劳动力、削弱了产业升级的能力、削弱了由于人口城镇化所带来的创新创业和新产业机会的创造，人口城镇化不足还使得城市人口结构中少年儿童比重畸形地低，进一步削弱了未来经济增长的能力。人口城镇化不足造成城镇化发展失衡的另一个方面是农村人口转移不够，这转而压迫农村部门的农业生产率，阻碍了农业产业化和规模化，反而也会限制农业的发展。人口城镇化表现得滞后于经济产业发展，同时产业城镇化过程带来的资本积累又没有反馈到乡城迁移人口和转移到农村地区，因此带来城乡差距的扩大。

（2）人口城镇化和土地城镇化的相互平衡

从人口城镇化和土地城镇化的相互平衡关系来看，如果人口城镇化的速度超过建成区土地空间配置和土地合理利用，就会带来人口更加密集、住房供给不足，推动城市土地和住房价格上涨。人口城镇化快于土地城镇化，也可能会增加城市基础设施的压力，带来公共服务供给的不足和空间的拥挤，带来环境污染的加剧和生态环境压力的增强。

而另一方面，如果土地城市化的速度超过人口城市化的速度，则会带来城市建设中土地利用的低密度和低效率，带来土地利用的浪费，甚至在一些地方出现"空城"的现象。简单地判断，我国东部地区的人口城镇化速度快于土地城镇化速度，而在中西部地区的不少城市和开发区的土地城镇化速度快于人口城镇化速度。这个过程的另一面是东部地区人口迁入和人口集聚更快,土地的稀缺性表现得更明显,土地和住房市场价格增长得更快,而在中西部地区不少城市的人口负增长和城市开发区建设、城市住房建设增长很快,带来土地浪费和空城引发的经济风险。

(3) 土地城镇化和产业城镇化的相互平衡

从土地城镇化和产业城镇化的相互平衡关系来看,产业城市化过程中的产业集聚和产业扩散与土地城市化过程中的建设用地增长不相匹配,会带来企业商务成本上升。然而,如果土地城市化的速度快于产业的集聚,将带来空城效应和房地产建设的泡沫,带来土地资源的限制和浪费。例如,一些地区的产业开发区达到几十甚至上百平方公里,这些土地虽然已经向建设用地转变,但是产业创造能力却相对不足。在一些东部地区的发达城市,土地的单位平方公里的产出效益甚至还低于城市平均的产业用地经济产出,使得土地对于经济效益的提升发挥不利的作用,不利于产业发展的提升。由于农业用地转变为城市建设用地的成本不能被产业进步的经济贡献补偿,因此会加剧地方政府债务压力,带来发展的风险。中西部地区土地城镇化对产业促进的效率更低,带来地方政府和城投公司的债务压力更大。如果土地城镇化速度过快,产业进步的财富创造能力不足,政府和企业对于农地占用进行补偿的压力会增强,如果对农民的利益补偿不足,也会恶化社会矛盾。

总之,从宏观上看,人口城镇化、土地城镇化和产业城镇化发展不平衡,就带来一定的社会问题。因此,一个基本的研究启示在于,需要根据产业城镇化的推进来引导人口城镇化,根据人口城镇化的方向和布局来协调土地城镇化的土地配置,同时根据土地配置和利用转化来支持产业的发展。这样的城镇化内在平衡就会使得城镇化发展得到不断促进和不断提升。

城镇化发展的三个侧面的平衡联动关系并不是单向的,人口城镇化同时会推动产业进步,而产业进步和产业的空间集聚性使得土地发挥级差地租的效应,会带来土地利用调整的内在需求。在我国当前总体上的城镇化态势是人口城镇化滞后于产业城镇化,而土地城镇化的速度快于产业城市化。而在不同区域的不同城市和在不同城市的不同空间,这三者的不平衡也往往表现出不同的特点,使得不同地区的城镇化所表现出来的困难和问题存在不同,这导致促进城镇化得到良好的平衡发展,很难通过整齐划一的对策来加以解决。

4. 结构调整、效率增进和加强管理服务

实现人口城镇化、产业城镇化和土地城镇化之间的内在平衡关系,还受到另外三个因素的影响:一是结构调整;二是提高要素效率;三是加强管理和服务。

（1）结构调整

人口城镇化、产业城镇化和土地城镇化的失衡很大程度上不是总量的失衡,而是结构性的失衡。例如,要实现人口城镇化和产业城镇化的平衡,不仅需要在经济发展、就业机会和人口总量中实现协调关系,更需要考虑产业发展和就业促进的结构性关系。产业城镇化和人口城镇化不平衡可能表现为结构性失业。往往是城市所需要的优秀人才供给不足,但是城市低端的劳动力市场增长快速,却会带来低端就业的困难。这种不平衡有的时候还会表现为另一种结构性的不平衡,城市中可能相对较为专业规范的劳动力市场出现就业困难,例如大学生就业难,而低端劳动力市场的农民工却存在民工荒。这说明城市低端经济市场的非农化速度增长更快,而高层次非农产业经济增长缓慢,一定程度上折射出产业城市化升级能力存在的不足。在某种意义上,一定程度出现高技术人才短缺和低端用工供给过剩会造成一种劳动力市场的价格信

号转向产业进步的现象,而大学生就业难和民工荒同时出现的劳动力市场信号,可能未必有利于产业结构转型。

同样,人口城镇化和土地城镇化的失衡也相当大程度表现为用地结构的失衡或者人口分布的失衡,土地利用过度地集中于工业用地而较少地用于居住和住房用地,可能会带来住房价格的提高。因此,人口和土地的不平衡可能不是人口集聚超出了土地的供给能力,而是土地的用地结构不能良好地适应人口的增长。人口布局和土地利用的不平衡也会恶化人口与土地的关系,例如随着人口从中西部地区向东部地区转移,但是在东部地区的建设用地却相对短缺,从而阻碍要素合理分配。在一个区域中老龄化程度较高,而用于老年服务的设施建设和土地利用相对不足,也会对养老产生压力。包括儿童、老年人口和不同教育程度人口结构与土地利用不能有效平衡,就会制约人口的需求,并表现出似乎人口过多的社会问题。例如,上海在20世纪90年代以来,随着少年儿童比重下降,城市也开始调整部分幼儿园场所成为养老设施,说明人口结构和土地利用结构的相应调整,有助于实现城市发展的内在平衡。

(2) 效率增进

要素生产效率是影响人口城镇化、土地城镇化和产业城镇化内在平衡的另一个重要因素。

在人口和产业的不平衡关系中,如果面临人口城镇化慢于产业城镇化的劳动力需求,一方面需要促进劳动力迁移,另一方面也可以通过人口质量和数量的替代,使得经济产业资本化和技术化。发挥人力资本的作用和提高劳动生产率,能够弥补劳动力数量的不足,应对社会抚养水平提高对产业发展所带来的不利影响。

提高土地使用的效率,对于产业高度集聚和人口集聚的城镇发展是非常关键的。产业城镇化如果快于土地城镇化,显得土地供给相对不足，那么固然可以通过增加城市建设用地来提高土地供给，也可以通过提高土地的经济效益，使得单位土地上能够容纳更大的产业发展。通过对土地效率作为政策调节杠杆的充分利用能够有效提高经济产业的发展和促进经济产业的结构调整。人口增长对城镇化土地利用带来压力，也可以通过提高土地密度、提高城市建设的容积率得到应对。

(3) 加强管理服务

同时，人口城镇化、土地城镇化和产业城镇化的失衡，很大程度上也是由于城镇化过程中管理和服务能力不足的结果。因此，通过提升管理和公共服务也有助于三者平衡的实现。

例如，人口过多带来的"城市病"，一方面来说是人口城镇化超越了土地城镇化的速度，但另一方面实际上也意味着城市单位土地上人口管理和服务的不足。在单位土地面积和单位服务人口上的警察数量、道路面积、教育卫生设施的投入量得到增加，管理和服务水平得到提高，能够有效应对相互的不平衡。加强土地管理和服务，通过提高土地利用规划和服务水平，能够使土地管理成为调节产业发展的重要工具，也能够使土地利用成为提高城乡居民福利和需求的工具。

总之，对于实现城镇化发展的内在平衡，除了要考虑在人口迁移、经济产业发展和土地利用变化三者数量关系和变动速度上实现相对协调，也要考虑通过人口结构、产业结构、空间结构的调整来促进平衡；通过产业结构提升、提高经济效率、提高土地利用效率和劳动力生产效率来实现平衡；以及加强城市对于人口和社会管理、土地与空间的规划和管理、产业和创新的管理和服务能力来实现平衡。而且，往往正是在城镇化发展的内在不平衡中，能够推动结构调整、效率提升，强化管理和服务，并推动城镇化发展达到一个更高的平衡状态。

5. 内涵性的城镇化发展

从城镇化不断发展的动态过程来看，人口城镇化、产业城镇化、土地城镇化的平衡状况只是一个理想模式和发展目标，三者的不平衡实际上是城镇化过程的常态。各种复杂的内部失衡总是揭示出城镇化发展的内部矛盾，在不平衡状态中才构造了城镇化发展的动力，并揭示出城镇化发展的方向。

城市化过程中的各种经济和社会问题，是城市化发展内在失衡的表现。因此，观察当前我国城镇化发展的内部失衡，可以发现主要表现在以下几个方面。

第一，长期以来中国工业化推动的产业城镇化速度快于人口城镇化速度，对农民工和流动人口群体融入城市的制度性排斥阻碍了人口城镇化的过程。

第二，中国的土地城市化的速度又总体上快于产业城市化的速度，造成不少地区出现产业的空城，并带来低密度的、低效率的土地浪费和低效城市化现象。

第三，人口结构、产业结构和土地利用结构的平衡关系上遇到更加复杂的城镇化失衡。人口和劳动力结构不能有效提升限制了城镇化过程中的产业结构升级，而产业升级能力不足进一步压迫了低端劳动力市场的膨胀；不同地区和城市的不同区位土地利用配置不合理不利于人口空间结构的调整，而由上到下的土地规划和配置又使得土地配置和基于人口结构的居民需求产生不适应性；土地资源的配置过分分散化不能对产业集聚和产业结构提升发挥引导作用。

第四，人口、产业和土地利用的效率较低，是造成粗放性城镇化发展的主要原因。

第五，在促进人口城镇化、产业城镇化和土地城镇化内在平衡的过

二、城镇化的平衡

程中，管理能力和服务供给不足，进一步使得城镇化暴露出的各种城市问题日益严峻，这使得加强人口和社会管理、加强土地规划和土地利用管理、加强产业规划和产业结构调整的制度创新显得非常重要。

因此，良好的城市化要求人口城市化、土地城市化和产业城市化的相互平衡。要实现人口城镇化、产业城镇化和土地城镇化之间的内在平衡，一方面要求实现城镇化增长速度的内在平衡，另一方面要求城镇化过程中实现结构调整、效率提升和加强管理服务。从这两个方面实现城镇化发展的内在平衡，对于前者可以说是一种外延性城镇化发展过程的内在平衡，后者是一种内涵性城镇化发展过程的内在平衡。

对外延性城镇化发展的内部平衡来说，产业城市化和产业分工的扩展推动人口迁移流动和人口城市化，人口城市化推动城乡空间格局的变动和空间规划的调整，而城乡土地利用的调整也为企业建立和推动新产业发展带来新的机会。

实现内涵性的城市化发展，则需要从人口城镇化、产业城镇化和土地城镇化的产业调整、效率提升和加强管理服务中来优化城镇化的内在平衡。随着城市化过程中土地资源的开发利用，强化了土地的稀缺性，并推动提高土地生产率，并以此为杠杆促进城市产业结构提升和升级，实现不同产业的合理分布；随着产业进步、城市经济产业技术创新和生产率水平的提高，才能够提高就业的质量，为新城市居民提供更好的保障和教育培训，并促进人口逐步融入城市；而随着人口对生活质量和社会服务需求的提高，对城市空间形态、公共资源配置和人口分布相适应的要求，将推动宜居城市和城市质量的整体提升。

因此，城镇化过程中实现内在平衡的城镇化，构成城市转型发展的过程。外延性城市化意味着工业化程度提高、城市人口增加、建成区面积扩大，是要素扩大的城市发展；而内涵性城市化意味着城市发展将进一步提升到科技创新和产业升级，提升到人口市民化和对城市生活质量的追求，以及提升到对土地资源的优化利用，这就形成了更高层面的城市转型发展过程。相对于在外延性城镇化过程中比较重视人口增长、土地利用变化和经济GDP增长，在土地约束、人口约束日益显现的过程中，城镇化的发展转型就越来越需要重视内涵型城镇化的提升，重视存量的土地规划、人力资本投资和经济发展方式转型。这才是中国未来城镇化发展的根本努力方向。

人口、产业变化和土地利用的平衡关系和动态演进，告诉我们城镇化发展本身是一个不断进步的过程。不平衡的城镇化将产生社会问题，带来发展风险。在不平衡的发展中，相应地促进均衡、促进要素平衡是城镇化发展的第一波力量；同时通过实现结构的平衡性、空间的平衡性和管理服务能力的提升，使得城镇化有一个不断深化内涵的作用。

城市化过程总是在不断从不平衡向平衡发展，不同地区的城市化处于发展转型的不同阶段，也面临各不相同的问题。通过城市化发展逐步从外延性城市化向内涵性城市化的升级转型，以及通过不同地区、不同城市间城市化的交错转型，将整体推动中国城市化发展，并为经济持续增长提供源源不断的动力。

三 人的城镇化

新型城镇化的本质在于实现人的城镇化。在这一章中，我将围绕"人的城镇化"讨论我国城镇化发展中的四个问题：一是"人的城镇化"不仅意味着人口数量上的城镇化，更意味着人口从迁移者转变为城市市民，应重视迁移流动人口的市民化和社会融合，避免城镇化过程中移民群体难以融入城市带来的人的排斥和隔离。二是"人的城镇化"，其核心在于城镇化的根本目的是人民的福利和幸福，城镇化不是为了片面追求GDP的提高，而应该将民生福利的提高和公共服务的改善作为城镇化的目标，当然更加要首先保证城镇化不能带来对部分群体利益的损害。三是"人的城镇化"提出人的发展和参与是城镇化的真正动力，城镇化不应看作是地产扩张和楼宇建设所驱动的经济过程，城镇化更应重视提升人的发展能力，重视更为平等、积极的经济参与和社会投入，从而创造出生机勃勃的城市发展。四是"人的城镇化"需要充分考虑人的多样性、家庭和个人的丰富联系与活动，从而聚焦城镇化过程中不同群体的需求和对不同群体的影响，通过广泛的制度支持和社会支持实现不同群体的利益福利和发展追求。

1. 市民化和社会融合

（1）从非农化到市民化

非农化是中国城镇化发展第一阶段的主要任务，大量迁移人口进入城市，但是他们却没有很好地实现市民化，他们往往是农民工或者外来人口。也就是说，我国的人口城镇化有了很大的推进，但是人口城镇化并没有转化为市民化，没有实现人的城镇化。

大量迁移流动人口进入城市，在城镇中生活和就业，但他们多数却没有成为所在城市的市民，他们不具备均等化的待遇和福利，受到相当显著的制度排斥和歧视。这样的城镇化表现为"浅的城镇化"或者是"未完成的城镇化"（任远，2013）。他们没有完整地融入城镇体系，只是处于城镇的边缘，是城市生活的过客。同时他们的城镇化行为是在进城和返乡之间交错的迁移流动，非户籍的迁移流动人口中只有极小比重最后在城镇中沉淀了下来，他们中的多数人口在年龄较大以后则返回迁出地或者回到家乡周边的城镇，并没有完成和实现其城镇化过程。因此，虽然我国的人口城镇化水平在2016年达到57.3%，但是按照户籍人口口径计算的正式的城镇化率只有42.3%。常住人口城镇化和户籍人口城镇化的差额总体上是不断扩大的，这个差额显示出城镇化过程的分裂性，也显示出在农村人口进入城市背景下市民化发展的不足。

农民工和迁移流动人口缺乏市民化构成我国城市化的一个基本特点。在一定意义上，由于城市提供公共服务的能力比较有限，这种特殊性对于我国城市化还发挥了一定的积极作用。

第一，缺乏市民化的城市化是一种低成本的城市化。改革开放以来，我国经济增长得益于劳动密集型产业的发展，而缺乏市民化的农民工在一定程度上构成我国的竞争优势，这种优势从负面意义上说是"血汗工厂"，但无疑具有低成本的优势，并帮助强化了资本积累和投资。

第二，缺乏市民化的城市化一定程度上形成一种可控的城市化。诚然，制度化壁垒对于城市化是一种限制，但公共福利和公共财政安排，一定程度上也可成为对城市化的调控机制。例如，相对于印度和拉美，我国没有出现非常严重的贫民窟，这除了缘于农村居民人人有地，也与我国通过户籍制度对城市化过程进行严格管控相关。城乡间的制度壁

三、人的城镇化

垒限制了市民化,同时也使地方政府有手段通过选择性的市民化,为城市吸纳优秀人才。正是这样的"利益"使地方政府缺乏推进户籍改革的动力。

第三,缺乏市民化的城市化降低了城市化的风险。非正规就业能够为流动人口提供基本收入,而失业对城市是一种威胁。农民工缺乏市民化,意味着城市发展在遇到困难和障碍时,农民工可以返乡,从而规避城市的危机。例如,在2008年的金融危机以后,我国农民工返乡情况增加,这实际上是对金融危机的灵活应对。如果说小规模的土地使用权制度是对农民生活的第一道保障,缺乏市民化的非正规就业则构成我国城市化过程中的另一道保障。当然,这样的区别对待未必公平。特别是,当非正规就业不是作为保障机制,而是作为对农民工向上发展的制度化限制时,缺乏市民化对于降低城市化风险的作用会发生变异,转而成为城市化的阻碍和压力。

相对于大量农村贫困人口的城乡二元结构体制,缺乏市民化的城市化有一定的积极作用。但是这种积极作用是相对的,对我国当前快速城市化的发展进程和发展趋势来说,缺乏市民化更多地并且越来越突出地表现出对城市化的不利影响。这种显著的负面影响,主要有四个方面。

第一,它限制了城乡劳动力迁移,强化了城乡劳动力市场分割,使城市劳动力市场表现出新的分割,即在城市内部出现正规和非正规劳动力市场的分割。由于户籍制度的限制,降低了农民工在城市就业的收入预期,限制了农民工进城的动机。2005年以来我国东部沿海地区出现明显的"民工荒"现象。与其说"民工荒"是我国人口结构中劳动人口比重变化的结果,或劳动力宏观供求关系发生了变化,不如说是由于城市对农村劳动力的制度壁垒,限制和减少了农村劳动力的市场供给。从这个意义上说,缺乏市民化的城市化会阻碍中国城市化的进程。

第二,它固化了依托简单劳动力和低成本劳动力的经济发展方式,不利于经济发展方式的转型。由于缺乏市民化，城市工业部门缺乏稳定的劳动力供给。劳动者在城市就业若干年后又返回农村，使一批又一批的劳动力停留在简单劳动力阶段。而产业升级所需要的劳动力又难以培养起来，因为无论是企业还是农民工自身，在暂时居留城市的约束下，都没有动机进行人力资本投资，也就产生了所谓的"技工荒"，并强化了留守儿童、家庭分离的生活处境，进一步限制农民工子女的成长和发展，通过"贫二代"和"农二代"不断复制低成本简单劳动力。

第三，缺乏市民化的城市化不利于农民工群体的利益保护和需求维护，同时不利于社会稳定和社会秩序。农民工在城市居留时间日益延长，和城市体系的交往沟通日益深化，与农民工的市民化不足构成日益严峻的矛盾。农民工及其家庭的教育、健康、公共卫生、居住等基本需求不能得到满足，其合法权益不能得到保护，本身就是民生发展的不足。一个突出案例是富士康公司中农民工的连续跳楼自杀事件，这说明隔离在围墙之内的"包身工"模式，对农民工的个人心理、个人发展以及权利保护形成威胁。缺乏市民化还带来城市内部的新二元结构，造成城市本地人与外地人的社会心理差异。这种城市内部的社会结构分裂，会带来城市内部的社会矛盾和社会冲突，特别是当农民工就业机会下降，对社会稳定的危险就更加严峻。日益增长的农民工抗争事件，反映出随着农民工的大量增长，城市内部的社会裂痕在深化。

第四，缺乏市民化的城市化不利于城市发展。大量的农民工处于非正规用工的状态，缺乏正规培训，企业发展缺乏必要的资质，带来城市发展问题。例如，从2010年的上海静安区火灾这个个别事件中，我们也能够发现其必然性。这种必然性根植于经营活动的层层转包、非资质企业的承包、缺乏规范培训和专业知识的非正规用工、非标准的用材和非规范的工作流程。正是基于缺乏市民化的就业方式，给城市发展带来安全隐患。同样，当前城市发展在食品安全、施工安全、产品质量等各个方面遇到的严峻问题，也与缺乏市民化有关。

(2) 迁移者的市民化和社会融合

当前,2.3亿的非户籍流动人口已经在城镇6.7亿人口中占有了相当大的比重,在一些城镇中迁移流动人口劳动力数量已经超过本地劳动力数量,甚至一些城镇中流动人口数量达到本地人口的几十倍。考虑到我国的城镇化水平将继续提高,未来15—20年内仍然有3—4亿农村人口进入城镇,将带来更大规模的乡城迁移和市民化问题。迁移流动人口和农民工在城镇化中的市民化和社会融合问题已经成为城市内部社会分化的核心问题,这一问题不妥善解决,城市内部的矛盾和社会分裂将进一步激化。

因此,虽然从一定意义上可以说缺乏市民化的城镇化带来低成本的城镇化和低成本的劳动力,甚至还构成了改革开放以来中国工业化发展的比较优势,但到了城镇化的中后期和当前以促进社会平等和社会整合为城镇化发展突出任务的发展时期,这样的以人的隔离和排斥为主要特点的城镇化发展已经显现出越来越大的负面影响,构成经济社会可持续发展和推动城镇化良好实现的突出障碍。在人口城镇化的过程中促进人的城镇化和市民化,成为解决中国城乡二元结构和实现有序城镇化的核心性建设任务。

市民化主要关注人口制度性的市民权利,包括民事权利、社会权利和政治权利。民事权利是处理经济事务的法人权利,例如签订契约、租房、贷款融资、开办企业等;社会权利包括人口的就业、保障、教育、健康和社会住房的权利;而政治权利主要是选举和被选举的权利。由于制度支持的排斥,在城镇化过程中迁移流动人口的市民化存在显著不足。

与市民化相关联的另一个概念是迁移者缺乏在城市的社会融合。社会融合是对于移民研究的经典研究问题,关注迁移人口进入城市以后如何能够融入当地社会。对于社会融合有不同的衡量标准,包括经济、社会、文化心理等不同方面。社会融合指迁移者逐步融入城市的主流社会，也包括迁移者在城市中构建出多元整合文化的发展过程。显然，迁移者进入城市的社会融合过程，不仅受到制度化的市民化过程的影响，同时也受到社会发展、社区生活、社会交往等综合的社会文化因素的影响。

从人的城镇化角度来考虑，迁移者的市民化和社会融合受到一系列因素的影响。首先，在个人和家庭层面，我们发现年龄、教育程度、居住时间及职业对农民工市民化和社会融合具有显著影响。年轻或者新生代农民工的市民化程度更强，说明第二代移民具有更强的城市化倾向，以及表现出城市中就业和社会保障体系对高年龄的农民工群体所具有的制度性排斥。文化程度高的农民工比文化程度低的农民工更易融入城市。同时，在城市居住时间越长，就越容易融入城市；从事白领职业人员较蓝领职业人员更易于融入城市。其次，在社区和社会资本层面，经常来往的朋友数量、遇到困难的求助对象是影响农民工市民化的主要影响因素。再次，在制度层面，是否办理暂住证、有无医疗或养老保险、有无劳动合同对农民工融入当地社会具有显著影响。从回归系数看，有无社会保险表现出更强的影响，这也在一定程度上说明制度上的接纳对农民工市民化具有重要作用。令人意外的是，有无暂住证及有无劳动合同与农民工的社会融入呈现负相关，这可能由于暂住证是对农民工群体的排斥。对于劳动合同限制了农民工融入当地社会的解释是，签订合同者大多在规模较大的工厂做工，这些工厂一般工作时间较为严格、工作环境较为封闭、居住形态以工厂工棚为主，反而不利于农民工群体和当地社会的更多接触和融入。

(3) 增强农民工自身发展的能力

推动迁移者市民化和社会融合，实现人的城镇化，首先还是要提高迁移者的教育培训和发展能力。在学界和社会舆论将问题一股脑地归咎于户籍制度的同时，我们需要认识到，农民工的个体因素对于其市民

三、人的城镇化

化的程度具有显著的影响。农民工个人能力的增强和自身的发展追求，是决定其市民化的最基本的动力。

教育和人力资本投资是影响农民工市民化和推进城市化的关键变量。教育程度越高的群体，市民化的意愿和程度越明显。同时，农民工在城市中的教育经历也影响其市民化，也就是说不仅受教育程度影响市民化，其在城市中是否继续受到教育也影响市民化。因此将城市的教育资源逐步向农民工开放就具有重要意义。例如，上海在国内表率性地推动了农民工子女进入公办学校接受平等教育，也已经将中等职业教育向外来人口开放，这样的举措对于增强农民工在城市发展的能力和市民化都有重要意义。就教育而言，应该将更多的教育机会向农民工开放，例如增强农民工在城市继续教育的机会，扩大社区教育对农民工的接纳，特别是在农民工集聚的社区（包括制造业企业集聚的地区），应该增强对农民工的各类职业教育和培训的计划，这些都能够对农民工市民化发挥重要的推动作用。除了加强农民工的知识教育和职业技能教育，增强对农民工的素养教育也非常重要，帮助农民工了解城市的规则、法律和运行，有助于农民工更快和更好地过渡为城市居民。

影响农民工市民化的另一因素是就业。研究发现，白领职业相对于蓝领职业，其市民化的程度更强。我们同时也发现不仅是就业地位和工资，就业的稳定性对于市民化的影响也非常显著。例如，即使是城市中的拾荒者，如果有了稳定的居所和稳定的家庭，虽然收入和社会地位不高，但他们也有很强的融入城市的期望。

在某种意义上，就业的稳定性比就业地位的高低对提升农民工市民化更加重要。因此为农民工提供稳定的劳动合同，加强就业的社会保障，对于农民工市民化有积极意义。考虑到农民工中有相当多的非正规就业，需要为这类就业提供更好的制度性保障。例如应该为农民工马路设摊提供尽可能的空间和开放性，这不仅是对农民工使用城市空间权利的维护，也有利于他们在城市发展。在农民工的非正规就业中，自我雇佣的比重近年来在逐步提高,为这些生存型创业和草根创业提供帮助,对于农民工的市民化和城市发展都是非常有益的。

在现代城市中,积极增强农民工应用信息化的能力显得越来越重要。明显的数字鸿沟削弱了农民工获取信息和实现发展的能力,也对农民工市民化不利。因此,不仅应该培养农民工的信息化技能,同时应改善与农民相关的信息服务,利用社区信息中心、手机信息等帮助农民工在城市发展。例如,越来越多的农民工已经能够利用网络平台开网店、提供速递服务等,也能够通过网络媒体工具参与城市公共事务的讨论,表达和争取自身的诉求与利益。当农民工能够更多地使用信息化工具,也就能更好地适应城市生活。

(4) 以融合为导向的公共政策

户籍制度构成迁移流动人口市民化和社会融合突出的制度障碍。户籍制度不仅是人口居住地的证明,在当前体制下也是城乡社会管理和公共服务的载体性制度,是造成城乡隔离和城镇中不同人口社会隔离的基础性制度壁垒。人口迁移流动的巨大规模和快速增长与我国户籍制度改革相对滞后之间的矛盾已经成为当前城镇化过程中的重要矛盾,户籍制度改革的滞后性带来的城乡分化和城市内部社会分化在城镇化过程中日益加剧。因此,加快推进城镇化过程中的户籍改革显得尤其重要和迫切,实现人的城镇化首先要求通过户籍制度改革为抓手来推动城镇化过程中的系统性制度改革。

由于大城市、中等城市和小城市在农民工市民化过程的成本是不一样的,先放开小城市,再逐步放开中等城市和大城市,在策略上是合理的也是有效的。但这样的问题在于,实际上多数流动人口和农民工主要向大城市和特大城市转移,如北京和上海等城市的人口集聚表现得更加突出。实际上大城市和特大城市的户籍改革才是推动我国城镇化发展的关键举措。近年来我国广东、重庆等地在推动城市户籍改革上开展了相当丰富的实践,深化条件户籍改革,以及加快推进与户籍改革相联系的保障制度、土地制度、教育和卫生医疗体制的改革,推动以居住地为基础的基本公共服务均等化改革,对于推进城镇化过程中的市民化发展具有积极意义。户籍制度的改革与社会保障制度、医疗卫生制度、公共服务制度、土地制度、财政制度等密切关联,因此以户籍制度为抓手推动系统性的综合配套改革才是实现人的城镇化的发展道路。

不同地区需要实行差别化的户籍改革方案,比如说广东实行积分制,这是与广东跨区域的人口迁移和流动为主的特点相联系的。这样的安排在重庆就不一定是最好的策略,因为重庆的城市化主要是当地人口进入城市。通过不断推进户籍改革和教育、卫生、保障等体制改革,能够为农民工市民化提供良好的制度环境。

市民化需要一系列整体性的制度改革,以不断突破城乡二元体制。例如,如何解决农民工进入城市过程中的社会保障问题,如何实现城乡社会保障的一体化和区域统筹,如何加强对农民工的均等化公共服务和完善社会管理,如何协调乡镇和城市街道的不同行政管理体制,如何保障农民工在城市化过程中的土地权利,等等。

(5) 社会资本建设

研究表明,社会资本不仅有利于农民工离乡进城,同时也有利于农民工在城市沉淀融合和实现市民化。农民工通常具有两种社会资本:一种是农民工原来就有的,如老乡关系、亲缘关系。城市中的老乡聚落如"浙江村"等有利于农民工在城市居留和生存。这样的社会网络,有可能作为一个中介组织帮助农民工更好地进入城市,但这样的社会组织如果不被城市社会有效整合,也有可能与城市体制发生冲突。另一种更值得强调的是农民工在当地所形成的社会资本,包括参与本地社会的活动和组织,和本地人形成的朋友关系和社会网络,以及农民工和本地居民的相互交往和相互信任,这些都有利于农民工市民化。因此,我们需要通过一定的手段加强当地社区对农民工的包容和接纳，鼓励他们参与社区事务，并与当地居民建立平等互信关系。

需要指出，并非农民工离开土地居住在城市中就实现了市民化。市民化的关键在于农民工生产和生活方式的转变，这意味着社会结构和社会生活的重新塑造。这些都要求公共空间的扩展、公共资本的投资、公共服务的提供和公共秩序的塑造，将原来的农村生活共同体改变为城市生活共同体。

从微观来说，农民工市民化也意味着农民工群体生活方式和社会生活的城市化，随着农民工在城市生活和发展，其消费观、价值观、社会网络、社会意识等都将发生相应的改变，其生活网络也不再依赖传统的邻里亲友而更多地需要增强与基层社区的联系和社会支持，更加需要增强对城市社会组织的依赖。也就是说，其社会生活的规则体系、社会规范和法制环境都向城市社会转变，增强城市社会体系的社会资本是农民工生活方式的重新塑造，也是真正实现市民化的根本保证。

在促进农民工通过社会组织和社会生活的建设推动市民化和城市化方面，西方发达国家的移民和社会融合实践，提供了一些值得借鉴的经验。例如，在美国的移民社区往往不是简单依靠政府力量，而是更多地依靠社会组织的支持和帮助，促进外来移民学习当地语言、当地文化，对移民融入当地社会提供社会支持，在这个过程中地方教会组织、各类社会团体发挥了重要的作用。即使是在一些相对落后的发展中国家如巴西和印度，这些移民的贫民窟群体也通过自身组织的发展，推动地方社区的公共设施改造，提供自我管理和自我服务，对移民群体融入当地社会提供了积极作用。

市民化是我国城市化未来发展的方向和必然选择，妥善解决大量农民工有效融入当地城市和实现农民工市民化，是中国未来城市化所面临的重大挑战和突出问题。需要根据城市化过程中人口动态过程的特点，一方面有效完成本地农民进入城市以后的结构性的城市化转化，另一方面也需要解决大量外来农民工融入当地城市的需求。推进以市民化为导向的城市化，有助于社会整合和避免社会撕裂，有利于城市化过程中的农村社会向城市社会的转变，有利于城市化过程中的城乡二元社会向城乡一体化的社会转变，有利于农民工从农村人口向现代城市居民或市民转变；也只有实现更加市民化的城市发展，中国的城市化发展，才能最终导向实现一个更加内在整合、更加城乡一体、更加充满活力和不断提高生活品质的现代社会。

2. 生活福祉和幸福

（1）城市让生活更美好

城镇化首先是一个经济过程，但是城镇化的目的并不仅仅是为了提高城市的经济，不是建设高楼大厦，更在于使人口在城镇化过程中提高自身的福利、幸福和生活质量。在城镇化发展的初期，通过工业化来提供就业，尽可能地吸纳农村剩余劳动力和解决城乡贫困问题是重要的。而城市化中后期的新型城市建设，则具有更加综合的目标，应该成为就业增进、产业提升、社会进步、生活品质提升、生态环境改善和人民生活幸福提高的发展转型过程。

对于以人的幸福为目标的新型城镇化，就应该以国民幸福指数[①]和经济、社会、生态环境可持续发展的综合发展指标来衡量和指导城镇化发展。在经济发展的维度上，新型城镇化要求实现劳动者收入的提高，降低城市生活的成本，提供更加充分的保障，以及针对城镇人口的需求发展更加现代化、信息化的高质量的生产和服务产业；在社会发展的维度上，新型城镇化发展应该提供健康和安全的食品，良好的社会生活和

---

① 国民幸福指数，英文是 Gross National Happiness (GNH)，是近年来反映幸福水平和经济社会发展状况的指标体系。参见丘海雄、李敢（2012）。

强大的社会网络体系，降低城市生活的成本，实现包括流动人口和城镇居民所有人口在内的高质量住房、教育、卫生、健康、婚姻、家庭、养老、就业等公共服务，保障城市的公共安全，并降低社会贫富差异的程度；在生态环境的维度上，新型城镇化不是生态环境和土地资源浪费的城镇化，应避免在城镇化过程中各项污染的加剧，在城镇化过程中实现生态环境的保护、公共交通体系的便捷，以及实现经济生产和生活消费的低碳化；在心理文化的维度上，新型城镇化也要培育形成现代城市文明，不应将城市作为人口相互隔离的孤岛，而应更重视社会道德的进步、守望互助的文化和创新繁荣的文化生活。

新型城镇化的目的在于满足人口的需求和增进城市生活的福利，也就是实现"城市让生活更美好"的现代生活。也就是说，新型城镇化不是让人口进入城市居住的低水平的城镇化，而是整体公共服务水平和人民生活幸福感得到提高的有质量的城镇化。

(2) 需求和利益的多样性

城市化过程中不同人口群体的多样性以及其具体需求的复杂性，要求采取更加多样化的公共服务和社会工作策略，来满足不同群体的需求，增进不同群体的福利和幸福。城镇化过程中老年群体和青年群体的需求和困难是不一样的，男性人口和女性人口的需求和困难也不一样，例如年轻的流动人口更加关注就业、居住等基本生活的保障，而进入城市若干年以后的年龄较大的流动人口对子女教育、医疗健康的需求则随之增长。新生代移民和20世纪80—90年代的移民群体对于城市的预期和需求也有很大差异。城市的社会政策需要充分适应城镇化过程中人口群体的多样性和其需求的多样性。

如果城镇化过程中的公共决策只重视某部分群体的利益和需求，而忽视了另外部分群体的利益诉求，就有可能造成偏性的社会政策，或者会带来资源配置的扭曲，或者损害部分群体的利益。例如，我们看到

三、人的城镇化

在一些城市周边建设了大规模的以富裕中产阶层为导向的高级商品住房和别墅住房项目，因为并不适应迁移流动人口多数以农民工和工薪阶层为主的人口特点和住房需求，导致一方面带来密集的城中村和棚户区，另一方面带来大量空置的住房建设。忽视了人口的具体特点和具体需求的公共政策决策，就有可能带来低效的资源配置和不利的社会后果。

城镇化过程由多样的人口群体所组成，更加切合具体社会群体的多样化的社会需求，努力提供差别化的服务供给，能够使城镇化过程更好地服务于人的城镇化，更好地满足最大多数社会群体的利益和福利。

实现以人的福利和幸福为目标的人的城镇化，就需要维护和保障城镇化过程中不同群体的利益和需求，避免农村人口在失去土地过程中损害自身的利益；也要维护和实现包括流动人口在内的所有城镇人口在城镇化过程中的具体利益。城镇化过程是财富创造的过程，同时是利益分配的过程，是经济财富在城乡之间，在地方政府、企业、村集体和城乡居民间的利益分配过程。人的城镇化要求城镇化过程中要重视维护和提升城乡居民的利益，使农村居民在土地流转、离开土地进入城镇，以及在城市更新改造、在城市中生存发展过程中的利益和需求得到满足。

不同社会群体的利益和福利得到有效维护和保障，一是靠相关的法制建设，明确城镇化过程中不同群体的社会权利，以此保障城镇化过程中弱势群体的利益。二是促进有关社会群体在城镇化决策过程中的公共参与，从而避免城镇化过程中地方政府的单方面规划和推动，以及避免地方政府和资本利益集团主导控制城镇化过程，从而避免城镇化过程中公共利益的损害和利益分配的不平衡，并能够在民主决策、科学决策和公共决策过程中使城镇化发展更好地为社会利益服务。三是保证城镇化过程中不同群体的合法权益，需要在城镇化过程中充分尊重个体的理性选择。城镇化应该避免用政府之手强硬地"让农民进城"和

"让农民上楼",而应重视保障农民的土地利益,尊重城镇化过程中人口的主体性选择。也就是说,城镇化应该给予人们更多的自由,并在这种自由选择中充分实现自身的利益和福利的提高。

(3)硬福利和软福利

在城镇化过程中实现人的福利进步,如果说人的居住状况、收入水平、是否拥有住房、教育、养老保险、医疗保险等等是一种硬性的、看得见的生活福利,那么人们在城市中的生活感受,以及他们是否感受到快乐和幸福则构成一种软性的、看不见的生活福利。我们在重视迁移者福利制度建设的同时,需要认识到城镇化过程中流动人口的幸福感也构成了城市中"整体福利包"中的有机组成部分,而我们在传统的社会福利供给中往往忽略了这样的软性福利。

因此,在快速城市化过程中,我们不仅要通过加强社会管理和服务,为流动人口提供均等化的基本公共服务,努力使流动人口各项"硬性的社会福利"得到提高,同时我们也应该考虑提高流动人口"软性的社会福利",并将流动人口生活的满意度和生活的幸福感作为流动人口整体福利得到提高的参考尺度。

相对于经济收入、物质生活等硬性的福利,流动人口的幸福感作为一个主观指标,可能更显著地影响流动人口在城市的生活发展。因为幸福感和城市居民的全面发展有着密切的关联,也更能准确把握生活的本质。按照马斯洛的需求层次性理论,流动人口在进入城市的初期可能更加重视经济收入的提高、就业机会和生活的安全性,随着流动人口在城市生活日益稳定,以及随着新生代农民工数量和比重的提高,他们对于心理满意度、自我发展和自我实现的需求则进一步提高,流动人口对生活幸福的追求将进一步增强。

流动人口软性的幸福感受到硬性的社会福利的影响,例如流动人口收入、住房和社会保障对于他们的生活幸福是具有积极作用的。但是

三、人的城镇化

流动人口的幸福感,却并不仅仅受到经济收入、住房和社会保障等硬福利的影响,流动人口和流出地生活的比较、流动人口在当地社会的社会交往和社会比较,也会强烈地影响流动人口的心理感受和社会态度。另外,流动人口聚居区社会意识的自我强化也可能使流动人口的社会排斥感进一步增强,而幸福满意程度则进一步下降。例如,在类似富士康工厂的宿舍厂区中,隔离性的生活方式和福特工厂体制下的生产方式,使劳动者本身的人格和心理发生异化,甚至带来流动人口对生活的悲观和绝望。

与此相联系,提高流动人口硬性的社会福利往往需要相关的制度建设。例如,实施均等化的基本公共服务,加强对流动人口的社会保障计划等等。而增强流动人口软性福利的生活幸福感,则更加需要依赖加强相应的社会建设,更加需要通过建立和完善各种社会机制、社会措施来提升流动人口的生活品质。

进一步看,流动人口幸福感受不仅是幸福城市的组成部分,甚至构成建设幸福城市的基础和前提。流动人口生活的幸福感折射出城市对流动人口的接纳程度,决定了他们对城市的理解和期望。当流动人口生活更加幸福,他们也会更加珍惜在城市的生活,对于城市生活也将具有更大的期待。所以,当流动人口在城市生活得更加幸福,他们则更加倾向于接受城市文明和向往城市生活,他们也会逐步增强自身作为城市新市民的身份认同,并努力融入现代城市。流动人口生活感受的幸福感,一定程度上是他们在城市融入程度的表现,并同时决定他们自身的行为选择,决定了他们能够选择在城市长期居留和更好地融入城市生活。

因此,在中国快速城市化的背景下,流动人口生活幸福感的提升,有利于建设一个稳定和谐的城市。流动人口工作稳定和生活幸福,能够有效地支撑城市化过程中的社会秩序,并使城市化过程中社会群体的生活福利得到有效提升。反之,当流动人口生活的挫折感和不幸福感日益强化，就可能成为社会分化的催化因素，成为社会冲突扩大和社会不稳定的社会心理原因。

流动人口的生活幸福不仅是流动人口自身福利的重要内容和核心内容，更是在不断城市化的过程中维持和谐的城市化和幸福的城市发展的关键内容。因此，在加强和创新对流动人口社会管理体制的同时，需要从流动人口在城市的具体生活出发，从流动人口社会心理的感受着眼，准确把握影响流动人口生活感受的因素，致力于从提高流动人口生活幸福入手，为流动人口在城市的逐步融入和不断发展创造条件，缓解城市化过程中城市内在的紧张，从而建设更加和谐包容的城市，建设城市所有居民公平发展、充分发展的幸福城市。

3. 人的主体性和发展能力

（1）城市的建设者和推动者

我国的城镇化发展比较强调政府的投资，通过征用土地和基础设施建设，带来建成区的扩张和城市形态的改变。然而，如果没有产业的发展和人口的集聚，土地城镇化往往构成虚幻的繁荣，并给金融体系安全和经济的可持续性带来风险。新型城镇化的本质是人的城镇化，在于强调城镇化的根本动力正蕴藏在人口进入城市的过程中，随着发挥人力资源作用，随着人的经济参与和创新贡献推动产业进步，才构成城镇化发展的动力。随着迁移流动人口努力建设其所在的生活社区，提升城市的功能和服务能力，才带来城市功能的不断提升和城市形态的不断演化。城镇化发展的过程本质上是作为城市居民和城市移民的人，在城镇化过程中发挥作用和发展能力，创造出城镇的发展进步。因此，人的城镇化强调人是城市的建设者和推动者，通过发挥城市中所有人口的智慧和能力，使他们的创新性得到发挥，使他们的能力得到提升，为他们创造出更为平等和更为广阔的发展空间，才是人的城镇化，才能形成

三、人的城镇化

可以持续的经济繁荣和城市发展。

目前对于城镇化的理解，还往往将人口进城作为城镇发展的成本和负担，也有不少政府官员和学者甚至将城镇化过程中的城市病看作城市人口集聚的不利后果。政府希望通过调控人口城镇化来缓解城镇化过程中的矛盾，实施背离了经济内在规律和人口进城内在动力的政府主导的人口调控，也被反复证明是无效的，甚至是背离人口自由迁移的基本原则的。将人口进入城市当作城镇化过程中的问题，这不仅没有看到造成有关城市问题的真实原因，也忽视了人的城镇化才是城乡发展和城市进步的根本动力。在城镇化过程中的人的参与和贡献远大于城镇化所带来的成本，限制人口从农村进入城市，以及限制进入城市的人口不断向上流动的发展机会，不仅不利于城镇化，也不利于城乡社会结构的转变，对于农村和城镇的长远发展都是有弊而无益的。

(2) 激发人在城镇化过程中的创新和发展作用

新型城镇化强调人作为城市建设者的主体地位。因此，推动新型城镇化和人的城镇化，还不仅需要推动流动人口的市民化，为人口增强社会福利和公共服务，更在于为城镇化过程中人的创新和发展创造条件。流动人口进入城市所面临的城镇化的障碍不仅是福利待遇的不平等，更在于发展机会的不平等。例如，在建立企业特别是发展小微型企业和自我创业型企业、中小企业的发展融资、城市空间的使用权利，以及教育培训的机会等等方面，都存在发展机会的不平等，限制了人口在城镇中创业和发展的前景。

我们曾经追问为什么像上海这样的城市产生不出阿里巴巴这样的企业，一个重要原因正在于各种对于小微型企业的创业门槛和壁垒，制约了企业创新发展的动力和活力。因此，积极为人在城镇化过程中的成长创新提供支持，创造出有利于创新的制度环境和文化环境，才是推动城镇化发展和实现经济不断转型升级的最重要因素。

限制了人口在城镇化过程中通过平等的机会向上流动和发展创业，更会转而带来城镇中劳动力就业的低端化。大量劳动者不能成为规范就业劳动力，就会通过地下经济和灰色经济方式组织经济社会生活，使得在城市生活走向低端，也引发包括黑作坊、食品安全等问题。而流动人口难以通过教育培训等方式向上流动，也会制约城镇经济产业的不断升级。

因此，人的城镇化将劳动者本身作为城市的建设主体，要求对城镇化过程中的劳动者提供更加平等、便利的创业融资和创业政策支持，为城镇劳动者提供发挥自身活力和创新的舞台与空间。

更好地发挥城市建设者对于城市发展的作用，要求通过教育培训和人力资本投资提高劳动者的知识技能和发展能力，增强其对城镇化发展的创造能力。人力资本投资对于劳动力生产率的提高和产业进步具有积极作用，对于降低人口的失业率和增加劳动力市场参与也有积极的作用。尤其应该重视对青年群体的人力资本投资，青年劳动力是城镇人口的主体，重视在这些青年人口中教育培训新的产业技能、新的发展理念、新的社会能力，就能够通过对青年人口的人力资本投资创造出未来城市发展的可能空间。

在城市居民作为城市建设者主体推动城镇发展的过程中，劳动者不仅构成了城市经济发展的人力资源和创新源泉，城市建设者对城市发展的社会参与和政治参与也使社会个体成为城市社会建设和各项公共政策合理化的积极力量。城市居民的各种志愿者活动、邻里支持、社会组织和社会体系的构建，包括政治意愿的表达和公共决策的参与，都使人的参与推动了良好城市生活的构建。同样，也正是在城市建设者活生生的人的社会活动中，才促进了社会力量的形成和成长，支持了富有活力的社会体系，支持了城市品质的提升和城市运行的现代化。例如，对于垃圾分类来说，只有得到城市居民的普遍认同和公共参与，垃圾的减量化和循环化才有可能。同样，当城市建设者更积极地参与到包括公共安全、文化娱乐、养老服务、社区绿化等各项公共活动，城市才能够发展成为一个适宜人居和更具可持续性的现代城市。

人作为城市建设者的政治参与某种意义上更加重要，不同群体对公共决策的有效参与和利益表达，才能保证城镇发展有利于维护、实现城市居民利益和福利的根本目标，才能保证城镇化发展不至于成为市场资本集团或者地方政府精英牟利的工具。

在积极引导和支持人的城镇化过程中，需要推动社会的成长和社会机制的建设，推动城市治理的民主化，为城市居民的社会政治参与提供更加平等、开放的制度和政策支持，这样才能充分发挥人的活力和创造性，并推动城镇公共事务管理得到良好的实现。

4. 人口的多样性

人的城镇化，作为发展观的转变，在于将城镇化发展回归人本身，更在于强调从人口多样性和人类行动的视角来分析城镇化过程。从这个视角出发，城镇化就不是农村人口进入城市而带来城镇人口比重提高这样简单的数字变化，城镇化包含着丰富的人类活动，以及包含着城镇化发展对不同人口群体和具体个人的深刻影响。更深入地看，人口的多样性还丰富了或者说是打碎了城镇化的统一印象和刻板印象，将城镇化过程分解为不同群体的具体生活和具体行动，将城镇化从宏观结构性变化的过程还原为微观的活生生的人类活动，并在此基础上得以重新理解人的行动、需求和发展，以及在此过程中重新思考城乡结构调整过程中城市和乡村生活的各种变化、进步和发展困境。

从人口的多样性和人的行为本身来理解城镇化，现实生活中的城镇化就不仅包括人口进入城市，也包括人口返回农村。每年都有大量人口涌入城市，也同时有大量人口离开城市回到农村或者其他城镇。流动人口进入城镇以后逐步卷入城市生活和慢慢沉淀下来，他们会理性地选择在城镇长期居住，或者是返回农村及其他城市。在这个意义上，城镇化不仅要帮助农村人口进城，也要为离开城市和返回农村的人口提供支持。城镇中优质的教育培训资源和流动人口在边干边学中积累的宝贵经历和资本，本身就是农业现代化和中西部地区城镇化发展的宝贵人力资本。

不同人口群体在城镇化过程中的需要和期望是不一样的。迁移流动人口实际上并不都期望城镇的户籍，部分群体实际上不需要城镇户籍、不计划在城市永久居留，也不愿意放弃农村户籍的土地利益。新生代农民工占了迁移流动人口中的主体，但是他们的行为方式、对城市的需求，以及和农村的关系与上一代农民工有显著不同，这也导致城镇化需要加强对新生代农民工的包容和支持。男性和女性的农民工不同，不同年龄的农民工群体的期望和行为不同。不同群体对城镇化的态度和期望不同，还表现在并非所有群体都同质性地期望到城市就业，或者同质性地期望到东部城市和大城市就业。例如，我们最近的研究发现，当前中西部农村地区的常住人口中还有23%的人口期望外出就业到城市打工，而越年轻的农村人口群体的外出就业意愿越强，年龄较大群体的外出就业意愿则显著变低。同样，相对于年轻群体更期望到东部沿海大城市就业和创业，较中年和高年群体则更加希望在本省或本地就业，从而合理安排家庭生活和经济生产。不同群体在城镇化过程中的丰富的差别性，实际上带来一个复杂多样的城镇化过程。因此，要求我们更加重视增强人口在城镇化过程中的发展能力，为他们自我充分发展提供条件，但并没有必要过分强调"一刀切"的政策。如果忽视了人口群体的多样性和行为模式，单调划一的城镇化政策有的时候实际上并不能充分发挥效果。

在不同时期中和不同空间中，人口城镇化的行为和特点是不一样的。如果说20世纪90年代中期之前的流动人口更主要是为了返乡的进城务工，那么20世纪90年中后期以后的流动人口的进城意愿则显得更强。而且随着城镇化的推进，流动人口的进城意愿实际上更强了。例

三、人的城镇化

如,2005 年左右流动人口希望获得东部沿海城市户籍的比重只有 30% 左右,而最近上海的调查表明外来劳动力中有近八成希望在当地长期居住和获得当地户籍。城镇化过程中不仅流动人口居留时间延长了,他们对于城市的期望和长期计划也发生了变化。

人口城镇化不仅在时间上发生着变化,不同空间中的人口行为也发生着演化。表现为从单中心城市向多中心巨型城市的演化,以及超大规模城市群的发展本身基于人口空间布局和流动性的变化。同时,相对于人口迁移流动从 20 世纪 80 年代至 21 世纪之初主要是单向地向东部和东南沿海转移,在进入新世纪以来,虽然东部地区的人口仍然继续集聚,中部地区的城镇化水平则提升得更快,中西部地区的省内人口迁移和城镇化,以及东部地区的返回性迁移人口推动的城镇化共同决定了这个过程。这样的过程受到产业迁移的影响,也受到年龄结构变动带来的第一代农民工返回农村地区的影响。

从人口群体和个体行为的角度观察和理解城镇化,需要发现城镇化进程对不同人口群体的生活和发展产生的影响。城镇化过程带来新兴中产阶级的形成,支持了部分人口实现向上流动,同时也对另一些群体具有显著的社会排斥。城镇化对人口的影响不仅是当下的,同时也是长期性和代际性的。特别值得重视的是城镇化过程也带来农村人口结构的恶化,一个形象的比喻是当下农村日益成为"386199 部队"。由于年青劳动力外出就业,农村中出现 6 000 万的留守儿童,还有 4 000 万的留守老人和近 5 000 万的留守妇女,这种割裂性的城镇化带来家庭生活的分裂和人口福利的损失,实际上正折射出过去阶段的城镇化发展,忽视了人的利益和需求。

因此,"人的城镇化"的真正落实,需要深入人口群体的多样性、人口需求的多样性、人口利益和权利的主体性和人口发展的成长性中理解城镇化发展。新型城镇化要求从基于人的多样性和具体的人类行为本身来认识城镇化、调整城镇化,通过相关的制度建设和社会建设来支持人的需求、支持家庭生活、支持人的多样发展和全面发展。这种从更加微观的视角对城镇化的观察和推动，才能真正落实"人的城镇化"，也只有在这种对丰富多彩的人类行为本身的支持和服务中，才能真正实现人口福利水平的提高和城镇化的健康发展。

总之，新型城镇化要求实现人的城镇化，这包括促进流动人口和农民工的市民化与社会融合，促进城市发展更加重视民生福利和人民幸福的增进；也包括增强城市建设者的发展和创新能力，并对城镇化过程中的多样化社会群体的需求和发展提供支持；通过更深入的经济社会参与来推动城镇化发展，推动城乡关系的协调发展，推动城市经济的繁荣和现代城市的建立。

"人的城镇化"构成新型城镇化的核心，其实质在于将城镇化的动力、目标和发展过程回归到人本身，将人的权利、人的发展能力、人的福利和幸福作为城镇化的核心。同时，将城镇化的进程落实到人类行为本身，从人的需求、努力和行动中促进城乡社会发展。当前时期强调人的城镇化的意义在于，只有在城镇化过程中更加考虑社会的平等公正，考虑人民群众的福利幸福和城镇化的质量，考虑城市建设者的能动参与，以及考虑不同社会群体的多样化需求，我们的城镇化才能改变原来的对非户籍流动人口阻碍、歧视、分化的城镇化，改变单纯谋求 GDP 和资本利益的城镇化，改变片面强调政府推动的城镇化，改变忽视城乡居民具体需求的城镇化，使我们城镇化发展得以成为城乡之间社会整合和人民福利提高的工具，成为人的自我实现和自我发展的工具。因此，实现以人为本的人的城镇化，是构筑国家和社会进步的积极路径。

参考文献

丘海雄、李敢：《国外多元视野幸福观研析》，《社会学研究》2012 年第 2 期。

任远：《农民工市民化：新型城镇化的方向》，载上海发展研究基金会编：《新型城镇化：抉择和路径》，格致出版社，2013 年，第 48—60 页。

四 深化"浅城镇化"

我国城镇化水平从20世纪80年代的20%左右已增长到2016年年底的57.3%。从城镇化的"量"来看,城镇化程度和增长速度都达到相当的高度,城镇化过程也伴随着巨大规模的人口迁移流动。但是从城镇化的"质"来看,大量进入城镇的人口并没有彻底改变其农业社会的生活方式,没有将社会身份转化成为城市居民。城镇化过程中大量迁移流动人口缺乏市民化和社会融合,固然是由于生活方式的转变需要长期的乃至代际的积淀,同时,制度因素的阻碍也对乡城移民真正进入城市体系产生影响。简而言之,当前的城镇化具有相当的"浅城镇化"特点。

有一组对应的数据(图4-1)能显著说明迁移流动人口在城镇中缺乏根植性,以及城镇人口分裂为城镇体系中的本地人口和漂浮在城镇中的外来移民。或者分得更细一些,包括城镇中的本地人口、从其他城镇迁移进入本地城市的移民、从农村地区迁移到城镇的移民,以及就地

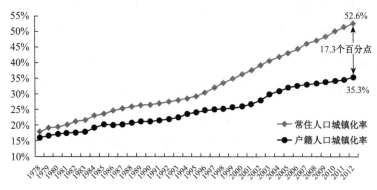

图4-1 常住人口城镇化率和户籍人口城镇化率的差距

城镇化的、具有本地农业户籍的农民工（任远等，2014）。常住人口口径的城镇化率和以户籍人口口径衡量的城镇化率的差额呈现日益扩大的趋势。这个差额反映出制度因素对城镇化的限制，以及反映出我国城镇化"数字"的背后有较大的水分。如果我们将户籍人口城镇化作为真正以城市居民衡量的"真实的城镇化"水平，那么"浅城镇化"就反映出了"真实城镇化"之上的泡沫部分，或者说反映出了城镇化的不充分性。

本章将讨论我国当前城镇化发展具有"浅城镇化"的特点，第一部分论述"浅城镇化"表现在微观的行为模式、中观的城市运行和宏观的社会结构状态，并在空间、福利和社会等不同的维度上表现出不同的特点。在第二部分中，作者将讨论"浅城镇化"对中国发展带来的不利影响。在最后一个部分中，作者讨论如何推动中国城镇化从一个"浅城镇化"状态，向不断深化的状态（或者说是更高的发展阶段）发展。

1. 浅城镇化

在我们所说的"浅城镇化"这个意义上把握中国城镇化的实质和特点，已经有不同学者从不同角度进行了讨论。一个类似的概念是左学金（2010）提出的"浅度城镇化"，他提出这个概念主要是相对于中国城镇化水平落后于经济发展水平的"低度城镇化"（under urbanization），说明中国城镇化中的相当一部分人口（主要是农村向城镇的迁移者）由于各种制度障碍不能成为城市市民，他们在城市居住和工作，但是在城市中只保持最低限度的消费，以及他们中很多人将配偶和子女留在流出地，带来家庭分离问题。他们是非常态的不稳定的城市人口，或者说是"准城市人口"。郑秉文（2011）通过比较拉美国家的"过度城镇化"和中国的"浅度城镇化"，说明中国的城镇化缺乏"人的城镇化"，是一种人口的"被城镇化"，出现了城镇化虚高的现象，而城镇化的发展要

四、深化"浅城镇化"

追求的是"同步城镇化"。

王春光(2006,2009)提出"半城市化",说明流动人口不能彻底地城市化,他们在制度系统、社会生活行动和社会心理上都没有完全融入城市社会,因此带来就业的非正规性、居住边缘化和生活"孤岛化",以及社会认同"内卷化"。"半城市化"这个概念被较多地采用。例如,李爱民(2013)通过非户籍人口比重来计算我国不同地区的"半城镇化率";辜胜祖和杨威(2012)将"半城镇化"用来说明农民工既不能从农村和农业完全退出也不能融入城市的情况。

"浅层城市化"和"深层城市化"往往也被理解为城镇化中的两个状态。例如,王道勇(2014)利用"浅层城市化"说明城市对农民工设有一种"玻璃隔板",阻碍了他们的工作和生活,并阻碍了他们的社会认同;仇保兴从城镇化发展阶段的角度提出"浅层城镇化"和"深度城镇化",认为浅层城镇化是重视投资和物质建设,深度城镇化重视人的城镇化和绿色发展(参见《中国经济时报》,2016)。

笔者曾提出迁移流动人口虽然在数字统计上进入城市,实现了"人口的城镇化",但是并没有真正实现"人的城镇化"(任远,2014),他们在福利、生活方式和人的发展能力的发挥上还没有彻底实现城镇化。我国城镇化是"浅城镇化",在于户籍制度及与户籍制度相关联的福利制度和土地制度等的限制,使得城镇化过程中的人口迁移具有很强的暂时性特征,以及迁移人口不能获得均等公平的公共服务和社会福利,造成迁移人口的市民化和社会融合不足,迁移人口的生活方式和社会认同并没有城镇化(任远,2015)。

这种半城镇化、浅城镇化的状态也被很多学者认为是一种"伪城镇化"或"虚假的城镇化",具体反映为这种常住人口超过户籍人口的现象。而不少"假城市化"的讨论更主要是从城市空间扩大、行政区划扩张以及片面强调农村人口进入城市,而城市工业化和经济产业能力并不能支撑城市发展的角度来加以讨论(文贯中,2014;洪银兴和陈雯,2000)。

这些概念的含义和使用有微小的差异性，但是都说明了我国目前似乎很高的城镇化水平背后的表面性、不彻底性、不深入性。为了进一步讨论中国作为发展中国家城镇化所具有的特征，以及探索中国新型城镇化的发展道路，笔者觉得有必要进一步论述我国"浅城镇化"的特点，并指出其对国家发展的危害。

表4-1中笔者将进一步说明浅城镇化表现在空间、福利、社会三个不同的维度，同时总结浅城镇化在微观个体行为、城市运行和宏观制度结构三个方面有相互影响的不同表现。

表4-1 "浅城镇化"的特点

	空间	福利	社会	主要特点
宏观（制度结构）	—流动性 —不稳定性	—制度排斥 —非正式性	—三元社会结构 —社会分化 —低社会信任	碎片化和社会分化
中观（城市运行）	—空间隔离	—不平等 —社会分层	—本地人口和外来人口的相互冲突 —对移民的负面评价和缺乏接纳 —缺乏社会组织	隔离、阶层和冲突
微观（个体行为）	—非定居性迁移 —非永久性居住 —缺乏预期 —家庭分离	—福利排斥 —缺乏市民化 —就业非正规性 —需求难以满足	—社会交往的首属群体 —缺乏本地化的社会网络和社会资本 —被歧视 —缺乏归属感和社会认同 —对城市生活方式的疏离 —主观满意度的痛苦	缺乏市民化和社会融合

四、深化"浅城镇化"

(1) 移民个体行为中缺乏市民化和社会融合

从迁移流动者的个体行为来看,"浅城镇化"首先表现为迁移流动人口的非定居性和其迁移的临时性。迁移流动人口虽然在空间上进入城市,但他们在城市中的预期和长期安排是不稳定的,表现为他们主要是采取一种"非定居性居住",或者是"临时性迁移""周期性迁移"的方式。蔡昉(2001)较早地说明中国乡城迁移不是单纯地从农村迁移到城市,而是只有很少部分的迁移流动人口最终在城市定居下来,另一部分群体会逐步返回农村地区。任远(2012)的研究说明一个迁移人口队列在进入城市以后,逐年地有人口群体返回或者离开城市,而最后只有10%左右的人口彻底在城市沉淀下来。同时,也说明了移民的沉淀性在20世纪90年代以后表现出增强的趋势。该研究说明,在中国宏观的城镇化水平不断提高的背后,不断有迁移流动人口进入城市,也不断有进入迁移流动人口离开城市返回农村或者迁移到其他城市。人口迁移具有暂时性迁移的特点,在发展中国家是普遍的现象。在迁移的暂时性和不稳定性的影响下,迁移人口并没有对在城市长期生活的稳定预期,同时也带来迁移过程中的家庭分离和留守现象。正如斯塔克(Stark,1985)提出迁移行为是家庭综合考虑自身利益、社区环境和城乡风险的最优选择,农民家庭选择家庭性迁移或暂时性迁移来适应制度和社会环境;农村劳动力通过这样的临时性迁移、非长期居住和家庭分离,实现农村的土地利益和城镇化过程中资本收益的最大化利益。马西(Massey,1990)进而说明迁移过程具有累积的因果性影响,临时性迁移造成移民难以融入城市,而社会融合的不足又使得移民的生活风险增加,使迁移人口最终选择暂时性迁移,而不能成为城市的稳定市民。

我国城镇化过程中的迁移流动人口的暂时性迁移和非定居性居住受到户籍制度的显著影响。20世纪50年代建立的户籍制度是控制人口迁移流动的移民制度,在当时条件下支持了城镇工业化的资本积累(Chan,2009)。同时,城乡和地区间的社会管理与福利制度也基于户籍制度建立起来。20世纪80年代改革开放以来，虽然在迁移政策方面一定程度上放开了对人口迁移和流动的行政管制，但是由于人口群体基于户籍身份和户口登记地进行社会管理和获得社会福利，而城市部门对于户籍身份的严格管控并没有放开，使得迁移流动人口难以进入城市的社会保障和福利制度体系，影响了移民群体的健康医疗、子女教育、社会保障、居住住房等需求和服务，多数移民群体在失业以后也无法得到相关的就业服务和失业救济。这些因素都使得迁移流动人口在城市处于非常不稳定的境地，其生活风险和就业风险使得他们形成一种暂时性迁移和非定居性居住的模式（Fan，2011）。

进入城市的迁移流动人口在有关的社会福利和社会服务上不能得到有效满足，而这归根到底是与迁移流动人口群体市民权利的缺乏相联系的。对迁移流动人口市民权利的排斥主要表现为几个方面。第一，经济民事权利的排斥。例如，迁移流动人口存在一定的就业歧视，在信用融资和企业申请等方面存在限制。第二，迁移流动人口社会权利的排斥也是显而易见的。因为多数社会管理和社会福利是依托在户籍制度基础之上，因此迁移流动人口并不能像本地居民一样获得平等的福利和服务，这些福利和服务的差别表现在教育、医疗、社会保障、住房等各个方面。例如，笔者最近在上海的研究表明，84.6%的本地居民具有城镇养老保险，而只有38.6%的迁移流动人口具有城镇养老保险，在包括医疗保险、失业保险、工伤保险等各个方面，迁移流动人口都明显低于本地人口（任远，2015）。制度排斥所带来的社会福利差别，实际上揭示出迁移流动人口社会权利建设不足。第三，在以选举为主要核心的政治权利领域，只有很少的迁移流动人口进入所在经济社会组织的工会和党支部。民事权利、社会权利和政治权利的薄弱，反映出迁移流动人口市民化的不足，也就是他们虽然是城市的住民，但是并不是城市的市民。户籍制度构成流动人口市民化不足的最基础的因素，不少研究也将户籍作为衡量迁移流动人口市民化的最重要指标。

四、深化"浅城镇化"

在社会生活中，迁移人口和本地人口的关系非常薄弱。迁移人口主要还是与亲友、同乡群体紧密团结和交往，迁移人口和当地社会所形成的"本地化的社会资本"相对薄弱（任远，2012）。特别是移民和本地人相互交往的关系还是一种服务提供者和服务购买者的关系，并没有形成伙伴式的相互支持，这也进一步造成本地人口和外地人口缺乏信任，强化了移民对社会歧视的感受。"浅城镇化"同时表现为迁移流动人口虽然居住在城市，但是他们的生活方式仍然没有转化，他们并没有彻底融入城市生活。迁移流动人口具有很高的储蓄率，笔者近期对上海的研究表明，迁移流动人口的储蓄率高达46%，远远高于本地居民。与本地居民另外一个区别是，他们有部分收入用于农村家庭的汇款，收入中用于供养老人的经济开支相对更高。迁移流动人口往往在城市尽量地节俭和储蓄，为未来返回农村和老年生活作准备。虽然在城市居住，但是他们的生活是与城市相分离的。他们不是为未来在城市长期生活进行消费和投资，例如住房和耐用消费品消费、教育培训投资，等等。这种"浅城镇化"还表现在他们具有较弱的社会认同，他们深刻地感受到自己是城市体系的外来者和过客，缺少对当地社会的归属感和社会认同。不仅本地人口并不认同他们是平等的城市居民，他们自己也会觉得和本地人有很大的区别，并认为自己只是暂时地在城市务工，并不把所在城市作为自己的归宿。他们和流出地社区有着密切的联系，其主要参照物仍然是农村而非城市。

因此，从进入城市的迁移流动者的个体行为来看，他们和本地人口是显然不同的两种人。迁移流动人口在城市生活的暂时性迁移和非定居性，在经济、社会、政治权利上的薄弱和被排斥，在社会心理和社会生活中的缺乏认同，以及在社会交往和生活方式方面的脱离性，表现出城镇化过程中的移民虽然在城市居住和工作，没有很大程度上游离或者脱离于城市体系，但也没有完整融入城市生活中，他们脱离于城市的生活和关系网络，缺乏市民化和社会融合。在这种情况下的城镇化只是表面上的城镇化,并没有整合进入城市体系,没有实现城市生活的转化,没有彻底实现人的城镇化。在统计数据上,他们被认为是城镇人口,但这只是数字上的城镇化,他们的生活方式、社会认同并没有彻底实现城镇化,没有扎根到城市生活体系中实现实质性的城镇化。

(2) 城市运行中的空间分隔、社会分层和族群冲突

浅城镇化在个体行为上的不能深入城市,在中观层面的城市运行中表现出城市的空间分隔、社会分层和族群冲突。

迁移流动人口在空间上往往居住在城市的郊区和边缘地区。这样的"郊区化"和美国中产阶级的郊区化不同,由于城市产业特别是制造业更多地向城市郊区转移,以及相对于中心地区的住房价格较高、住房供给不足,在城市郊区和农村地区的私人租赁为移民提供了低成本的、相对可支付的住房(吴维平、王汉生,2012)。迁移流动人口在城镇边缘地区相对集聚,构成一些典型的移民社区,例如浙江村、安徽村等(张友庭,2014;王汉生等,1997)。正如波特斯就移民和社会资本的讨论,在这些移民社区中,通过这些同乡的社会网络嵌入城市,有利于迁移流动人口进入城市的生活适应(Portes and Sensenbrenner,1993)。因此移民在空间上的集聚性具有自我强化的特点,新的移民往往和同乡、亲戚居住在一起,而本地人口的邻里中移民的比例则相对更低,产生出空间隔离的现象。经典的同化理论认为,这些移民聚居区域以及更加依赖血缘和同乡的初级社会关系网络,都表现出移民在城市空间上融入性较低,而当他们日益融入城市,则逐步混合居住和转移到城市社区的生活。特别是很多移民聚居区存在显著的贫困化和社会隔离现象,进一步表现出移民在城市生活中的隔离性和被排斥性。为了更好地对流动人口进行管理,在特大城市郊区还形成了一些封闭管理的流动人口聚居区以及工厂宿舍区,都使得城镇化过程中的空间隔离现象进一步强化。

四、深化"浅城镇化"

"浅城镇化"表现出流动人口和本地人口在福利和公共服务上的不平等性,使得本地人口和外来人口形成具有身份差别的不同社会阶层。由于户籍身份的差别,移民在许多城市社会服务都是被排斥的。虽然包括教育等公共服务的排斥性在逐步减少,但是不平等和排斥现象仍然显著存在。例如,某些地区的流动人口不能在当地进行中考和高考,地方政府往往还将教育等公共服务的排斥性作为控制人口的手段,进一步提升流动人口和本地人口的差别性。即使在一些公办学校允许流动人口入学,但不少学校仍采取一种分班授课的方式,形成学校内部的差别性。城市的空间使用对于移民也是排斥的。例如,制止移民在城市摆摊,很大程度上就是一种空间的排斥。广泛的差别性和排斥性,形成了社会阶层性,使得流动人口生活层和本地居民生活层相互隔离。其结果是虽然农村人口进入城市表面上是一种社会向上流动,但是他们进入城市以后往往就只能发生水平流动,而难以继续实现向上流动,降低了社会发展的活力。

在城市运行中随着城市流动人口数量增长,以及作为一种异质性的存在,本地人口和外地人口的相互冲突也日益增长。虽然冲突本身也是社会交往和实现相互结构性调整与整合的一种手段,但是扩大的社会冲突对于城市运行是不利的。流动人口认为城市自身存在显著的社会排斥,而本地人口则将城市运行出现的拥挤、环境问题、社会治安问题等归咎于流动人口。除了认为流动人口对于城市经济发展有积极作用,本地人口对于流动人口的总体印象是负面的。这进一步增强了流动人口所感受到的社会歧视,弱化了身份认同。同时,虽然流动人口有着日益增强的社会认同和归属感,但是本地人口对于流动人口的社会接纳却仍然是有限的。这种城市的主体和他者的不断排斥,扩大了城市运行的张力,强化了城市内部结构性的紧张。而我们的研究则说明这种本地人口和外来人口关系的结构性紧张,不是由于本地人口和外来人口形成资源竞争所造成的,而是由于城市整体造成的教育、经济收入和职业地位的发展性不足。处于更高社会阶层的本地人口和外来人口的社会冲突性与相互整合是较强的,而更低的发展能力和发展机会才强化了本地人口和外来人口的相互冲突。因此,促进本地人口和外来人口相互关系的调整与和谐,不应是通过调整公共资源在本地人口和外来人口中的配置来实现,而是要通过促进本地人口和外来人口有更好的发展机会,促进他们向中产阶级的社会流动和结构转化。只有这样,才能根本解决本地人口和外来人口的社会冲突,也才真正有可能使移民融入城市生活,与本地人口共同拥有、共同建设所在的城市(任远等,2016)。

(3) 国家宏观结构的不稳定性和社会分化

农村人口进入城市的微观过程的临时性和非定居性,造成我国宏观结构变动的巨大流动性和不稳定性。我国有着2.6亿跨街道乡镇的人口迁移流动,其中有8 500万的跨省人口迁移流动,充分表明了国家发展在空间上的巨大流动性。而且这种空间流动性所表现出的城镇化水平的提高,则是由人口不断进入城市和不断返回农村的反复过程所共同决定的。城镇成为人口不断进城也不断流出的容器,在城镇化过程中表现出复杂的沉淀进程,也表现出庞大规模的返回性迁移和阶梯性迁移,这种庞大的流动性可以从每年春运的巨大冲击波中表现出来。这在一定程度上支持了国家发展的稳定性,因为当城市部门在遇到经济危机等发展风险的时候,这种城乡之间的流动性化解了城镇部分的风险。但是巨大的流动性在另一个层面上破坏了发展的稳定性,城乡的结构性平衡关系难以实现,发展过程中的利益分配不平衡,城乡和不同地区间的发展能力和公共资源服务的不平衡显得日益扩大。巨大的人口流动性和非定居性,带来投资的浪费和发展的新风险。例如,在中西部地区由于农民工返乡购买了大量的住房,但是迁移流动人口又基本上在东部地区打工,并不居住在这些新城,使得新城成为空城。迁移人口表

四、深化"浅城镇化"

现为既在又不在的状态,或者说既在大城市又在就地城镇化的中小城镇周边的状态,带来反复投资,造成巨大的浪费和风险。

从宏观的制度结构和国民福利来看,浅城镇化表现为没有制度支持的人口迁移流动,人口过程、就业过程和福利制度的脱离,公共服务和福利制度不能有效支持人口城镇化过程。没有福利制度、保障制度和住房制度的支持,导致城镇化具有相当大程度的非正式性,包括就业的非正式性、住房的非正式性等。人口城镇化过程中的制度结构脱离,使得人口的福利水平较低。同时制度结构脱离于人口城镇化过程,又转而割裂城乡统一市场,阻碍人口自由迁移流动。我们看到户籍制度、土地制度及分隔性的社会保障制度等都使得国家发展呈现碎片化的状态,而碎片化的制度结构和人口流动性的日益增强结合在一起,使得人口的经济社会生活与制度结构脱轨,造成对人民利益和福利的损害,并加剧社会不平等,使得国家发展的风险难以通过制度得到有效保障。

在国家的宏观社会结构上,由于迁移流动人口难以进入地方社会,使得城乡二元结构并没有在城镇化过程中被打破,转而成为城市内部的二元结构,形成国家范围的三元社会结构。不同群体缺乏认同和普遍的社会利益冲突,使得社会发展的不稳定性增强,社会分化性增强。在社会分化中,所有群体都觉得利益受到侵害,所有群体都觉得利益缺乏有效保障,因此带来了普遍性的社会内部张力。城镇化过程中的社会利益冲突,破坏了社会团结,也使得社会难以形成对于改革和未来发展的共识。社会的互信和共信的基础被削弱,城镇化过程中的发展利益不能被社会普遍共享,从而使得城镇化成为社会团结日益分裂、社会共识日益丧失的过程。

因此,"浅城镇化"是表面上的城镇化和不彻底的城镇化,构成当前阶段我国城镇化发展的基本特征。在微观行为方面,浅城镇化表现为迁移人口缺乏市民化和缺乏社会融合,民众的基本需求难以得到保障;在城市运行的层面上,浅城镇化表现为空间的社会隔离,表现为本地人口和外来人口的不平等和阶层化的扩大,以及表现为本地人口和外来人口的相互冲突。而这样的浅城镇化在国家宏观结构上的表现,则表现出国家的巨大流动性和不稳定,表现出国家发展的巨大风险,表现为制度阻碍城镇化和制度结构与人口过程的脱轨,表现为社会分化的加深。这构成了我国当前城镇化的基本特点。浅城镇化在不同侧面、不同层面上的问题相互影响、相互嵌套,构成了发展转型的结构性困境。

可以说,浅城镇化一定程度上表现出不同国家城市化过程中的共性问题,即任何国家在农业社会向城镇社会转变过程中,都存在城乡结构转化过程中的过渡状态。具体来说,我国的浅城镇化更多地受到制度结构的影响,恶化了转型期的困境,并对国家发展带来不利的影响。

2. 浅城镇化和发展陷阱

(1) 对经济发展的不利影响

从 20 世纪 80 年代以来我国快速的经济发展带动了城镇化,而一定程度上浅城镇化所带来的大量低成本劳动力,甚至降低了企业发展的成本。但是在城镇化进入中后期以后,随着农村劳动力无限供给局面开始转变,乡城结构变化达到了"刘易斯转折点",浅城镇化的状态对于经济发展开始表现出不利的影响。

"浅城镇化"在经济发展的供给侧,制约了劳动力的供给。在 2005 年以前,基本处于农村剩余劳动力无限供给的情况,移民的市民化不足和排斥性制度歧视,实际并未对劳动力市场产生很大的影响。也就是说,即使迁移劳动力属于低成本、歧视性的就业,城市没有提供必要的福利和保障,仍然有大量农民工进入城市。但是,随着农村的剩余劳动力很快得以释放,而且我国整体的劳动力人口数量和比重正在下降,缺乏市民化的城镇化将会阻碍对城镇部门的劳动力供给。高龄劳动力人口在市民化不足的制度限制下离开城镇返回农村,而市民化不足又限

四、深化"浅城镇化"

制了新生劳动力进入城市的意愿,使得城镇劳动力市场的供给和需求态势发生变化。这一点已经在我国东部地区近年来显著的"民工荒"现象中表现出来。

"浅城镇化"阻碍了城镇部门创新创业人口的集聚和成长。在任何一个社会中,移民都是城市创新的来源,移民本身的多样性构成城市创新的重要资源。城市在阻碍移民进入的同时,实际上也限制了城市创新和发展的潜力。当前城镇化过程中对移民的创新创业还有相当的限制,例如移民在创办企业和融资中还存在不少制度壁垒。移民过程同时还带来大量人力资本进入城市,特别是新生代移民的教育程度更高,限制移民在城市沉淀和发展,本身不利于充分发挥人力资本的集聚价值。

"浅城镇化"在供给侧的不利影响还在于限制了企业和产业的成长和升级。浅城镇化带来劳动力的流动性和不稳定性,使得新技术企业难以获得需要的劳动力供给,企业本身也缺乏意愿对于迁移流动人口进行人力资本投资和教育培训,这客观上限制了企业产业升级的能力,将企业固化在传统劳动力密集型的产业模式之中。

"浅城镇化"对经济发展带来阻碍也表现在其在需求侧上限制了经济内需的增长。2013年我们对上海的研究发现,移民的储蓄率高达46%。这意味着移民日常生活消费极度节俭,他们的经济收入用于汇款满足农村家庭生活需求和为未来返乡生活作出积累。在城镇化过程中,他们的生活方式并没有真正实现市民化。

城镇化政策中对于家庭的阻碍表现出更加突出的不利影响。我国目前有6 000多万的留守儿童和5 000多万的留守妇女。城镇化过程中的家庭分离成为突出的问题,而家庭是消费的基础,家庭分离进一步限制了移民的消费需求。

近年来我国的经济发展模式中经济增长速度很快,城镇化速度很快,但是内需对经济增长贡献率很低,这在近两年才刚刚有一些提升的趋向。其重要原因在于,浅城镇化使城市人口增长并没有转变成为经济内需。可以设想，随着移民在市民化过程中生活方式的转变，他们只有与稳定的家庭和子女共同成长，他们对城市住房、文化娱乐、教育、体育等各种生活需求才会增长，才真正可能使城镇化转变为内需的动力。

"浅城镇化"表现出对移民的福利供给和公共服务提供相对不足。正如同中国整体上社会保障和公共服务发展不足限制了经济内需，浅城镇化对于移民的教育、卫生、住房等制度排斥，进一步增加了移民的生活成本，限制了内需增长。我们往往认为城市人口增长增加了公共服务和财政的负担，实际上公共服务的提高将增加移民的消费能力，移民对于各种城市服务需求的增长也会增加新的服务业供给和新的产业机会。在这个意义上也证明，城镇化过程中总需求和总供给增长，本身也是一种相互促进的关系。

因此，"浅城镇化"的状态将会从劳动力供给、创新创业、企业和产业的升级，以及从消费内需等诸多角度影响经济增长，降低投资率，包括降低人力资本投资，降低消费率，从而使得城镇化过程对经济水平进一步提高带来阻碍。这在一定程度上也能够解释近年来中国经济增长速度的下降趋势。

（2）对社会发展的不利影响

城镇化本身意味着社会结构从农业社会和城乡二元社会逐步进入城市社会，意味着中产阶级的形成和成长。积极的社会转型创造需求，同时创造出社会发展的活力和动力；浅城镇化扩大社会分化，增加社会不平等，引发社会冲突。以拉美国家为代表的城镇化发展中，正是因为出现了社会不平等的扩大，社会分化加剧，从而出现了一定程度的社会结构转型的失败，并成为其不能发展成为高收入国家的主要原因。

浅城镇化对社会发展的不利影响，首先是人的流动性受阻。迁移流动人口从农村进入城市本身是一种向上的社会流动，但是进入城市以后，由于他们不能市民化和融入城市，使他们缺乏进一步向上流动的能

四、深化"浅城镇化"

力。流动人口没有彻底实现城镇化,身份标签和权利排斥构成他们向上流动的阻碍,同时在就业、教育、保障机会等方面的限制,阻碍了社会的流动性。如果说20世纪80年代中国的流动性得到开放,当前则出现了由于浅城镇化带来发展机会的阻碍,"农二代""贫二代"现象的出现表明了浅城镇化对社会流动的限制。

社会发展的进步不足同时表现为教育、健康、卫生等公众福利进步不足。对于移民群体的制度排斥和公共服务供给不足,本身不利于城镇化过程中人力资本的积累。浅的城镇化包含着对移民和子女的教育排斥,减低了教育对发展的推动作用。在教育受到排斥的情况下,不少儿童回到农村成为留守儿童,而农村的教育服务供给水平又相对较低,进一步限制了他们的发展机会,使得人力资本形成受到阻碍。因此,浅城镇化带来教育质量下降和家庭分离,带来死亡率上升和健康水平下降,对城镇化过程中的社会福利造成不利影响。

浅城镇化对社会发展的不利影响还表现在社会分化的扩大,不同群体的广泛的不平等,城市内部本地人口与外地人口的社会隔离和空间隔离。浅城镇化在宏观社会结构上增加了社会分化。浅城镇化带来社会分化,不仅是受到第一次分配中的收入差距分化和企业内部福利分化的影响,在社会第二次分配中由于户籍制度和各种福利制度的差别性,也进一步扩大了社会分化。

浅城镇化带来的城镇生活的低保障性,导致不平等和社会分化的扩大,强化了本地人口和外来人口的社会冲突,并带来犯罪率上升等社会安全水平下降问题。城市化过程中犯罪率的上升与其说是流动人口进入城市所带来的,其实更在于流动人口本身缺乏教育、居住社区更加贫民化。公共服务不足、教育程度不足、家庭分离以及失业的增加都会带来社会安全下降,这正说明不是移民带来社会安全恶化,而是浅城镇化增加了社会的不稳定性。而由于社会安全水平的下降,使得社会需要投入更多的资本用于维持稳定和安全,用于发展的社会资本投入就会受到削弱。社会安全下降，另外的原因还在于，当移民缺乏社会融入，难以从城市体系中得到公共服务和发展资源，移民就必然通过各种自我组织和非正式组织来实现自我发展的相互帮助。这些自组织就包括类似帮派、黑社会、地下经济社会组织等非制度化的产物。而这种情况的发生则进一步降低社会安全。

浅城镇化意味着社会流动受阻、社会结构分化和社会安全水平下降。浅城镇化表现出不彻底的城镇化过程，构成了社会结构转型的陷阱，阻碍了社会发展，限制了城市和国家进一步成长的可能性。

（3）城乡发展的双重陷阱

浅城镇化所具有的暂时性迁移和非永久定居的特点，以及在城市福利方面的排斥性、居住的隔离性，也会影响乡城迁移的农民工的动态轨迹和他们的行为选择，对人口迁移表现出累积性、长期性甚至是代际性的影响，并因此影响宏观的城乡发展和城镇化进程。

暂时性移民和非定居性居住，造成移民对城市就业和收入的预期是短期性的，这种短期性弱化了迁移人口对迁移收益的判断，削弱了农村人口进入城市的动机。而他们对成本收益判断的短期性，使得他们的迁移行为是短期性的。多数移民最终选择离开城市和返回农村，出现返回式的迁移或者周期性的迁移。人口迁移行为的短期性，使得移民的社会网络难以积累，难以形成不断强化的社会资本，而社会融合的薄弱意味着移民与当地的社会网络和社会资本的联系也非常薄弱。这样，社会资本薄弱进一步强化了迁移人口融入当地城市的难度和在城市继续发展的困难。户籍制度排斥、教育医疗制度排斥、住房困难等等，增加了他们在城市生活和发展的风险。例如，子女的教育问题、疾病医疗保障问题、居住住房安排问题等难以妥善解决，使得他们只能通过家庭分离来避免迁移的风险，或者通过继续保留小农土地来分摊家庭生活风险。实际上，当移民无法进入城市的制度体系，会逼迫他们更加依赖土地和

四、深化"浅城镇化"

乡土社会的支持,使他们仍然依托在流出地的制度体系获得教育、保障和发展资源。这些会进一步限制他们形成长期性的迁移行为安排。因此,乡城迁移的短期性的迁移行为,不仅是移民在城市地区社会融合不足的表现,同时也是他们在社会融合困境下的行为选择。短期性的迁移行为下,移民在城市短期务工经商,他们将子女和配偶寄留在农村,形成庞大的留守儿童和留守妇女群体,他们也在自身年龄较大时由于缺乏保障和就业困难不得不选择回到农村。这时,他们留守在农村的儿童又不得不外出打工来获得家庭资本收益,形成了第一代农民工返乡和第二代农民工进城的劳动力替代,从而继续重复青年劳动力外出打工、子女留守和老年返乡的代际循环。移民的社会融合不足就会形成了一种代际性的"迁移循环",而不是城镇化所需要的"乡城迁移"。而在这种迁移循环中,使得乡城之间的社会壁垒固化,城乡差距日益扩大,并使得农村发展进入一种"发展陷阱"。

浅城镇化不仅使农村社会陷入"发展陷阱",就城市部门而言,也因为缺少稳定的迁移劳动力而进入另一种"发展陷阱"。因此,虽然我国仍然有巨大规模的农村劳动力,但是在城镇部门却出现了"民工荒"的现象。这种情况与其说是"刘易斯转折点"已经到了,还不如说是移民不能成为城市部门劳动力市场的稳定劳动力供给,从而扭曲了劳动力市场。扭曲的劳动力市场推高了劳动力成本,而这种劳动力成本增高实际上是移民社会融合不足对城市工业化和城乡发展造成的制度性损失。由于福利排斥造成社会融合不足,在短视的判断下似乎减少了城市公共财政和降低了企业的"福利开支",但是扭曲的劳动力市场带来劳动力成本上升,实际上转而增加了发展的制度成本,转回身去造成企业运行成本增加和城市发展的困难。由于社会融合不足,造成移民在城市发展的短期化,使其难以通过不断的人力资本投资成为熟练性技术工人,并因此限制了城镇部门的产业更新。而缺乏社会融合带来劳动力就业的短期性和流动性,也使得企业部门难以通过稳定用工和对劳动者人力资本投资来推动产业升级。因此，城镇部门劳动力成本提高和产业层级被固化在劳动密集的低利润产业模式，使得企业经营更加困难。在企业经营困境下减少劳动力就业，则使得移民在城市生活和发展的风险性增强，并进一步带来他们行为的短期性。移民的社会融合不足，还使得进入城市的2.3亿劳动者不能成为稳定的新兴中产阶级，迁移行为的短期化约束了他们的消费行为，造成移民的储蓄率非常高而消费率非常低，带来城镇化过程中的内需不足和产能过剩。因此，与其说我国当前是经济发展过程中出现了供给过剩，还不如说是城镇化过程中由于没有实现人的城镇化和生活方式的城镇化，从而带来有效需求的不足。由于移民社会融合不足而带来人口群体行为的短期化，同样对城镇部门也带来累积性和长期性的影响，限制了产业升级和社会生活的改善。

在城镇化过程中移民的社会融合不足造成浅城镇化，会对人口迁移过程中的具体移民的行为选择和行为模式带来累积性的影响，并进而影响城乡发展。甚至可以说，由于浅城镇化造成乡村移民的代际循环，带来农村的"发展陷阱"，以及由于社会融合不足造成劳动力市场的扭曲，造成产业转型升级的阻碍，带来城市的"发展陷阱"。因此，浅城镇化带来城乡发展的双重陷阱，使得城乡壁垒固化，整个国家发展有陷入"中等收入陷阱"的危险。对中国的城镇化发展来说，如果不能改变当前"浅城镇化"的特点，构造出有效的乡城迁移和社会融合模式，目前的城镇化过程本身是难以持续的。

总之，浅城镇化对国家发展的不利影响不仅表现在经济增长方面，也表现在社会发展和社会福利方面，还表现在对城乡发展和结构转型的限制。浅城镇化带来经济发展受阻，通过累积的因果关系造成城乡发展的壁垒加深，进而导致社会转型失败，增加了社会发展的成本，这些都构成发展的陷阱，都有弱化国家发展能力、构成"中等收入陷阱"的风险。拉美国家城镇化过程中出现的"中等收入陷阱"为中国发展提供了前车之鉴，中国当前的城镇化过程尤其需要重视对浅城镇化问题的治理，才能继续推动城镇化发展和经济社会进步。

3. 城镇化发展的深化

当前我国城镇化具有显著的"浅城镇化"的特点。因此，城镇化未来发展需要从数字上的城镇化实现实质性的城镇化，从表面的城镇化实现深入的城镇化、彻底的城镇化，才能避免浅城镇化导致的发展陷阱，才能真正使城镇化构成国家发展的积极动力。这需要在城乡二元结构转变的过程中，使迁移流动人口逐步实现市民化和社会融合，在城市的运行中改变空间隔离，减少社会群体间的排斥冲突，并在宏观上实现社会整合和制度包容。

城乡二元结构在城镇化过程中发生结构性的转型，"浅城镇化"相当大程度上表现为城镇化转型过程中的共性特点，在很多后发展国家的城镇化过程中也出现了这些缺乏福利的城镇化、非正式的城镇化、社会分化的城镇化等现象。同时，中国城镇化过程中的"浅城镇化"也受到中国特殊性的户籍制度、福利制度、土地制度等因素的影响。推进中国城镇化发展需要通过一系列的制度改革，推动城镇化过程日益深化，确保我国城镇化在一个正确的轨道上不断升级和发展。

（1）空间战略

从空间的维度看，推动城镇化的深化需要增强移民的沉淀性，避免移民在城市空间的隔离。

城镇化过程依托于人口迁移流动的空间变动。浅城镇化的原因在于人口的空间流动面临制度性的壁垒，从而限制了人口的空间转移。保护户籍制度，以及基于户籍制度的各种福利制度和社会管理安排都限制了人口的空间转移，农村土地制度的非市场化也限制了人口乡城迁移的动机。只有通过加快相关制度改革以更好地适应市场经济发展，才能帮助移民在城市中更好地沉淀下来，支持中国城镇化的发展。

在人口进入城市以后，城镇的空间权利对于移民也具有排斥性。例如，引起强烈社会意见的"城管"问题、严禁马路设摊等等，其本身是对移民空间权利的排斥。而对外来者的住房限购、公共住房计划的排斥、缺乏制度化的私人住房管理体系、迁移人口无法得到可居住的空间，以及移民居住社区的空间隔离，都折射出城市空间安排对移民的排斥。

移民社区空间上的隔离性对于城镇化和移民发展的影响尤其显著，居住区隔离进一步加剧了对移民的排斥性，制约其融入城市社会，并影响迁移流动人口及其家庭的未来成长。移民社区的隔离性表现在多数移民的周围邻里主要是外地人口，而本地人口的周围邻里是外地人口的比重显然更低。"浙江村"、移民专业市场社区和城中村等都是典型的以移民为主的社区，当地方政府提倡封闭式管理则进一步强化了移民的隔离性。当移民社区的隔离性和贫困社区相互叠加，使移民居住于城市的边缘，所带来的社会问题就更加显著。因此，在制度设计上打散移民社区的隔离性，提倡混合性的社区，就成为一种重要的空间政策。在欧洲的一些城市，通过制度规定某个社区要有一定比例的外来移民居住，而且强调某个族群的移民不能超过一定的比例，并制定优惠的住房金融政策，通过居住住房和公共租赁住房等的混合，避免形成社区隔离，带来社会矛盾和社会冲突。

城市的空间安排在一定程度上也不适合城镇化过程中迁移人口的结构和需求。一方面存在大量空置的高档居住小区，另一方面大量移民聚居在棚户区和贫困住区，说明了我们住房市场的空间结构并不适应城镇化过程中的人口结构，这些都是在城市住房和空间规划中需要加以考虑的。

从宏观的空间政策来避免浅城镇化，即城市化的发展需要使得土地规划和人口规划相互适应。如果当某个地区人口集聚的速度超过了城市居住用地的速度，就会带来住房拥挤和房地产价格的过度增值。中国的人口主要向东部沿海和大城市地区集中，而东部地区和特大城市的建设用地，特别是建设用地中的居住用地增长受到很大限制，这样就限制了对于移民的空间承载能力。相对来说，在中部和西部地区的土地空间利用还有较大浪费，对于中西部三、四线城镇化的土地投资很大程度还是浪费的。这要求国家城镇化发展需要协调分区域的城镇化和建设用地的空间配置，建设较为合理的城市体系和城镇群区域，并使空间利用和人口迁移流动相适应，从空间上支持城镇化的实现。

（2）福利制度改革

从福利的维度看，推动城镇化的深化需要改革福利制度的差别性和排斥性，实现基本公共服务均等化。

制度排斥是造成中国城镇化发展过程中浅城镇化现象的核心因素，这主要是福利制度的排斥。因此，通过改革破除制度排斥，增加制度支持，推动基本公共服务的均等化，增强城市的开放性，有助于避免对不同社会群体福利的不平等对待。城镇化发展离不开一系列福利制度的改革配套。改变地区差别、人口群体身份差别的福利制度，建立基于国民身份的福利制度势在必行。例如，建设国民年金制度，建立全国范围内统一流动的医疗保障制度等，对于建设全国统一的劳动力市场是非常必要的。各项福利制度和社会管理不应该基于人口的省份和地域，而需要实施属地化的福利制度和服务，例如教育制度、健康制度，等等。通过属地化的基本公共服务，以及全国统一的制度框架，才能逐步打破目前福利体制在地区之间、人群之间的藩篱，改变制度限制造成的城镇化过程中的差异和排斥。努力实现国家范围内的统一市场和统一的国民制度体系，这对于中国这样的大国实现和谐发展、长远发展是至关重要的，通过制度支持城镇化应该成为不断改革的方向。

在城镇化过程中推动相关的福利制度改革，需要针对移民在城市生活和发展中所面临的具体限制和具体困难，才能帮助移民在城市逐步沉淀下来。例如，农民工进入城市首先是就业和保障的需求，以及住房和居住的需求，随着他们在城市居住时间的延长，就有家庭团聚的需求、子女教育的需求、社区服务的需求。根据迁移流动感受最迫切的需求来推动相关福利制度改革，才能满足人民需求和构成城镇化发展的推动力。

同时，福利制度的改革，归根到底是落实对迁移流动人口权利建设的过程。在城镇化过程中，移民的经济权利、民事权利、社会权利和政治参与权利需要得到保障，离不开加强法治建设，落实依法治国。这就要求推动国家的社会保障立法、公民教育立法、卫生健康等社会立法的进程，推动地方法规条例的制定，并在社会立法中有效保障移民的利益和权利。法治建设的推进，有助于城镇化发展摆脱地方政府的任意性和排斥性，实现城镇化过程中对移民的制度接纳，推进城乡一体化和社会整合。

(3) 社会机制建设

从社会的维度看，推动城镇化的深化，需要通过社会机制的建设来促进移民生活方式的城镇化，促进移民社会融合，促进城市社会的包容和整合。

逐步深化城镇化，不仅需要户籍制度改革、福利制度改革，更需要通过社会建设将城镇化的移民内嵌入城市社会。社会建设通过强化社会网络、增强社会资本，特别是发展出本地化的社会资本，有利于迁移流动人口的社会融合（任远，2012）。特别是相对于客观制度规定的福利和公共服务供给，迁移人口的主观感受的幸福感、认同，以及生活中的歧视和痛苦，更大程度地受到家庭生活、社区和社会机制以及企业文化等因素的影响（任远、张卫星，2014）。这些都说明实现移民的社会

四、深化"浅城镇化"

融合,促进社会整合,需要更加重视社会机制的建设。

通过发育社区、加强社会组织和发展专业化的社会工作,能够加强移民生活需求解决、生存风险应对等能力,以及帮助他们形成对地方社会的适应。例如,帮助移民个体层面上的婚姻家庭和家庭建设、心理建设,帮助他们更好地融入社区、适应城市社会和参与社会交往,通过发展各种社区和社会机制整合社会资源来促进解决移民问题,对于帮助移民在生活交往、社会认同上逐步地城镇化具有重要作用。特别是移民生活方式的本地化和身份认同建设需要较长时期乃至代际的努力才能实现,城镇化在这个意义上很难通过发一个文件、出台一个政策就能够实现。通过长期性、参与性的社会机制建设,有助于帮助迁移流动人口减少在城市生活的风险,逐步成为城市的公民。这需要一个长期的共同努力过程才能真正实现。

从促进城镇化不断深化的社会机制建设来看,还有两个重要的方面。一是通过社会舆论、社会环境、社会的融资、空间的改变、信息化环境的提供、法治环境的建设、积极的政府引导,促进社会沟通和社会团结。这是一种外部环境影响城镇化过程中的影响性社会机制。报纸、电视和公共媒体在此过程中能够发挥很重要的作用,促进形成逐步包容和吸纳移民的社会共识,不断揭示城市社会的隔离割裂现象,增强本地人口和外来人口的互信。在通过环境改变来构建社会整合机制过程中,空间的变化是非常重要的。例如,不仅需要实现混合性居住,也需要发育出一种混合性的生活交流,通过发展邻里相互照顾的空间、相互交流的茶室和咖啡屋,都有利于构建一种"可沟通的城市",促进社会整合。尤其需要重视利用互联网和社交网络等信息化社会工具,对移民提供信息支持,引导更充分的信息沟通和交流,从而从外部环境来促进社会整合和社会团结。

二是通过移民和本地人口的共同社会行动,通过伙伴式的互动来逐步形成社会规范,形成本地人口和外来人口良好的互动关系,重新改变社会结构。这构成了一种建构性的社会机制。这种建构性的社会机制也更充分反映了社会融合的本质,使移民不断改变所生活的地点,改变地区的人口结构和社会结构,从而参与地方社区的发展和城市本身的发展。通过一种参与性的社会机制,使移民和本地人口能够共同有效表达利益、影响政策决策,共同改变社区和城市,并影响社会文化的整体改造,在城镇化过程中建设出一个新的不断发展的社区和城市。这种参与性和建构性的社会机制,实现了城镇化过程中的城市不断更新,是一个城市在城镇化过程中不断发展和新生的动力。

中国城镇化发展面临改变"浅城镇化"、不断深化城镇化的历史任务。在此过程中,政府无疑是一种主要的推动力量。政府主导户籍制度改革、福利制度改革和促进社会机制的变革,具有很强的中国城镇化发展道路的特点。但是在强调政府作用的同时,也需要意识到城镇化过程归根到底是人口结构变化,是人的空间和社会动态性的展开,以及人的参与和社会群体下相互行动的过程。因此,在城镇化转型过程中作为主导力量的人口群体必须参与到这样的转型过程——这才是实现"人的城镇化"的基础——从而通过在城镇化过程中发现人口本身,才能将城镇化从外部经济过程和空间变化落实到人类行为本身,实现基于"人的城镇化"、提高"人的城镇化"的更为彻底的城镇化。

总之,在城镇化的初期,农村人口逐步进入城市的非农化进程是城镇化发展的核心任务。但是,非农化过程的人口进入城市,实际上并没有深入沉淀在城镇中,没有和城镇体系的生活相融合,没有在制度上被城镇体系所接纳,因此出现了"浅城镇化"的状态。因此,在非农化的任务基本得到解决以后,城镇化的主要任务就是市民化和社会融合,改变城市运行的隔离和冲突,实现宏观城乡结构的一体化、稳定性和社会整合。城镇化需要从非农化为主要任务,过渡到以市民化和社会融合为主要任务,使得城镇化过程日益深化,社会日益团结,社会结构更加合理,才能跳出发展的陷阱,升级到一个更高水平的城镇化发展阶段。

四、深化"浅城镇化"

参考文献

辜胜阻、杨威:《反思当前城镇化发展中的五种偏向》,《中国人口科学》2012年第3期。

洪银兴、陈雯:《城市化模式的新发展》,《经济研究》2000年第12期。

李爱民:《中国半城镇化研究》,《人口研究》2013年第4期。

任远、陈丹、徐杨:《重构土客关系:流动人口的社会融合和发展性社会政策》,《复旦学报(社会科学版)》2016年第2期。

任远:《人的城镇化:新型城镇化的本质研究》,《复旦学报(社会科学版)》2014年第4期。

任远:《城市流动人口的居留模式和社会融合》,上海三联书店,2012年。

任远:《浅城镇化对供给侧和需求侧形成双重阻碍》,《联合时报》2015年12月29日。

任远等:《人口迁移流动与城镇化发展》,上海人民出版社,2014年。

王春光:《对中国农村流动人口"半城市化"的实证分析》,《学习与探索》2009年第5期。

王春光:《农村流动人口的"半城市化"问题研究》,《社会学研究》2006年第7期。

王道勇:《浅层城镇化与民工荒》,《人才资源开发》2014年第1期。

王汉生、刘世定、孙立平等:《浙江村:中国农民进入城市的一种独特方式》,《社会学研究》1997年第1期。

吴维平、王汉生:《寄居大都市:京沪两地流动人口住房现状分析》,《社会学研究》2002年第3期。

张友庭:《社区秩序的生成——上海"城中村"社区实践的经济社会分析》,上海社会科学院出版社,2014年。

郑秉文:《拉美城市化的教训与中国城市化的问题——"过度城市化"与"浅度城市化"的比较》,《国外理论动态》2011年第7期。

张一鸣:《中国城镇化进程已由浅层进入深度阶段》,《中国经济时报》2016年1

月 12 日。

左学金:《浅度城镇化如何破题》,《人民论坛》2010 第 5 期。

Chan, Kan Wing (2009). "The Chinese Hukou system at 50", *Eurasian Geography and Economics*, 50 (2): 197-221.

Portes, Alejandro and Julia Sensenbrenner (1993). "Embeddedness and immigration: Notes on the social determinants of economic action", *American Journal of Sociology*, 98 (6): 1320-1350.

五 "进城"和"返乡"

城镇化过程伴随着巨大规模的人口迁移流动。较多研究讨论了农村人口向城镇地区的迁移流动，但这并不能说明人口迁移流动的完成。从流动人口在城市的行为模式看，其中只有部分流动人口在城市逐步沉淀下来并融入城市社会，而多数流动人口则逐步返回农村或者流向其他城市，形成一种非永久定居的移民（李春玲，2007）。非永久迁移和非定居居留成为我国人口城镇化过程中的突出特点。

宏观上城镇人口比重不断提高的城镇化过程，在微观上则是人口不断"进城"和不断"返乡"两个过程综合作用的结果。因此，在城镇化过程中如何实现城乡协调发展，如何最大化地实现人口和家庭的福利，需要从迁移流动人口的行为模式中进行深度考察。本章将讨论四方面的问题：一是迁移流动人口"进城"和"返乡"的综合过程对城镇化和城乡发展的影响；二是需要引导流动人口的"进城"，促进流动人口更好地融合城市社会；三是在城镇化过程中需要适应流动人口的"返乡"，通过物质资本和人力资本进入农村，带动流出地的发展；四是努力探索和推进相关的综合改革，建设城乡间人口自由流动的通道和机制，发挥"迁移效应"和"回流效应"。

1. "进城"和"返乡"的综合过程

从流动人口的行为模式来观察城镇化过程，乡城之间的迁移人口像潮水一般地涌入城市，而同时又不断地退出，其中只有较少部分人口在城市中不断发展、沉淀下来。从农村部门的角度来看，在农村生产率压力和城市就业机会的共同作用下，农业剩余人口不断外出就业，同时外出的流动人口又不断返乡或周期性地回乡。在相当程度上，那些在城市中继续居留的往往被认为是"成功者"，而返回农村的则被认为是"失败者"（谭深，2005）。而如果我们用劳动力迁移的新经济学视角来分析，暂时性的迁移本身是农村家庭实现家庭利益最大化的选择，返乡过程是迁移者完成了其家庭内部的劳动力分工和实现了迁移的货币利益、风险规避等目标以后的返回，是一种家庭迁移策略的成功和完成。同时，相对于农民工进城带来农村人力资本的损失，返乡过程对于流出地农村的人力资本和物质资本具有促进作用，返乡过程对于农村地区的非农产业发展也具有积极的作用。

因此，真实发生着的人口城镇化并非可以简化为"农村人口进入城市"这样的单向过程，而是在乡城之间不断发生着的进城和返乡的综合过程。这使我们对每个时点人口乡城迁移背后存在一个人口逆迁移流的迁移模式有一个新的认识。例如，上海的流动人口总量从1983年的50万人增加到当前的1 000万人，平均每年在总量上的增长率达到12%。而进一步看，每年新进入城市的流动人口数也是保持增加的。例如，1983年进入城市的流动人口约35万人，1988年为72万人，1993年由于浦东开发特殊事件的影响，新进入流动人口达到178万人，1997年为114万人，2000年为164万人，2003年为176万人，2007年约为180万人左右（任远等，2007）。与此同时，在2007年的时候，每年又有150万—160万的流动人口离开这个城市，其中当年进入城市又在当年离开的人口大约有90万，而另外的一些则是以前各个年份中来到城市后又离开的。城市中的外来人口总量是每年新进入的流动人口数量和历史上各年流动人口逐步沉淀的共同结果。

因此，一方面，每年的流动人口集聚数量在增加，同时流动人口总体上在城市沉淀下来的趋势在加强，使城市中外来人口的数量持续增

五、"进城"和"返乡"

长。而如果每年外来人口的流入减缓,而城市非户籍人口的流出增强,则会出现城市户籍人口总量的下降。我们看到,流动人口在城市的沉淀性总体上是增强的,从20世纪80年代以来流动人口导入总体上保持增长态势,这些不同队列的迁移人口中逐步流入的人口总量是增长的。因此,我国2014年以后特大城市流动人口总量的稳中下降,一方面受到非户籍人口导入减弱的影响,另一方面也受到城市流动人口回流总量增强的影响。

这种进城和返乡共同发生的过程使我们对中国城镇化的实际水平产生了新的判断。第五次人口普查表明我国城镇化水平是36%,当前(2016)我国的城镇化水平为57.3%,而考虑到2.3亿的城市流动人口中的多数是并非在城市永久居留的"暂时居民",真实的城镇化水平可能并没有这么高。我国的城镇化程度每年约增加1%,这个速度是非常快的,但如果我们去除非永久迁移的数量,我国真实的城镇化水平还是相当低的,不仅相对落后于世界同样经济发展程度国家的城镇化水平,还落后于经济迅速发展的需求。这也是东南沿海地区在快速城镇化过程中还出现"民工荒"的原因。实际上,"民工荒"表明了我国城镇化发展水平总体上是不足的。

这种进城和返乡交织的过程对城市与农村都带来不同的影响。对于城市而言,这样的非定居性移民有某些方面的积极意义,如避免了大量人口(特别是贫困人口)涌入城市而造成突出的贫民窟问题。同时,流动人口无法在城市长期居留下来,以及对流动人口灵活性的吸纳和非正规的用工形式,对城市而言形成了低成本的竞争优势,并避免经济风险对城市发展的冲击。例如,在2008年以后的金融危机,东部沿海地区出口导向经济遇到困难,带来相当严峻的失业问题,而这样的失业问题通过流动人口的返乡得到了很大程度的缓解。这种非定居性的不利影响则在于,流动人口对在城市发展有着不稳定的预期,流动人口难以转变成为现代产业工人,使熟练性的技术工人无法成长,削弱了制造业得到内在强化的能力。劳动密集型的短期用工对于生产加工性的制造业生产是有效的，而现代制造业需要的熟练工人却不能依靠一年一度的短期招工得到满足。另外，当企业工人没有对企业以及城市的归属感，这样的劳资关系也很难形成高质量的生产，难以针对流动性很强的短期雇佣关系实施企业质量管理。就业的不稳定性，限制了企业对流动人口进行职业培训的动力，而流动人口经济收入的相对较低和流动人口自身对城市预期的不稳定性，使流动人口本身对人力资本投入的意愿和能力都是不足的。从城市管理者角度来说，流动人口的非定居性使城市对流动人口的数量判断也是非常模糊的，并且对流动人口究竟是否会在城市生活以及要停留多少时间也是无从知晓的，因此城市部门也没有办法形成一个稳定的针对流动人口的政策决策。

进城和返乡交织的过程对农村部门也会带来积极或者消极的影响。人口流动提高了农民的收入和农业生产率，也提高了流动者自身的视野。但是，流动人口外出对于农村部门也造成精英人才的流失，农村公共积累能力被削弱，留守儿童的教育水平弱化和中途辍学的情况有所增长，同时又使新一代的农村劳动力继承父辈的经历外出打工，使农村发展存在陷入不断循环的长期性贫困的风险。进城务工经商的流动人口在年龄较高以后返回农村，反而增加了农村养老的压力。与此同时，实证调查也发现流动者在城市部门的产业经验和知识也并非完全对其返回农村有积极作用，因为在农村地区有很多城市部门的知识和技能并没有用武之地。

这样的进城和返乡交织过程，表现出劳动者在劳动力市场上寻找最优收入回报的市场动态过程，也产生于城市与农村的差别性制度体系对流动人口生活和发展的影响，反映出流动人口与城市和农村制度体系互动的模式。对于流动人口来说，他们从自己的预期收益、发展目标、生活安排等标准出发，有差异地选择对城市的认同和融入。当对城市的经济收入不满意，他们收入增长和生活福利面临城市的制度壁垒，或是如果他们能够寻找到更好的发展机会，或是自己的生活目标发生改变时，就会选择再次流动或者返回农村。而城市部门也从自己的需求出发，对不同的流动人口选择差别性的接纳态度，城市管理者试图通过不同的政策，通过政策屏蔽或者政策选择，将迫切需要的流动人口按照某种办法"吸收"或者"收割"进入城市体系，同时也将部分流动人口排除在城市以外。需要强调的是，流动人口的返乡，未必完全是由于受到城市部门排斥而无法完成他们迁移目的的"被动的返乡"，他们也因为家庭的劳动力不足、农业生产的劳动力需求、家庭团聚的需要或者返乡创业等因素出现"主动地回流"。

因此，这种进城和返乡，一方面反映了流动人口对城市的期望，也反映了城市对流动人口的态度；另一方面反映了农村生活和家庭因素对迁移的牵引，也反映出回流者通过迁移过程中的人力资本投资追求新的发展机遇的创业和创新过程。

2. 支持农村劳动力的进城

以非定居性移民为主的城镇化模式，使城市内不断有新移民的涌入，也不断有流动人口离开城市和返回农村。在城市的容器中不断替换着不同的流动人口，并使其中的部分人口逐步沉淀下来。这种"沉淀"和"回流"相交错的模式，暗示着城市中的流动人口管理很难用"一刀切"的政策解决所有问题。例如，郑州市曾经在21世纪初的户籍改革中给流动人口普遍提供户籍和福利，这不仅在公共财政上是难以承受的，而且实际上并非所有的外来人口都需要得到城市户籍。稳妥的办法是根据我国人口流动的非定居性移民的特点、流动人口行为模式的改变、不同流动人口行为模式的差别性、流动人口的具体需求，逐步调整户籍准入和福利政策，引导和促进流动人口纳入城市体系。

流动人口进入城市以后会逐步沉淀下来，他们在城市居留时间越长，越倾向于长期居留和永久居留。笔者的一项研究（任远，2006）表明，在东部沿海地区，大约10%左右的流动人口最后将永久沉淀下来。当流动人口在城市稳定居住了10年以后，他们在城市继续居留的意愿将是非常强烈的，继续居留的概率也是非常显著的。因此，随着流动人口逐步地沉淀下来，城市部门应根据其居留的时间，逐步为流动人口提供日益增加的福利，使其能够逐步地进入城市，融入城市。例如，当流动人口进入城市开始从事经济活动，就应该为其提供必要的就业支持和社会保障；当其开始婚姻和生育，就应该为其提供必要的健康和保健服务；当其子女开始进入托幼时期和学龄时期，就应该提供必要的教育服务；而当流动人口在城市生活日益稳态化，也应该逐步地加强其医疗服务、社会服务和住房保障等等。适应流动人口逐步沉淀的特点，根据流动人口在城市生活的时间逐步提供适当的社会福利，这样不至于给城市公共财政突然带来明显的压力，并能最终引导流动人口市民化和融入城市。

不同的流动人口群体进入城市以后，他们在城市的居留模式表现出不同的特征。研究表明，相对于短期居留人口，长期和永久居留的流动人口中男性人口比重更高，已婚人口比重更高，经济型人口比重更高，年龄结构相对更加老化，居住形式更为常态化，职业类型更为白领化、知识化，经济活动更加创业化。而如果我们分析不同人口群体的队列进入城市的不同表现，则可以看到，女性流动人口继续长期居留的意愿强度高于男性，青年和第二代移民的长期居留的意愿强度高于中老年人口，经济型流动人口特别是白领职业者的长期居留意愿高于其他类型流动人口，流动人口文化程度越高，其继续长期居留意愿越强（任远，2008）。因此，我们的城市体制也就需要根据这个特点对不同的人口群体提供差别性的服务。很大程度上可以通过发展多样化的社会组织来提供这样差别化的社会服务。例如，针对女性的打工妹组织，针对创业者的创业者协会，以及各种外来人口的青年社团，等等。流动人口社会组织的发展，不仅能够为这些流动人口群体提供更有针对性的服务，也有助于帮助这些人口群体更好地融入城市社会。从另一个角度看，城市部门也根据自身发展的需要对不同的流动人口群体有不同的需求。例如，在城市向现代知识经济转变的过程中，城市对知识和技术人才的需求显得非常迫切，在这种情况下，城市部门也可以通过有差别性的社会政策，如充分发挥户籍制度的体制作用，有针对性地"收割"外来人口，使某些希望进入城市而城市迫切需要的人口更好地进入城市。我们也必须强调，城市部门对所需要的外来人口的选择本质上还是应基于人民群众自己的选择。只引进高知识、高技术和对城市有大量投资的人才需求本身是歧视性的，是不能完全满足城市居民需求的。对于城市居民来说，对基层生活服务劳动者的需求和对知识服务人才的需求是同样重要的；而对于移民群体来说，普通劳动力对于融入城市为城市发展做贡献并谋求自身发展的需求和高知识性群体的需求也同样迫切。相对于吸引劳动力迁移，也应加强对劳动力家庭成员的迁移支持。城市部门有必要采取平等和公正的政策措施，在适应移民群体差异性的同时，维持社会的平等和公平。

在流动人口进入城市和逐步沉淀下来的过程中，城市部门不仅要关注人才，实施"人才户籍"，同时也应该关注若干特殊性的群体，强化"民生户籍"。例如，婚嫁来沪的外来媳妇、第二代移民的儿童、购买住房者、独生子女在城市稳定工作的外地父母，以及在城市中的经营创业人员，等等。他们在行为模式上已经非常强烈地附着于所居住的城市，他们对在城市稳定居留和永久居留有着强烈的诉求，城市部门对这些人口群体的接纳显著地关系着其民生福利。因此，需要城市体系适当地提供对这些人口的吸纳政策。而当前城市部门对这些人口的吸纳政策相对滞后，可能会产生一些本不必要产生的社会矛盾和社会问题。例如，很多城市的外来媳妇难以得到户籍，她们在就业、医疗保障上得不到补贴及最低保障，发生房屋动迁时，其居住条件难以得到应有的改善,孩子入托、入幼的经济成本也高于户籍儿童。在城市出生的外来人口的新生代移民也难以平等地获得教育、卫生等公共服务。城市部门需要探索解决外来移民民生福利迫切需要解决的问题,帮助真正需要进城的外来人口提高社会福利和生活保障。

当前时期,帮助流动人口更好地进入城市显得尤其必要,不仅是因为城市中流动人口数量在日益增长,以及城乡关系需要得到平衡发展,同时也是因为从20世纪90年代以后,流动人口在城市中的行为模式开始发生变化。流动人口在城市中的继续居留概率先下降再上升,说明流动人口从"回乡"为主要目的,开始逐步地以"进城"为根本追求(任远等,2007)。流动人口在城市的生活已经发生了从"回乡"到"进城"的转变,而城市的人口管理相对还是滞后的,城市流动人口管理体制总体还是以"暂住"为核心的管理体制。暂住证管理制度还是对流动人口管理的基础性制度。因此,要求城市流动人口管理需要从"暂住"向"居住"转变,需要推动以促进融合为导向的居住管理体制和社会管理体制建设。这也要求在在流动人口管理中,需要不断增强各种社会福利,促进对流动人口民生福利的保障和提供均等化的公共服务。

帮助流动人口更好地进入城市,归根到底需要通过经济发展带来稳定的就业机会,并增强城市部门吸纳流动人口和促进城镇化的能力。要通过基础设施建设、社会设施建设、投资和企业的集聚,强化城市部门对促进人口集聚和人口城镇化的作用。20世纪90年代中期以来,随着流动人口在城市沉淀性的提高,以及继续居留概率的上升,其积极性的含义则说明城镇化的能力在增强。但流动人口仍然具有强烈的非定居性移民的特点,难以在城市中完成城镇化和实现市民化,这也说明了城市吸纳流动人口的能力需要进一步加强。对于提高城镇化的能力建设,不仅是需要提高城市的财政能力的问题,也是一个转变执政理念的问题。建设一些城市发展迫切需要的交通设施、社会设施,推动产业和企业的发展,比追求政绩的面子工程、广场工程等对城镇化的能力建设更加重要。而对城市中小商小贩提供其所需要的发展空间，完善协调各种社会利益的社会管理体制，可能比单纯地追求城市的清洁亮丽更有效。通过城镇化能力的提高，有利于更多的流动人口在城市留下来，也有利于流动人口更好地在城市发展，从而实现城市人口承载力的不断提高和生活质量的不断改善。

3. 支持外出劳动力的返乡回流

我国流动人口具有非定居性移民的特点，使我们也需要关注乡城迁移过程的另外一面，即在乡村人口不断涌入城市的过程中，我国的城镇化道路必然是和移民不断返乡结合起来的。在城乡统筹发展的过程中，城市部门也需要重视完善和流动人口"返乡"相适应的政策体系。

对农村部门而言，地方政府长期以来把外出务工经商人口看作"剩余人口"，看成是发展的包袱，因此普遍重视促进农村劳动力外出就业和劳务转移，而一定程度上将城市中返乡的人口看作"失败者"，忽视从城市中返回农村的劳动力。而实际上迁移者的回流能弥补劳动力流出地区对劳动力的需求，同时避免因劳动力外迁所造成的人力资本流失（Ma，2002；罗凯，2009）。从城市返回农村的劳动力总体素质高于农村未发生迁移的人口，通过在城市的历练，这些人口有一定的技能和知识，扩展了自身的社会网络和商业网络。与迁移带来人力资本流失（brain drain）相对应，劳动力回流具有人力资本补偿（brain gain）的作用。同时，他们通过进城打工而增加的物质资本积累也高于农村的平均水平。这样，劳动力回流带来经济资本和人力资本的双重回流（Zhao，2002）。较为积极的观点认为，返乡劳动力在外出就业中实现了资本、技术、创业能力等多方面的提升，并实现非农职业转化，在回流过程中有助于迁出地实现人力资本流失的逆转（Ma，2002；Zhao，2002）。

未来的城镇化道路

实践表明,返乡的农民工具有更强的意愿和能力在当地小城镇建设和兴办中小企业,实施自主创业,因此能够对当地经济和城镇化发挥积极的作用。相关人员(Zhao,2002)对返乡劳动力投资行为的研究显示,返乡劳动力对生产性设备的投入显著高于仍在外就业的劳动力和未曾外出就业的劳动力。王西玉等(2003)、罗凯(2009)的研究发现外出就业的经历会显著促进农村劳动力返乡后的职业转换,其从事非农就业的可能性提升30%—40%。返乡的劳动力促进了家乡经济的多样化,具有更强的企业活动和创新精神(Murphy,1999;石智雷等,2010;赵阳等,2001)。除了投资和技术的提升,卡普(Kapur,2004)提出返乡劳动力通过技术和观念的传递还能够为迁出地带来无形的影响。因此,外出劳动力的返乡就业和创业也构成农村部门发展和小城镇建设的重要推动力。

因此,对城市部门而言,一方面要积极促进外来人口的长期定居和社会融合,尽可能地为流动人口在城市生存和发展提供服务和空间;另一方面,也要根据流动人口所具有的"进城"和"返乡"相互交织的特点,重视为流动人口返回农村提供知识服务,使流动人口在城市获得的知识和社会资本能够有利于其返回农村和返回中西部地区。例如,可以利用城市丰富的资本和教育培训资源,提供流动人口返回农村所需要的知识和技能服务;同时,城市部门通过开阔流动人口的眼界,加强农民工法律知识和法律程序培训,加强回乡创业政策和创业程序的培训,为流动人口回乡的经营模式和经营网络创造条件(蔡昉等,2009)。应该鼓励一些民间机构和中西部城市加强合作,对东部城市的农民工进行培训,培养当地发展所需要的人才。这也意味着,城市在收获农村部门所提供的人口红利的同时,也需要利用这部分人口红利更好地对农村和中西部地区进行人力资本投资,依托流动人口的返乡,通过资本和知识的反馈带动农村发展,实现城乡平衡发展(朱宝树,2008)。

而对于农村部门而言,不能仅仅考虑促进农村劳动力外出就业,也需要通过制度改革创造对外出劳动力回流的拉力，积极利用外出劳动力在迁移过程中增加了的人力资本、物质资本和社会网络促进农村地区的发展和就地城镇化，在劳动力市场竞争的格局中努力实现劳动者的收入回报最大化，促进劳动力市场的效率和活力，并通过更有效率的劳动力市场优化劳动力市场配置，促进劳动者对国家经济发挥出更大价值。

4. "迁移效应"和"回流效应"

（1）城乡人口自由流动

城乡关系在流动人口逐步进城和不断返乡的过程中发生重新构造。从20世纪50年代后期开始，户籍制度强化了城乡分割的二元结构。20世纪80年代随着人口流动的增加，促进了城乡结构间的活性。居住在城市的人口比重增加，农村人口比重减少，农民工群体在城镇化过程中也逐步增加了自身的利益获得、公共积累和权益保障，同时农民工在返乡的过程中也促进了城市文明的传播。我们同时应该认识到，虽然微观来看，人口流动增加了个人收入，但从城乡关系看，由于流动人口的非定居性，城市部门对流动人口的制度壁垒，城乡之间各种制度体系存在巨大的差异，以及城乡间未形成一个合理的利益分配机制，我国的城镇化发展迄今尚未找到破解城乡二元结构的钥匙。城乡之间的制度壁垒依然坚固，甚至从20世纪80年代后期以来，城乡之间的差异不仅没有缩小，反而日益扩大了（喻晓东，2006）。从城乡之间的人口不断进城和返乡的流动过程来看，统筹城乡发展和破解城乡二元结构的关键是需要架构一个在城乡之间实现人口自由流动的通道，推进相关的制度改革。

户籍制度是造成城乡二元分割的巨大壁垒。同时，由于户籍制度是城乡二元结构的基础性制度，构建适应城乡间人口流动性的通道需要从户籍改革入手。最近在上海进行的居住证转户籍的改革在此方向上走出了积极的一步，被评价为"户籍新政"（黄璘，2009），这对于塑造上海作为移民城市的新形象，以及逐步塑造一个充满流动性和发展活力的城市体系具有积极作用。探索居住证转户籍的改革，其更重要的积极作用在于：和各种证件管理相比，通过允许居住7年的流动人口符合一定条件下逐步进入城市，使城乡关系从证件管理转变为过程管理，在城乡之间建立起了适应人口流动性转入的通道。应该看到，现阶段的户籍改革还只是城市人口管理改革的很小一步，从政策发挥的实际效果看，本次改革对于吸纳外来流动人口进入当地城市的作用还非常有限。未来的户籍改革需要进一步打开城市的阀门，更好地适应人口的流动性。

建构城乡间人口自由流动的通道，其根本作用还不在于松动户籍的阀门，而在于推动城乡的社会福利制度、土地制度、就业和保障制度、人事制度、公共财政制度、公共管理制度等方面的改革。户籍改革之难，根本在于户籍背后的城乡制度体系。因此，要推动城乡人口自由流动，需要以户籍改革为突破口，根本则在于推动城乡相关制度的综合配套改革。在这些方面的制度改革更加综合和复杂，需要在探索实践中总结经验，谨慎推进。同时，建立适应城乡间、地区间人口流动的通道，也是一个双向的管理过程。为适应人口流动的双向甚至多向性，也需要在劳动、社会保障制度等方面实现区域内的衔接。在我国这样一个以地方财政分割体制和城乡二元结构为特点的地区，需要探索适应跨地区的人口管理体制，才能逐步实现适应流动性的整体性人口管理体系。

(2) "迁移效应"和"回流效应"

我国未来的城镇化将在继续"进城"和"返乡"的过程中逐步推进，这种对冲性的调节机制避免了西方国家城镇化给城市发展造成的诸多压力，也使我国的城镇化表现出自身的鲜明特点。但这种非定居移

五、"进城"和"返乡"

民的城镇化过程,也相当大程度上束缚了我国城镇化发展的步伐,扩大了城乡间的差距,并不能恰当地实现城市流动人口的需求。未来我国需要不断推进城镇化来促进经济发展,促进社会结构转变,以及促进实现现代化,就需要积极引导流动人口进城,同时也为适应流动人口返乡提供支持,并积极通过制度改革为城乡间人口自由流动提供条件。

在这种"进城"和"返乡"的过程中,城市部门和农村部门都应该适应这种双向的过程,将流动人口对城市和农村的积极作用最大化,将流动人口在城市和农村的发展空间最大化,并构造一个乡城融合、乡城转移的通道,实现更为积极、更加良好的城镇化。这样的发展过程不仅对中国发展具有重要意义,对于发展中国家的发展也具有积极的启迪作用。

返乡和回流是有效城镇化的组成部分。任何一个人口迁移潮流的背后,都客观存在和必然存在着一个内含着的"人口逆迁移"潮流。而这个内含着回流的迁移过程,也具有其"回流效应",对农村发展、家庭福利和城镇化过程发挥积极作用。

如果说农村劳动力进入城市是一种人力资本的"流失",更高教育程度的农村劳动力为了实现更高的教育回报率出现回流,以及外出劳动力所接受的农业和非农业培训与迁移工作经历增加了其人力资本,他们的回流则提供了人力资本的补偿。回流迁移是一个选择性的过程,回流劳动者的经济从业活动也是一个选择性的过程。总体上看,劳动力回流带动了农村中非农经济的发展,带来了创业的增加。各种非农经济和农村中的创新活动,有的是从事农业服务业从而推动农业现代化,有的则是通过新经济机会带动地区的非农化和城镇化。如果没有外出劳动力的"回流效应",农业和农村很可能进一步陷入衰败,无法支持可持续的城镇化发展。

因此,我们要认识到农村人口迁移进入城市和不断提高城镇化是我国城镇化发展的主轴,但是只看到农村劳动力迁移进入城市的城镇化发展是"空想状态的城镇化",或者是只看到城镇化和城乡发展过程的一个侧面。农村劳动力的返乡和回流也同时构成城镇化发展的有机组成部分。劳动力的回流迁移固然受到城市体制的阻碍,受到农村体制的束缚(例如农地制度),但是回流过程也发挥着促进农村发展、支持家庭生活安排和内部分工、促进农业现代化、带动非农经济和农村中的经济创新、充分发挥人力资本的作用,增强了劳动力市场的活性和弹性。这些积极的"回流效应"有利于实现城乡共同发展,支持可持续的城镇化进程,并支持宏观城镇化的空间平衡和城镇体系发育。

在城镇化过程中需要同时充分发挥"迁移效应"和"回流效应"。因此,城镇化过程中必须保持城镇部门的开放性。同时也要适应劳动力在城乡市场的充分流动性,实现人力资源的最优配置,从而更有效地发挥劳动力和人力资本的流动性对城乡平衡发展、区域平衡发展的推动作用。在城镇化过程中通过制度建设支持劳动力市场的流动性,不仅表现在应该支持劳动力向东部沿海特大城市集聚,同时也要为劳动力的返乡和回流提供支持,包括农业和非农业知识技能培训、创业培训,提供创业和发展机会的制度支持,如融资的支持、引导性的财政补贴等。这些都有利于劳动力在流动中发挥最大作用,不断提高城乡劳动生产率和收入回报。我们要通过发挥"迁移效应"和"回流效应"两个机制来推动城镇化发展,促进城乡共同发展,在鼓励劳动力市场流动性的过程中,将城镇化和城乡发展不断推向更高的阶段。

参考文献

蔡昉、王德文:《化解金融危机对中国就业冲击的政策建议》,《学术月刊》2009年第3期。

黄璘:《上海户籍新政打破坚冰》,《数据》2009年第3期。

李春玲:《城乡移民与社会流动》,《江苏社会科学》2007年第2期。

罗凯:《打工经历与职业转换和创业参与》,《世界经济》2009年第6期。

任远、姚慧:《流动人口居留模式的变化和城市管理》,《人口研究》2007年第3期。

任远:《"逐步沉淀"与"居留决定居留":上海市外来人口居留模式分析》,《中国人口科学》2006年第3期。

任远:《谁在城市中逐步沉淀了下来:城市流动人口个人特征及居留模式的分析》,《吉林大学社会科学学报》2008年第7期。

石智雷、杨云彦:《家庭禀赋、家庭决策与农村迁移劳动力回流》,《社会学研究》2012年第3期。

谭深:《外出和回乡:农村流动女性的经历》,《三农中国》2005年第10期。

王西玉、崔传义、赵阳:《打工与回乡:就业转变和农村发展——关于部分进城民工回乡创业的研究》,《管理世界》2003年第7期。

喻晓东:《城乡收入差距持续扩大的原因和解决途径》,《农村经济》2006年第6期。

赵阳、孙秀林:《暂迁流动与回乡创业的政策效应》,《农业经济问题》2001年第9期。

朱宝树:《城市外来人口的差别特征及相关政策启示:以上海市为例》,《华东师范大学学报》2008年第1期。

Kapur, D. (1966). "Remittance: The new development mantra?", in *G-24 Discussion Papers Series*, No. 29, April 2004.

Lee, E. (1966). "A theory of migration", *Demography*, 3 (1): 47-57.

Ma, Z. (2002). "Social-capital mobilization and income returns to entrepreneurship: The case of return migration in rural China", *Environment & Planning A*, 34 (10): 1763-1784.

Murphy R. (1999). "Return migrant entrepreneurs and economic diversification in two counties in south Jiangxi, China", *Journal of International Development*, 11 (4): 661-672.

Zhao, Y. (2002). "Causes and consequences of return migration: Recent evidence from China", *Journal of Comparative Economics*, 30 (2): 376-394.

可持续城镇化

在城镇化过程中,国家经济结构和社会结构发生变化,经济生产方式和社会生活形态发生变化,对能源需求、资源环境、生态系统和国民总福利带来巨大影响。人类社会已经将可持续发展作为发展的目标和追求,实现社会平等(包括代际发展的平等)和社会整合,重视不同群体利益的维护;加强生态环境保护和资源有效利用,减缓和应对人类行为引起的全球变化;缩小贫富差距,提高资源配置效率,通过经济持续增长和创新来支持发展过程中的福利进步。可持续发展已经成为全球发展的主导性原则,成为联合国发展目标的指引理念。因此,我国的新型城镇化发展需要树立可持续发展的理念,将可持续发展嵌入城镇化发展过程中。实现可持续城镇化,应该构成新型城镇化发展道路的核心内容。

1. 可持续发展目标的过程化

可持续城镇化首先是可持续发展目标的过程化。1987 年,世界环境与发展委员会(1985)在《我们共同的未来》中提出可持续发展的理念,并在联合国大会报告上加以确认(UN,1987)。2015 年,联合国在《改革我们的世界:2030 可持续发展议程》确定了可持续发展的 17 个发展目标和 169 个具体指标(UN,2015)。可持续发展的内涵在于,经济发展需要在生态环境的承载基础上重新调整安排生产过程,强调社会平等和包容性发展,以及强调更加重视发展的质量、社会的福利和未来世代的发展机会。因此,城镇化发展作为国家发展的基本主轴,在

六、可持续城镇化

此过程中应致力于支持和实现可持续发展的目标。

城市是可持续发展的核心地区,可持续城市已经引起了相当丰富的讨论。相关讨论包括能源、基础设施、土地利用、生态环境、建筑和社会发展等各个方面。可持续城市包括可持续的交通和基础设施、可持续的能源利用和能源结构调整、可持续发展的经济产业、合理而紧凑的城市规划、城市土地和空间的良好利用,以及可持续发展的社区和生活方式。可持续城市强调城市系统具有良好的结构和功能,包括城市经济运行模式的减量化和循环经济,强调城市内部的机会公平和减少城市内部的分化,包括有效的多样性和遗产保护,等等。可持续城市的内涵表现出多样性和不断扩展的特点,例如崔胜辉等学者(2010)强调城市生态系统的结构和功能;任平(2006)提出当代中国可持续城市化的基本走向是实现空间的正义;仇保兴(2006)认为城市可持续发展的核心理念是紧凑型和多样性,与可持续发展的城市内在契合的有关概念包括生态城市、绿色城市、宜居城市、低碳城市、海绵城市、正义城市,等等。可持续发展的城市与其说是一种分析概念,不如说是一个发展框架,是一种在可持续发展理念框架下推动城市发展的愿景,也反映了对于未来城市的期待。为了实现这样一些可持续发展城市的愿景,在世界各地已经有着一系列的实践案例。可持续城镇化的基本含义在于,城镇化的发展不仅仅是农村人口进入城市和城镇部门非农产业的提高,也需要将可持续城市的发展愿景过程化和努力建设可持续城市。

可持续城镇化是建设可持续城市的过程,同时也是建设可持续发展农村的过程。农村发展本身是城市发展的镜像,农村发展问题的解决本身需要通过城镇化过程来解决。农村的生产率提高和城镇化过程是紧密相连的,农村和农业的发展支撑城镇化,而城镇化发展过程同时对农村发展产生影响。从可持续发展农村的角度来看,农村不应该在城镇化过程中成为衰落萧条的地区。农村和农业的可持续发展包括可持续发展的农村生态和生物多样性、水环境的保护和区域水资源的持续利用,也包括农村地区的环境改善、基础设施建设、公共事业发展、扶贫和提供发展机会,等等(周海林,1999;刘国光,1999;刘恒等,2003)。新型城镇化和新农村建设本身相辅相成,可持续城市和可持续农村也是相辅相成的。城镇化过程不能以牺牲农村来追求城镇的发展繁荣,而从另一个侧面看,农业和农村发展不足也难以实现城镇的发展繁荣。因此,可持续城镇化追求的是,一方面要在城镇化过程中建设可持续城市,另一方面在城镇化过程中建设可持续农村,实现农村居民的生活富裕和发展能力的提高,使得未来发展的城乡生活保持差别性和共同的可持续性。

可持续城镇化是将城市系统和乡村系统中可持续性目标实现作为导向的城镇化过程,是将建设可持续城市过程化,以及将实现可持续农村发展的目标过程化。这也要求城镇化的发展理念需要建立在可持续发展理念上,对城市的未来具有更高的要求,同时不能采取一种片面化的城市中心主义,而是需要坚持一种城乡整体系统的观念,将城乡协调发展和城乡相互支持作为可持续发展的目标。需要实现城市与农村的统筹发展和城乡一体化,构建城乡统一劳动力市场和要素市场,坚持实现城乡公共服务的均质化,以及在城乡之间与区域之间增进发展和分享财富的平等机会,逐步减缓和解消城乡二元结构作为城镇化发展的方向(牛文元,2009)。

2. 应对不可持续性的挑战

城镇化过程往往增加了城乡系统的脆弱性、高风险性和不可持续性。城镇化过程本身就会带来一系列的风险和挑战,引发城市的不可持续性。人口集聚强化了对城市承载力问题的担忧,包括交通、环境、住房、教育、卫生等"城市病"往往表现出来,凸显出城市管理和公共服务的不足。人口集聚也加剧了社会安全的风险,往往伴随着犯罪率的提

六、可持续城镇化

高。城镇化过程中带来利益分配的失衡和利益冲突的加剧,移民也强化了社会内部的分化,这些都强化了治理的压力。同时,人口变动和城镇化结合在一起,可能进一步增强了城镇化发展的不可持续性。例如,当城市面临长期的低生育率和持续的老龄化,会加大城市发展的压力。城镇化过程中的风险还包括经济风险、金融风险。例如,不少城市在城镇化过程中积累了极高的地方债务。城镇化过程中的风险也包括生态环境风险和各种社会风险。人口集聚的城市区域使各种自然环境和全球气候变化的风险更加严峻。世界主要城市往往处于河流、沿海的地区,这些地区是城镇化的主要人口集聚目的地,也更容易受到包括极端气候、海平面上升等风险的挑战。城镇化过程使社会经济和生态环境系统的复杂性和变动性增强,带来各种风险的累积叠加。

可持续城镇化强调应对城镇化所带来的脆弱性、高风险性和不可持续性的挑战。因此,可持续城镇化需要增强城镇化过程中的韧性。而增强城镇化过程中的韧性,增强城市部门应对各种风险的能力,很大程度上需要通过增加对城市基础设施和公共服务的投资。由于应对各种风险挑战的公共服务投资具有规模效应,使得城镇化对于应对风险挑战还具有规模效应的积极作用。同时,城镇化过程需要优化资源配置和提高资源配置的效率,通过完善空间的安排,通过社会机制和制度建设,增强社区的参与和准备,增强社会机制的作用,增强应对发展过程中风险挑战的韧性。我们还特别应该看到,技术的进步对于应对城镇化过程中的风险挑战具有积极作用,城市运行数据增强了风险的识别和预警,提高了城市管理的效率。但是在另一方面,单纯的技术主义也未必就能完全应对城市风险挑战,需要通过技术和制度体系的完善,才能够有效地完善风险预防,强化城市运行的效率和可持续性。

城镇化过程中的风险积累并不仅仅集中在城市,作为区域体系的有机组成部分,城镇化过程中的风险会外溢到农村地区。例如,城镇失业率的提高将会带来城市人口向农村地区的风险转移,同时增加了农村发展的风险和不可持续性。城镇化本身是城乡经济社会结构的调整过程,在调整过程中对社会的不同人群以及对于城乡部门都产生不确定性,带来连锁性的影响。对城镇化过程中的农村发展来说,农村优秀人力资本的流失使农村容易陷入贫困,青年劳动力的转移和非劳动力人口留守农村进一步加剧了农村地区的"空心村"现象。城镇化过程中农地和林业用地的被占用,以及将城市废弃物转移到农村,都使农村发展变得更加不可持续。城镇化过程中的土地利用变化,也使得失地人口的就业和保障压力加强。城镇化过程中的结构调整增强了城乡体系的不确定性,需要加强社会保障能力,加强利益和权利的有效维护。

应对城镇化过程中带来的不可持续风险,其根本出路仍然在城市本身。城市是资本集聚的中心,是新知识、新产业和创新的中心。通过增强投资能力,包括物质资本投资和人力资本投资,通过提高资源的配置效率才能够增强应对不可持续风险的能力。这些都需要通过进一步的城市发展才能实现。在这个意义上看,不断推动城镇化才是应对日益增长的不可持续性风险的出路。应对城镇化过程中的脆弱性、高风险性和不可持续性的挑战,需要的不是回归到农业社会,而是通过城市发展能力不断带动城乡发展,推动发展模式的转型升级。

3. 可持续的城镇化模式

我们可以将城镇化分为两种不同类型的城镇化:一种是不可持续的城镇化;另一种是可持续的城镇化。

以我国为例,迄今为止的城镇化发展,带来了经济财富的快速增长,但同时也带来普遍存在的不可持续性的弊端。工业化和城镇化发展依靠大量低成本劳动力的劳动密集型产业,大量劳动者在非正规就业部门就业,或者是在正规就业部门非正规就业(任远等,2007)。城镇化过程中的多数移民和劳动者缺乏必要的社会保障,他们主要依靠私

六、可持续城镇化

人租赁居住,构成了一种非正规就业和非正式居住的城镇化,城市化过程中的社会隔离、社会分化和社会不平等日益加剧。在城镇化过程中也带来日益严重的家庭分离,使得城市中少年儿童的比重扭曲性地减少,削弱了城市持续发展的能力。非定居移民进一步减少了在城市部门中稳定的劳动力,削弱了城市未来增长的潜力。而大量农村留守儿童的教育和健康则受到不利影响,不利于国家未来的劳动力质量的提升。由于户籍制度的限制和不公平的公共服务配置,使得城乡之间的社会差距、城市内部的社会差距在城镇化过程中进一步扩大。特别是当迁移劳动力进入中老年时期,他们在劳动力市场上处于不利的处境而不得不返回农村,但是由于他们缺乏养老保障的积累,使得他们在农村的生活处于更加困难的处境。同时,由于农民的土地产权没有得到充分的保护,城镇化过程往往造成农民的利益被损害,城镇化过程中失去土地的人口缺乏长远生计,使得他们成为城镇化过程中非常脆弱的群体。

同时,当前我国的城镇化模式过度依赖土地利用和资源环境的耗费性使用,出现了大量土地的闲置浪费和空城现象,降低了资源使用效率。基于土地、河流、农地和林地的城镇化占用,以及城镇化造成的工业和生活污染的增加,使得生态系统的服务能力遭到很大破坏,包括空气污染、水污染等问题日益严重,成为以资源环境破坏为代价的城市化。土地城镇化构成地方财政的重要来源,因此地方政府有动力通过地方融资平台推动土地利用改变和进行城镇化建设,但是土地产出效率下降也带来巨大的金融债务风险。这种通过基础设施投资和不断拉长杠杆的金融债务,使得城市未来发展的土地供给和生态资源过度消耗,而更高的远期债务也削弱了未来发展的投资能力。

这种状态下的城镇化发展,相当大程度上是一种不可持续的城镇化模式,往往是通过长期负债来平衡短期负债,通过土地资源的浪费、生态环境的破坏来提高经济产出,忽视劳动力生活质量的提高和社会矛盾的日益尖锐化。我国城镇化迫切需要向可持续的城镇化模式发展转型。更加可持续的城镇化模式强调提高资源使用效率，提倡绿色发展，重视社会整合，重视劳动者与城乡居民的福利进步和社会平等。

当然，不可持续的城镇化和可持续的城镇化，与其说是两个不同模式，不如说是城市化发展的两个不同发展阶段。当前城镇化过程中出现的各种不可持续的问题，其实是在欧美国家城市化初期普遍存在的现象。例如，英美国家从18世纪后半期到20世纪上半期的城市化发展道路，在很多方面能够对中国城镇化发展提供启发。这些国家的不少城市都出现过突出的城市贫困问题、移民和社会分化问题、环境污染问题等。我国当前的不可持续的城镇化，也一定程度上说明了我国仍然处于城镇化发展的较初级阶段。城镇化的长远发展，则需要将城镇化发展从不可持续的发展模式提升和转型为一种可持续的发展模式。

一种看法认为，实现向可持续城镇化的转型是发展内生性的结果。城镇化过程所带来的经济增长和更加持续性发展的模式，具有类似于库兹涅茨曲线的效应。例如，劳动力供求关系变化会带来资本深化，推动原来劳动密集和低成本劳动力的模式转变为人力资本的模式，更加重视劳动者的福利、重视教育培训和技能的提高；社会稳定的需求将推动城镇化从社会分化的模式转变为社会整合的模式，因此也会相应减少社会发展的不平等性；资源的有限性和环境的承载力将推动从资源环境消耗性的发展模式转变为资源节约和环境友好的城镇化模式；经济比较优势的变化推动城镇化动力从劳动密集的加工制造业模式转变为更加具有创新性的经济产业模式；等等。然而，这种乐观的内生性转型迄今尚未出现，新的可持续的城镇化模式脱胎而出还非常困难。城镇化道路隐含的风险在于，内生性转型并不必然发生，转型的实现需要一定的条件和制度建设，而如果缺乏足够的投入和改革来实现这样的内生性转型，经济社会发展则很可能在不可持续的城镇化道路中走向崩溃。

4. 实现可持续城镇化

无论是努力实现城乡系统的可持续性目标、应对城镇化过程中各种不可持续性的挑战，还是从不可持续的城镇化模式转变为可持续的城镇化模式，都意味着我们对城镇化的理解需要超越农村人口进入城市这样的简单结构变化——城镇化发展需要追求可持续性的导向，以及需要将可持续发展内嵌到城镇化进程中，从而实现新型的城镇化。这种新型城镇化要求通过新的城乡生活方式、新的能源结构体系、新的交通体系、新的城乡空间规划、新的经济产业、新的城乡土地利用和新的社会运行机制等等，来实现城市和乡村系统的可持续性，以及通过城镇化的力量使国家整体向可持续发展转变。城镇化发展会内生性地产生可持续城镇化的需求，但是可持续城镇化却未必会自然自发地实现。

通过投入和改革来促进实现可持续城镇化，首先需要理念建设。需要对城镇化发展目标、基本原则和不同历史时期的主要任务有一个清醒的判断，从而形成基于可持续发展的共识，将城镇化发展的目的从追求经济增长过渡到实现国家和地方的可持续发展未来上；从而对城镇化发展的目标、方式、内涵的确立有一个整体性的思路改变，通过思路转变来改变公共政策，通过环境伦理和确立可持续发展的公共观念，形成社会共识和共同行动，通过思路转变来推动市场机制建设。

可持续城镇化的实现，需要构建出可持续发展的机制。从长期的经济体制下脱胎而出，我国城镇化发展比较强调行政推动的力量。因此，在国家和城市规划中需要将可持续发展列入发展规划，得到公共管理的保证。在中国的改革和城镇化过程中，政府的作用显得非常重要，作为公共利益的组织者，政府"看得见的手"显得非常有效。政府需要将可持续发展（而非单纯的经济增长）作为治理绩效的评价内容，并通过专项预算来加以推行，通过考评和竞赛、试验区等等方式进行推动，这些都有利于可持续发展目标的实现。同时，由于在城镇化过程中利益分化日益凸显，过分依赖行政权力推动城镇化的模式，可能会变得不利于可持续发展的实现。这就要求，城镇化过程中更加需要加强法治的手段、市场的机制、公众的参与来实施可持续发展的治理。在城镇化的过程中，对于权利的损害、对于资源环境的破坏，很大程度上是与相应的法治建设不足相联系的，需要推动环境保护立法，在法治层面进行监督和规范不同行为主体的行为，包括规范政府自身的行为，使可持续发展的城镇化得到法治的保障。可持续城镇化也需要调动作为不同行动主体的城乡居民、企业、社会组织共同参与城镇化进程。这就需要有足够的市场信号和社会规范来引导资源配置，调动企业参与。充分发挥市场机制的作用，需要理顺资源价格体制，可以通过品牌认证和绿色营销的方式，推动对可持续投资的金融杠杆导向。可持续城镇化的实现，根本在于公众的参与，唯有如此才能发现和暴露城镇化过程中的问题和挑战。社会参与需要通过社会组织的发育和公共舆论。实现社会力量的有效参与，才能够有效地监督政府和企业运行，纠正城镇化发展对可持续目标的偏离。城镇化发展的继续推进，需要从主要依靠政府主导推动，过渡到依靠市场机制、金融杠杆，依靠法治机制、社会机制等综合的机制，乃至依靠道德规范，构建多元主体共同行动的治理体系。

实现可持续城镇化依赖于不同行为主体共同发挥作用。除了政府发挥作用，企业需要将可持续发展作为自身的社会责任，这实际上也构成了企业发展的机遇。在多主体协同治理的过程中，需要加强政府和私营部门的合作、加强政府和社会的合作和协同。可持续城镇化基于人的利益和福利，需要人的参与，同时需要落实于人的具体活动，通过人的行为方式、消费方式和生活方式的转变才能实现。多行为主体通过相互协调和有效组织，才能有助于可持续城镇化的实现。

实现可持续城镇化，需要加强创新机制的作用。通过创新来形成新的经济生产方式，支持新的社会生活形态，实践新的消费产品和产品服务体系，构建新的治理路径。可持续发展所需要的创新，包括技术创新、产业创新、空间创新、社会创新、制度创新，构成一个综合的创新体系。城镇化过程中，需要通过技术创新来进行城乡运行体系的改造，包括新能源技术、新材料技术、建筑、投资和信息化能力的提高等，这些也都能同时带动相关的产业革命和制造业、服务业发展，推动产业升级和转型。可持续城镇化需要城乡居民生活方式变化，实现可持续消费为导向的社会生活形态，以及通过社会组织的参与和各种聚焦公共利益的社会行动，促进有助于可持续性的社会治理。

构建可持续城镇化需要的综合创新体系，归根到底还是需要制度创新和制度改革来实现。通过制度改革建设出完善的经济社会运行机制，强化治理模式，才能真正使中国城镇化过渡到可持续城镇化的状态。同时，技术创新和信息化能力的进步，也有利于提升政府管理、社会监督和企业可持续运行的能力。可持续城镇化依赖于经济生产方式和社会生活形态的变化，其蕴含的丰富的创新潜力，也意味着城镇化对于国家未来发展的巨大机遇。

总之，我国城镇化是在全球可持续发展背景下的城镇化，中国的城镇化也构成全球可持续发展的重要组成部分。探索新型城镇化的发展道路，需要将可持续发展内嵌于城镇化发展，使城镇化发展致力于实现可持续发展的目标。实现可持续城镇化，应该成为我们所提倡的新型城镇化的核心内容。在这个过程中要求政府部门、社会力量、居民行为和企业发展形成有效协作，通过城镇化过程中的可持续治理来推动实现可持续城镇化。

参考文献

崔胜辉、李方一、于裕贤等：《城市化与可持续城市化的理论探讨》，《城市发展研究》2010 年第 3 期。

刘国光：《论中国农村的可持续发展》，《中国农村经济》1999 年第 11 期。

刘恒、耿雷华、陈晓燕:《区域水资源可持续利用评价指标体系的建立》,《水科学进展》2003年第3期。

牛文元:《中国新型城市化战略的设计要点》,《中国科学院院刊》2009年第2期。

仇保兴:《紧凑度和多样性——我国城市可持续发展的核心理念》,《城市规划》2006年第11期。

任平:《空间的正义——当代中国可持续城市化的基本走向》,《城市发展研究》2006年第5期。

任远、彭希哲:《中国非正规就业发展报告:劳动力市场的再观察》,重庆出版社,2007年。

周海林:《农业可持续发展状态评价指标(体系)框架及其分析》,《农村生态环境》1999年第3期。

United Nations (1987). "Report of the World Commission on Environment and Development", *General Assembly Resolution*, 42 (187), 11 December 1987.

United Nations (2015). *Transforming Our World: The 2030 Agenda for Sustainable Development*.

World Commission on Environment and Development (1987). *Our Common Future*, Oxford: Oxford University Press.

中篇
大城市的挑战

七 人口调控，还是人口服务？

进入 21 世纪以来，我国城镇化发展已经从中小城镇推动的城镇化发展阶段，过渡到大城市和特大城市为主要动力的发展阶段。上海、北京、深圳等特大城市人口快速增长。例如，上海 2000 年常住人口规模 1 640 万，2010 年增长到 2 032 万，人口总量远远高于学界和政府的预期，引起政府和社会的突出关注。2014 年年底上海常住人口规模已经达到 2 425 万人。在此过程中特大城市应对人口集聚、实现有效管理所面临的挑战也日益突出。从 2012 年以来，国家的城镇化发展强调严格控制特大城市人口规模的基本思路。特别是十八届三中全会以来，国家提出了"全面放开建制镇和小城市落户限制，严格控制特大城市人口规模"的改革方略。在国家户籍改革实施意见中实施差别性的户籍政策，强调对特大城市的严格管控，将控制人口规模、实行人口综合调控作为城市发展的重要工作。在城镇化过程中特大城市人口快速增长的背景下，如何看待特大城市的人口综合调控，如何实施特大城市的人口管理和服务，成为城镇化发展和管理所面临的一个重点问题。

1. 适应城镇化发展规律

从 20 世纪 90 年代以来，城市政府就一直强调控制大城市人口规模、进行人口综合调控，也实施过严控户籍制度、收容遣送和加强住房管理等措施，而现实情况是大城市和特大城市的实际人口不仅没有下降反而快速上升。以上海为例，城市的实际人口数总是不断突破城市规划的人口数。这也说明，城市的人口增长与城镇化发展历史进程以及城市区域的不断发展演化具有内在的规律性，忽视或者违背城镇化规律的人口规模控制和综合调控不仅难以取得效果，甚至会阻碍城镇化发展本身。

当前控制特大城市人口规模和进行人口综合调控的突出困境在于国家整体上处于快速城镇化的发展时期。大城市和特大城市的人口快速增加是与我国城镇化发展的进程相联系的。我国城市化水平从20世纪80年代的20%左右增加到2013年的53.76%，特别是2000年以后我国城镇化水平增长速度还在加快。城镇化过程带动乡城人口迁移和跨地区人口流动，特别是具有较高产业投资和经济能力、更高资源集聚能力的沿海特大城市构成人口集聚的中心。如果说20世纪90年代城镇化发展的初期我国主要是依靠中小城镇带动的城镇化，随着大城市产业发展能力的提升，大城市和特大城市带动的城市化越来越成为城镇化的主要动力。这也可以从城镇化过程中我国城市人口的空间移动趋势上表现出来，2000—2010年，这些具有较大经济产业机会的上海、北京和深圳等特大城市成为人口集聚的中心。

因此，特大城市承担着产业创新的功能和巨大的产业投资机会，成为中国城镇化的引擎，也必然会推动人口集聚，并要求其在吸纳人口集聚和中国城镇化推进过程中发挥更大的责任和作用。我国目前处于城镇化发展的中后期，未来15—20年内我国人口总量将继续增加，城镇化水平继续提高，农村和城镇的产业生产率提高将继续推动乡城移民和区域性人口迁移。因此，特大城市仍然要对中国继续快速城市化发挥重要作用。在这个人口城镇化和人口迁移流动继续快速发展的背景下，严格控制特大城市人口规模和进行人口综合调控的过程必然是困难的，而且一定程度上违反了城镇化推进的基本态势。

不仅国家持续的城镇化发展策略决定着类似北京、上海等特大城

七、人口调控，还是人口服务？

市人口的增长，城市自身演化的内在逻辑也适应和引导着人口的集聚和空间调整的动态。经典的城市地理学提出，在城市发展的前期出现显著的中心集聚，而到了城市发展的中后期则出现郊迁扩散的趋势。城市化过程中的城市人口集聚本身是规模经济的，而当城市规模经济的边际效益逐步减弱会带来周边的地区形成次级性城市，并共同带来多中心都市圈的形成。

因此可以看到，像上海这样的特大城市已经不是单中心的城市体，上海从20世纪90年代中后期开始郊区化的进程，并在21世纪以后出现郊区新城的发展，目前已经初步形成多中心的大都市圈。多中心的都市圈形态的城市发展，也进一步扩张了城市的吸纳能力。城市中心城区的人口已经开始下降，而郊区和次级城市中心仍然具有很强的人口承载能力，需要大量人口的导入才能支撑城市发展。

从这个意义上来说，严格限制特大城市人口发展仍然延续着20世纪90年代城镇化发展的战略，即大力发展中小城市，严格控制大城市。中国的城镇化不能在一个陈旧的城市发展战略框架中进行总体规划，而应该考虑不同地区的多样性，考虑城镇化不同阶段中城市体系演化的规律性，推动各类城市的有机成长。在长三角地区，应该更加具有一种城市群发展的整体视野，在城市群的整体框架下推进城镇化，避免陷入单纯的大中小城市论，以及在这种大中小城市的思路下，对特大城市和超大规模城市进行控制和调控。在上海这样的特大城市已经向多中心城市群以及城市群整体发展的背景下，简单性的人口总量控制和限制性调控，可能并不一定适应多中心城市正在逐步成长的具体实际。从这个意义上来说，上海与其说要控制城市人口规模和调控人口导入，不如更加重视城市空间的布局来吸纳人口，扩充城市对人口的承载力，进一步推动多中心巨型城市的形成，让优秀人才更好地为多中心巨型城市的发展服务。

我们也应该注意到，在城镇化过程中的特大城市严格控制人口规模和实施限制性的人口综合调控,实际上不利于城镇化进程的完成。我国的城镇化发展迅速,存在的一个显著特点就是人口城镇化的比重很快,已经超过了50%,但是户籍城镇化的比重才只有35%,也就是大量人口居住和工作在城镇,却没有当地城市的户籍,不具有本地居民的市民待遇。我国城镇化过程中的非农化和市民化过程是分离的,这也使得城镇化表现为一种浅城镇化,或者是未完成的城镇化。因此,如何推动乡城移民特别是使流动人口在城市稳定工作和居住,实现市民化,是当前我国推动人口城镇化的关键。只有通过更加包容性的移民政策,加快人口市民化才能有助于形成新兴中产阶级,并带动经济社会结构的改进;以及通过人口市民化才能创造经济发展的内需,实现一种更加持续的城市经济繁荣。

因此,从人口市民化和推动人口社会融合来说,城市发展的重点不仅不是限制人口,实施"以业控人"或者"以房控人",反而是要为迁移流动人口提供更多规范就业和发展机会使其成为新兴产业工人,包括提供适当的住房供给使其能够成为新市民;不是通过制度的限制,而是要通过制度的接纳来推动流动人口市民权利的获得和不断城镇化。因此,以限制人口为核心的人口综合调控和市民化与社会融合为导向的城镇化过程就形成矛盾,甚至从一定程度上来说,人口综合调控反而成为影响人口城镇化的反方向政策策略。

当前的中国发展,仍然处于城镇化的中后期,仍然将维持大量人口向城镇和特大城镇集中;特大城市将继续向多中心巨型城市发展和扩张其城市规模;城镇化发展需要实施更加包容和吸纳性的市民化和社会融合过程。类似上海这样的特大城市人口的继续集聚和扩张仍然有内在的动力和客观需求,城市的人口管理策略需要适应城镇化发展和城市发展的基本规律,并在这个过程中通过提升城市管理水平,协调和处理人口高度集聚和城市发展所带来的矛盾和紧张。

2. 城市病

特大城市实施人口综合调控的原因在于城市人口迅速增长和城市发展管理的紧张关系。城市人口集聚和规模扩大带来城市运行的复杂性和管理难度的提高,导致各种矛盾凸显和对城市支撑承载能力构成压力。

这种人口膨胀和城市发展的紧张关系往往被形容为"城市病"(陈哲、刘学敏,2012)。例如,交通拥挤、犯罪率的提高和公共安全的压力、生态环境的污染,以及城市的承载能力和人口公共服务供给的压力。这样的人口增长对城市公共服务需求的压力也进一步转化为城市公共财政的压力,并增加了城市运行的社会成本。同时,人口集聚和城市发展的紧张关系也表现为城市居民和流动人口之间的土客矛盾和利益冲突,而土客矛盾的激化不利于城市内部的社会整合和团结,成为社会分化和不稳定的重要原因。

实际上,从城市人口增长和城市发展紧张关系的真实原因分析,其根源并不是人口规模的扩大,而在于城市发展能力和管理水平及应对能力的不足,在于城市的公共服务供给能力不足。单纯从控制城市规模和人口综合调控入手并不是解决人口和城市发展问题的有效思路。

(1) 人口密度和"城市病"间的虚假关系

从人口增长和"城市病"的关系来看,实际的现实情况是,高密度的人口集聚和城市病之间不仅没有关系,甚至还是一种反向的关系。人口密度和"城市病"的虚假关系已经广泛被世界城市所证明。当我们认识到高密度和超大人口规模对城市公共服务和公共安全带来的挑战,我们也看到诸如东京、香港、新加坡这样的高密度城市同时维持了较高的城市安全水平、便捷的公共交通、高效率的城市运行和较高的公共福利水平。即使在上海，实际上我们也看到了密度更高的中心城区，城市的公共安全水平和公共服务水平实际上更高。以卫生和健康服务为例，高密度的城市中心区每平方公里的床位数甚至达到远郊地区的 100 倍，即使考虑了常住人口口径的每万人医疗床位数，中心城区的核心区每万人医疗床位数 123.6 张，中心城区的其他地区的每万人 66.5 张，而在近郊区和远郊区的每万人医疗床位数只有 30 张左右（任远，2011）。

因此，人口集聚所引发的交通拥挤、住房困难、环境恶化、社会治安下降等问题，与其说是人口对城市的压力问题，不如说是城市管理和公共服务资源的配置不平衡问题。人口密度和"城市病"之间的关系是一种虚假关系，人口集聚带来的"城市病"不过是薄弱的城市管理的"遮羞布"而已。

城市公共安全是另一种突出的"城市病"。笔者主持的研究小组（任远等，2012）曾经对城市人口和城市公共安全的关系开展了定量分析，直观的数据确实告诉我们，人口高度集聚带来公共安全的恶化，例如上海 70%—80% 的犯罪是流动人口犯罪。人口流动率的提高和城市犯罪率的提高表现出共向的关系。流动人口只占城市人口的不到 40%，但是犯罪事件占到城市犯罪率的 80%。流动人口的数量和比重与包括刑事案件、行政案件、治安案件、交通事故和火灾等主要的社会安全指标呈现反向的关系。流动人口集聚、城市人口密度的上升与社会治安的混乱、案件事件的发生、环境的脏乱、火灾等不安全事件的增加似乎有很强的联系。但是，当我们控制了其他因素，我们可以发现代表流动人口集聚程度的流动人口占总人口比重其实对城市安全并没有显著性影响，而真实影响城市公共安全的因素在于城市中青年人口的比重、人口受教育程度、社区发展状况和社区内紧密人际联系的发育、社区中保安和公共警力的投入、失业情况特别是青年失业人口占总人口的比重等等。因此，流动人口的集聚其实不是城市公共安全的真实原因，城市公共安全问题的主要原因是城市的治安管理能力不足，社会对人口的教

七、人口调控，还是人口服务？

育投资不足，人口的就业和发展机会不足，社区建设不足。因此，要真正解决大量外来人口集聚带来的城市公共安全问题，本质上不是通过调控人口来实现的，而是应该重视提高流动人口的教育程度，为流动人口提供就业和发展的机会，加强流动人口就业的稳定性和规范性，加强流动人口的生活社区建设和社会融入。因此，促进和提高城市安全，不是要调控和排斥流动人口，反而是要更积极地包容、吸纳和促进流动人口生活和发展才能实现。

进一步看，以控制人口数量为核心的人口综合调控甚至还会进一步恶化"城市病"和城市问题。限制性的移民策略可能会进一步加剧就业的非正规化，加剧青年失业问题，限制流动人口向上流动的能力，制约流动人口平等的就业和创业机会。随着新生代农民工数量和比重的提高，不少流动人口即使失业了也不离开城市，或者当他们的居住地面临拆迁则从某个地区转移到另外的集聚住区，这样反而会带来黑作坊等地下经济的发展，带来地下性的流动人口自我组织的强化，进一步恶化城市公共安全问题。从这个意义上来，通过简单的调控人口来解决城镇化过程中人口向城市集聚，对于城市安全管理来说是一个治标不治本的权宜之计，不仅是无的放矢、于事无补，甚至有可能是抱薪救火、南辕北辙的政策。

因此，从特大城市的人口集聚所带来的"城市病"的实质，与其说是人口数量增长给城市管理带来压力，不如说是城市公共管理能力提升不足，难以适应城市人口的快速增长。在人口增长过程中，城市部门应该关心的是更好地加强和提升包括城市道路、交通、食品、劳动力市场、住房供给、居住区管理、城市公共安全的警力投入等现代城市管理，以及重视人的包容和融合，重视包括流动人口在内的所有人口发展能力的提高，关注解决流动人口的青年失业问题、教育问题、就业规范性和保障问题，才是应对城市化过程中人口大量集聚所带来的各种压力和挑战的治本之路。正视这样一些真实问题的城市管理，而非人口综合调控,才应该是城市管理的核心。

(2) 城镇化的成本

人口集聚度对城市管理的另一个被广泛讨论的负面影响是人口增长对城市的基本公共服务供给带来压力。人口增长和人口在城市的长期居住,带来基本公共服务需求的增长,客观构成了对城市化过程中的"成本",并转化成为城市公共财政的负担。但是,在考虑到城市化过程中需要交纳成本的同时,也更应该认识到城镇化过程中所带来的巨大的财富创造。实际上在考虑流动人口对城市公共服务所带来的压力的同时,也应该考虑其对城市 GDP 增长所发挥的积极贡献。移民作为城市化的建设者对城市经济增长、财富积累作出贡献,同时也对城市的公共财政作出贡献。迁移流动人口群体也有权利从城镇化过程中的公共财政中得到必要的社会再分配。迁移流动人口更多的城市,其移民对城市经济发展和社会积累作出了更大的贡献,不过由于移民没有在常规统计体系中得到计算,他们的社会贡献在相当大程度上被隐藏下来。

因此,人口增长和城市公共服务供给的问题,本质上是也城镇化过程中的财富增长如何分配,以及城镇化过程中的社会成本如何共同承担的问题。中央政府财政、地方政府财政、用工企业以及劳动者本身是城镇化过程的共同责任者,共同分享城镇化过程的利益,也有责任通过共同努力来承担城镇化的成本和共同分享城镇化过程中的公共利益。

如果说城镇化是一个财富创造和增进的过程,可以从总体上判断,流动人口对城市的社会贡献其实远大于其所增加的社会成本,流动人口市民化过程中的社会成本对于地方公共财政的压力很大程度上是被放大的。根据笔者最近对长三角地区的研究,也发现按照国家发展改革委员会的八种基本公共服务的口径,即使是在非户籍人口比重高的特大城市如上海,如果对非户籍常住人口提供基本公共服务,其增加的年度公共财政支出也仅占年度 GDP 的 6.58%(任远等,2013)。在这种

七、人口调控，还是人口服务？

情况下，渐进性地增加福利供给是可以实现的。当然我们也应该认识到不同群体的利益结构的调整是一个渐进的过程，但显然一种排斥性的福利政策不利于流动人口的市民化和城镇化的发展，通过城镇化过程中的不同责任主体的共同承担，人口集聚所带来的公共成本的增加能够得到良好的解决。

更值得强调的是，人口集聚和城市公共服务供给能力不足的根本原因并不是人口对基本公共服务能力的需求太高，而是城市公共服务能力的供给不足。一方面我们看到城市人口增长中对教育、卫生、健康等各种服务的快速增加，另一方面又看到城市政府对于各类社会和公共服务供给的垄断性和行业壁垒，使得民间资本难以促进社会和公共服务的快速发展。社会力量的发展有利于解决公共服务的压力。通过鼓励社会力量和民间力量发展教育、卫生、交通、养老等公共服务供给，能够缓解公共服务供给的财政压力，并同时创造出巨大的城市市场机遇。因此，对于人口集聚和公共服务的紧张关系，关键的问题并不是人口过多而是社会服务的供给能力和供给体制的改革。

（3）土客矛盾

作为移民城市面临的共性问题，人口集聚与城市发展的紧张关系往往表现为显著的"土客差异"和日益尖锐的"土客矛盾"。

迁移流动人口进入城市以后往往带来本地人口与外来人口的相互竞争和冲突。这种相互冲突往往被描绘为流动人口侵占了本地人口的利益，以及流动人口和本地人口对有限的社会资源相互竞争所带来的冲突。这种冲突往往以非常激烈的方式表现出来。在历史上，这种冲突甚至经常成为战争的导火索。在现代城市中，本地人口往往认为移民侵占了当地的就业机会和社会福利，外来人口则往往认为城市存在突出的社会排斥和权利损害，因此导致排斥、骚乱，引发移民政策的收缩和人口控制等现象。这样的土客矛盾在利益格局上造成了社会隔离和分化，使得流动人口难以融入城市，也使得城市体制难以对移民形成良好接纳的制度安排。

人口集聚和城市发展是移民不断市民化和融入城市的过程，也是本地社会不断吸纳和包容移民群体和重构城市社会的过程。我们看到，流动人口融入城市的因素不仅包括流动人口进入城市的时间，也在于制度性因素对于流动人口权益的保障和利益供给。流动人口居住与生活的日益社区化和本地化的社会资本的形成对于流动人口融入城市有积极作用。我们也可以看到，流动人口在城市工作的日益稳定、收入水平的提高、就业和创业的发展、自有住房的获得、教育程度的提高等中产阶级化的发展过程，本身强化了流动人口融入城市的能力。

从本地居民对流动人口的态度和接纳行为看，城市本地人口对流动人口的社会接纳也是多样化和渐进性的。相对于低收入、低教育程度的本地居民，高收入的社会阶层、较高教育程度的本地人口对于流动人口有更强的接纳性和积极评价，对城市流动人口有更佳的接受和欣赏态度。相对于贫困社区中本地人口对于外来移民的敌对态度，在一些更加中产阶级化的新兴商品房社区，由于市场机制所提供的开放性，使得本地人口和外来人口有着更加平等包容的社会态度。

这也说明，在低收入和低教育程度的社会中下层群体中，对于城市公共资源的竞争性更加突出，对于城市公共服务具有更强的垄断性的要求，而教育程度提高和收入提高的社会中上阶层，更加适应城市发展的市场化和平等机制建设，对于移民则具有更强的包容性、开放性和平等性。这一点可以从高档的商品房小区和城市公共租赁小区对移民的差异性态度表现出来，相对于中产阶级开放地看待移民并和移民群体形成良好的社会关系，反而是收入水平较低的本地民众更担忧流动人口抢夺了原来属于本地居民的资源和机会。

因此，移民过程中的"土客"之间的冲突，其实质不是"土客"之间的利益冲突，而是城市发展机会不足所挤压造成的社会群体利益冲突。当城市缺乏发展性，会加剧流动人口融入城市的困难，增强对流动人口接纳的排斥性，并增强利益分化和利益冲突。因此带来的"土客矛盾"，逐步撕裂城市社会，并对城镇化发展带来不利的恶果。这也告诉我们，在移民和人口迁移流动过程中的"土客矛盾"不是必然的，城市化本身创造的充分的发展性和开放性，本身就有利于解决城镇化过程中的利益矛盾和冲突。

因此，解决城镇化过程中的"土客矛盾"问题，并不是通过人口调控和分配利益来得以实现，而只有在一个更加顺畅的流动性、更加充分的发展性和中产阶级社会的日益形成中，在一个更加开放性和发展性的公共政策框架下，流动人口的融入和本地人口对流动人口接纳才有可能。只有当城市中本地人口和移民群体通过教育水平提高、通过就业发展所带来的就业机会和收入提高，以及提供发展机会能力的提升来实现普遍的社会阶层向上流动，实现本地人口和外来人口社会阶层的平衡性和相互渗透，才能支持推动移民的融入和城市居民对移民的接纳。在这种发展性所推动的社会融合的机制下，才能增强城镇化过程中的社会融合，一个更加整合的移民社会才能够实现。

并不是通过人口综合调控就能解决本地人口和外来人口的"土客矛盾"，而是城市需要提供更好的以发展为导向的公共政策，使得包括移民与本地人口的教育机会得到提高和发展，实现城镇化过程中的社会融合。

总之，从上述三个方面进行综合考量，人口综合调控不是协调城镇化过程中人口集聚和城市发展紧张关系的根本对策。恰恰相反，人口综合调控会限制移民的发展能力和恶化城市公共安全，不利于城市吸纳优秀人才和推动城市经济的创新性，不利于城市的经济增长和公共财政能力提升，不利于本地人口和外地人口的利益协调和相互整合。只有在提升城市管理的过程中，在扩展多元化公共服务供给的过程中，在强化城市性和城市新中产阶级不断成长中，大都市人口和城市的协调发展才真正能够得到实现。

3. 人口综合服务

近一段时期以来,人口综合调控和严格控制人口规模成为特大城市人口管理的重要工作,表现为一些城市通过分解指标的方法,以及各种"以业控人""以房控人""以证控人"等调控措施的执行。这些行政性的办法本身难以真正发挥"控人"的效果,而且这种反市场机制的人口控制会强化城市内部本地人口和外地人口矛盾;不利于保障农民工在城市生活和发展的具体需求,增进其生活福利;没有真正找到人口集聚和城市发展内在冲突的真实原因,也就是城市需要从提高自身管理水平上来应对人口集聚对城市管理的压力;同时,特大城市人口综合调控的基本取向,本身不利于推动农民工与流动人口的市民化和社会融合,不利于城镇化进程的良好推进和实现。

人口综合服务则是一种更加以人为本的对城市人口管理的思路,重新摆正了城市管理者与城市人口的关系。城市人口是城市发展的建设者,而城市政府作为公共服务政府的基本责任在于为包括流动人口在内的所有人口提供基本公共服务、增加居民福利、满足人口生活和发展的需求。人口综合服务的要求也表明,城市人口管理是在为人口提供良好服务过程中的规范管理,以及通过更有效率、更加制度化的管理来提供高品质服务和增进居民福利。加强特大城市的人口综合服务和管理,强调为城市人口提供综合性的生活和发展服务,以及为满足不同人口群体的具体需求提供高质量的服务。

特别是考虑到特大城市的人口增长主要是人口迁移和流动所带来的,以及考虑到非户籍流动人口在城市中的巨大数量与他们在基本公共服务上遭遇的差异性和排斥性,逐步增强对非户籍流动人口提供综合性的服务与管理是必要和迫切的。流动人口需要的综合服务不仅包括教育培训、健康医疗,也包括住房、保障、就业和创业等,这些综合性的服务和管理,能够更好满足流动人口在城市生活和发展的具体需求。因此,从加强人口综合服务的视野看,城市部门需要考虑的不是"以房控人",而恰恰是通过更好的住房服务,帮助流动人口市民化和融入城市,帮助流动人口成为新兴的中产阶级,从而支持他们为城市创新和经济成长作出贡献。在流动人口就业和"以业控人"上,城市部门需要考虑的也不是对产业项目的人口效应进行评估和限制劳动力就业,而恰恰是服务于城市的充分就业和创业发展,以及需要考虑加强教育培训和人力资本投资,为城市劳动力不足提供替代性的劳动供给,支持产业结构的优化。在"以房控人"和包括教育、健康等公共福利供给上,城市部门需要考虑的不是强化福利的壁垒和排斥性,而恰恰是增强福利的开放性和包容性。城市部门应致力于增加社会服务的供给能力,提供更加包容性和均等化的福利供给,在城市发展过程中逐步化解福利鸿沟和社会分化,使得城市化过程中的社会整合和流动人口社会融合得以实现。因此,人口综合服务和人口综合调控构成了两种不同的发展思路。城市化过程中的特大城市发展和管理,不是要控制人口的流动性,而是要支持和服务于人口的流动性。通过人口综合服务和管理才真正有利于城市成长,有利于社会整合,有利于流动人口社会融合,以及有利于形成有秩序和有活力的城市。

为流动人口提供综合服务和管理,需要考虑流动人口进入城市以后不同阶段的具体需求,以及考虑不同流动人口群体对生活发展社会服务的具体需求,实现综合性的服务供给。随着流动人口在城市生活的逐步卷入,他们在城市扩展出不同的生活和发展需求。而流动人口年龄结构的变动,在不同年龄阶段也具有不同的服务需要,从学龄前儿童的幼托服务,到儿童教育、青少年健康、心理服务的需求,包括劳动年龄人口的就业服务、家庭婚姻服务,乃至老年人口的生活需求等,城市应该为不同人口的具体需求提供差别性的服务。流动人口本身的分化性,也需要为不同社会阶层的流动人口形成适当的需求应对和服务供给方案。同时，要适应流动人口的居留和流动意愿，为其未来发展提供综合服务，不仅要提供流动人口在城市就业和发展的相关知识和产业技能培训，也需要为流动人口的返乡提供相关现代农业、水利、经营管理、小城镇建设和运营等相关知识，这样的综合服务，为流动人口在城市生活和发展提供了更多可能性，也为流动人口回到农村和其他城市发展提供支持。因此，更好的综合服务供给本身有利于适应人口发展的多样性，为流动人口创造更加全面的发展机遇，为城市人口迁移流动的动态性提供支持。

城市政府的主要担忧在于加强流动人口综合服务和管理会增加城市运行的社会成本，降低城市的竞争力，实际上人口综合服务是其对城市发展贡献的必要的社会再分配，而削弱了移民城市的劳动力积累和人力资本积累才真正会削弱城市的竞争性。人口数量和人口需求不断增长和城市人口综合服务供给不足确实构成城市管理所面临的突出矛盾，而矛盾解决的方略不是要减少人口社会服务需求的数量，而是在于要突破国有和事业单位对于社会服务的垄断性，进一步开放社会服务的供给能力。进一步增强公共财政的民生福利支出是重要的，特别是政府基本公共服务责任更应该重视公平和普惠性服务。与此同时，更加重视增强民间力量、社会力量、国际资本力量提供包括教育培训、幼托护理、健康服务、居住住房、养老服务等各类社会服务和社会建设，这不仅能从根本上增强各类社会服务的供给，扩展社会生活的空间，还使得巨型城市由于人口集聚所带来的服务供给扩张构成巨大的经济产业和发展机遇。

在快速城镇化过程中的特大城市发展和管理，应致力于加强人口综合服务和管理，而非简单的行政化地进行人口综合调控和控制总量规模。当然，完善人口综合服务和管理，需要一个渐进性的福利体制的配套支持。包括户籍制的改革、居住证体制的改革，财政预算制度改革、福利制度改革，以及社会事业和社会服务业改革的共同推动，才能不断帮助特大型城市积极应对城镇化过程中人口集聚的挑战，并在人口集聚过程中提升城市的能力和塑造具有竞争性的未来城市。

4. 加强法治和提升治理能力

实践已经证明,在快速城市化背景下特大城市的发展管理中,应对人口增长和城市发展的内在紧张关系,不能简单依靠行政调控。行政调控具有自身的限度,脱离了城市化和市场内在规律的调控不仅是无法实现的,而且会带来城市发展的扭曲。例如,过度的行政调控反而带来劳动力市场失灵和创新性人才供给不足。同时,一种明知不可为而为之的行政管控,也可能成为一种掩耳盗铃式的城市应对,于解决实际问题并无帮助。需要强调的是,行政的调控需要在法制的框架下运行,否则往往伤害城市发展的正义,以及现代城市政府的合法性。

因此,在政府行政力量的管理调控之外,需要充分利用市场力量、社会力量来推动社会治理,努力实现良好的人口管理和服务。在此过程中,特别应强调通过法治建设来协调人口增长和城市发展的关系,为加强城市人口管理和服务提供保证,这也是一个人口增长着的现代都市社会治理体系建设的关键环节,并构成国家治理体系与治理能力现代化的国家建设道路和现代城市成长的路径。通过法治建设和提升治理能力加强对外来人口的管理和服务,主要作用表现在以下三个方面。

第一,加强法治建设,实现城市秩序。法治是依法治国和依法治市的基本要求。法治发展有助于推动市场秩序和社会秩序的形成。市场企业要成为规范的依法经营的主体,实现企业依法经营。对于社会秩序来说,需要通过包括公共秩序、道路交通、食品安全、社区卫生、违章搭建、无证摊贩、废旧物品收购等各种法律法规建设严格执法,才能够构建规范性的社会秩序,并因此提高包括外来人口和本地人口在内所有人口的生活环境和社会秩序。通过在法治机制上加强对非正规就业、地下经济的管理,加强劳动关系和社会保障的规范化管理,才能提升劳动力市场的质量，增进劳动者的福利。同时，在法治的基础上才能够规范政府管理行为，实现管理有序，也即"法无授权不准为"。我们的一些城市人口管理本身并没有明确的法律支撑，这不仅损害了政府管理的公信力，也损害了政府公共管理的合法性。例如，如果对于城管综合执法没有明确的法律界定、城管和专业部门执法的关系没有充分理清，城管执法在城市管理中就难免处于尴尬的局面。

第二，通过法治建设明确和维护社会群体利益与权利。城镇化过程中人口变动和城市发展中的各种冲突，关键是社会群体之间的利益冲突和权利结构的矛盾。例如，拆迁和城市更新过程中面临集体土地、城乡居民和居住的外来人口土地权利保护与利益维护问题；城管冲突的实质也是不同群体对城市空间使用权的界定和冲突。法治建设是对利益和权利的界定与维护，是解决社会冲突矛盾的根本对策。在这个意义上，维稳的根本在于维权，只有推动法治建设，才能更好地平衡人口集聚过程中日益强化的社会冲突。

第三，通过法治建设监督履行政府责任、企业责任和公民社会责任。人口管理和服务需要政府、企业、社会公民依法履行其基本责任。城市化过程中人口管理和服务的压力，其实很大程度上并不是城市化过程中的成本分担，而是多元主体法律责任的履行。例如，给农民工缴纳社会保障本身并不应看作是企业的福利，而是企业经营者有法律责任为企业劳动者提供社会保障，劳动者也有权利因为企业没有履行法律责任申请仲裁。对于外来人口提供教育和服务，也不是地方政府的恩赐，而是一个公共服务型政府法律责任的要求。例如，为流动儿童提供教育本身就是义务教育法的基本要求，不论流入地和流出地政府如何进行成本分担，地方政府都有依法提供义务教育的基本责任。在这个意义上，也需要政府落实"法定责任必须为"原则，落实公共服务型政府的基本责任。法治建设同时强调外来人口有遵守相关法律规定的责任和义务。这也同时提出，对于加强外来人口的管理和服务来说，也需要加强对流动人口对各种法制规范的教育，使其明确法律的相关规定和违反法律规范的相关责任。不仅是加强市民化促进了农民工群体成为现代公民，同时需要强调，通过对法制的遵守和公共责任的履行，才使得人口成为现代城市市民。

因此，在城镇化过程中特大城市应对人口的快速增长，完善城市的管理和服务，城市管理需要突破"全能政府"的传统思路，通过法治来强化人口管理和服务，提高城市的运行质量和治理水平。通过法治建设规范城市运行、协调社会利益、维护公民权利和落实多元主体的法定责任，并推动城市不断提高生活的品质和管理的质量，才能够建设公平公正和规范有序的现代城市。

参考文献

《中共中央关于全面深化改革若干重大问题的决定》，2013年11月12日中国共产党第十八届中央委员会第三次全体会议通过。

陈哲、刘学敏：《城市病研究进展和评述》，《首都经济贸易大学学报》2012年第1期。

任远等：《基于人口普查数据的城市管理与安全问题研究》，上海市统计局，2012年。

任远等：《长三角地区人口迁移流动的态势和完善城市群社会管理研究》，长三角协调会，2013年。

Ren, Yuan (2011). "Spatial access to health services in Shanghai", in *LSECities: Cities, Health and Well-Being*, Hong Kong, November 2011.

城市病,还是城市新生?

特大城市人口增长和城市管理的核心问题是如何协调好大规模流动人口集聚与城市有序发展的关系。当前我国仍然处于快速城镇化的发展时期,特大城市的人口规模仍然在继续增长,而其中的多数流动人口集中在城市郊区的"城中村"地区。因此城镇化过程中人口增长和城市治理的突出矛盾,也表现在城市郊区的城中村地区。在特大城市城中村地区如何应对流动人口集聚和加强社会治理,是城市发展和管理的重要任务,也是推动中国城镇化发展的重要问题。

1. 城中村和城市病

(1) 城中村

"城中村",是由城镇建成区包围的土地产权归农村集体所有的人口聚居地区。从更宽泛的意义来看,城中村也包括已经城镇化了的地区以及农村和城镇接邻的近郊地区。李培林(2002)在深圳的研究发现,现代城市的中心地区也仍然存在一些"城中村"。但总体上城中村是城镇化外延扩散的力量和农村进城人口发生碰撞的地区,是城乡体制的混合地区,是主要位于城市郊区和城乡结合部地区的社会空间形态。

在城镇化扩展的过程中城中村得以形成和兴起,在这里发生着传统农村的消亡和未来城市的成长,发生着本地人口和移民的社会交往与利益冲突,也发生着人口结构和社会结构的重新构造。在城中村这个城乡发生碰撞、断裂和重新整合的地区，流动人口大量集聚构成城市发展和管理的突出挑战。其原因主要包括以下几个方面。一是大量流动人口主要在郊区和城中村地区居住，而且其人口增长的态势还非常迅速，使得城市贫民窟和棚户区的人口增长速度很快。因此，对于城市人口规划的目标管理、城市居民生活质量的整体提升，以及城市人口公共服务的财政压力来说，郊区和城中村地区的人口管理和服务是城市管理的工作焦点。二是居住在老城区、商品房住区乃至别墅区的流动人口往往是城市所定义的"人才"，而居住在城郊城中村的人口多是素质相较对低的较为底层的劳动力人口，城市政府的移民政策往往不希望这些流动人口导入，有着一种相对歧视、排斥乃至驱逐的态度。一些地方政府甚至用定额指标来控制人口，推动城中村的更新改造，使得这一地区人口结构、社会空间结构和利益结构的调整表现出尖锐的社会冲突，社会治理的压力更加显著。三是客观来看，城中村地区人口群体的多样性和混合性较高，由于住房产权的差别，使得住房和居住管理比较混乱，这一地区也是一系列社会问题和社会冲突较为集中的地区。例如，城中村地区的犯罪率更高，公共安全的压力较大，一些流窜作案人员也往往将城中村地区作为藏身与实施犯罪活动的载体和基础。另外，城中村地区的贫困问题、环境脏乱问题等也更加严重。如果说国外大城市的"城市病"主要集中在城市中心，中国特大城市的"城市病"则更集中在城中村，形成中心城区繁荣而城市郊区和城中村地区贫困混乱的强烈反差。

（2）城市病

应该看到，特大城市城中村地区的"城市病"和社会治理不仅仅是如何应对流动人口集聚的问题，城中村也是城市本地人口中贫困人口相对集聚的地区，各项社会治理和社会服务相对薄弱。城中村社会治理还需要重视农村地区在"被动城镇化"过程中的权利维护和利益保护（房庆方等，1999）。但是，流动人口集聚更是当前特大城市城中村地区人口和社会管理的突出难题。

大量流动人口的涌入是我国东部沿海地区特大城市人口增长的主要原因，而进入城市的流动人口主要集中在城市的郊区和城中村地区。从20世纪90年代初期浦东开发以来，上海常住人口数量从1990年的1 334万增长到2015年的2 415万，其中户籍人口增长只占很少部分。户籍人口的自然增长从1991年以来处于持续的负增长状态，而户籍人口的增加主要是20世纪50—60年代"上山下乡"的知青人口返回城市，以及通过技术性人才迁移和大学毕业生落户等方式增加的户籍迁移。上海当前的流动人口大约有1 000万人，主要集中在近郊区和城乡结合部地区。根据2013年流动人口动态监测调查的数据，居住在城市近郊区的流动人口比重占52%，其中，居住在商品房社区的比重为37%、老城区22%、城中村为14%、农村社区24%、集体宿舍3%（任远、李含伟，2014）。特大城市郊区和城中村地区的流动人口大量集聚，是城镇化过程中外来人口空间分布的显著特点。

流动人口住房保障制度的缺失，造成了大量外来人口对城中村这种非正式聚居空间的巨大需求。流动人口基本上处于主流的住房分配体系之外，也不能获得城市的公共住房保障。从城市住房市场来看，商品房的价格超出了大多数流动人口的承受能力，因此私人租赁成为流动人口的最佳住房选择，而这些私人租赁多数集中在城中村地区（吴维平、王汉生，2002）。陈映芳（2012）通过对上海的调研，发现城市内部的拆迁和中心地区居住住房减少也使流动人口向郊区转移。郊区和城中村地区为流动人口提供了可居住的住房，非正式的私人租赁住房为流动人口集聚提供给了土壤。与此同时，工厂和就业机会向郊区转移，使得人口在邻近地区就业。不少村庄工业本身还利用村庄的集体土

八、城市病，还是城市新生？

地建设了工厂工人的宿舍和公寓，更进一步促使工厂工人集中入住城中村地区。新进入城市的移民受到同乡和亲属的迁移网络和亲属关系的影响，通过在邻近居住减少他们在城市生活的风险，使得流动人口在城郊和近郊区进一步集聚。因此，城中村人口集聚也是流动人口社会关系和社会网络不断构造与强化的过程，如"浙江村"（张友庭，2014；王汉生等，1997）。城中村地区作为农村社区的空间形态，使得流动人口在文化习俗、生活习惯上更容易适应，而城中村地区在土地使用、住房管理上的模糊性和相对松懈，也更有利于进入城市的流动人口租赁和入住（吴晓，2001）。

城中村引发的社会问题引起了各方面的广泛重视。田莉（1998）指出，城中村影响城市规划实施并阻碍城市发展。城中村存在着包括道路拥挤、建筑高密度、公共绿地缺乏和市政设施规划建设不足等硬件问题，同时还存在事故和火灾隐患、犯罪率高、人员混杂等各种社会问题，因此从政府到地方社会，都将城中村作为"城市病"丛生的地区（蓝宇蕴，2005）。魏立华和闫小培（2005）指出，高犯罪率表明整个城市社会控制、社会结构、用于支撑社会运行的法律、道德维护系统出了问题，城中村是非正式经济、不稳定的低收入流动人口聚居区域，与其他城市社区相比，犯罪率更高在所难免。同时，空间形态上的"脏乱差"，只是城中村的冰山一角，城中村的真正问题在于流动人口的市民待遇不足（李津逵，2005）。在城中村地区各种"城市病"普遍存在，流动人口集聚也往往被认为是影响城市发展的破坏性因素。城中村是特大城市人口管理和服务压力最大的地区，也是城市管理争议最大、冲突最严峻、工作任务最重的地区。

(3) 城市新生

在另一方面，"城中村"对城镇化过程中的移民发展和城市生活又具有必不可少的积极功能。如同桑德斯（2012）在《落脚城市》中所描述,在具有自发性、高密度特点的落脚城市中,移民群体依靠社会支持网络建立起一套非正式制度,在促成个体向上流动的同时,还依靠资金和人口在乡城之间的流动,维系乡村与都市的紧密联系。落脚城市具有实现社会流动、帮助迁移人口适应生活等工具性功能,并使落脚城市在贫民窟的表面下快速变迁,有着转变为充满希望的"明日城市"的可能性。因此,落脚城市本身蕴含着城市生长和发展活力的关键因素。随着流动人口不断离开落脚城市、融入更广大的城市社会,部分城中村会更加衰落和贫困化,但也不能否认,城中村仍然是移民进入城市必不可少的中转平台。如果失去了这样的落脚城市,移民和城镇化过程就缺乏了具体发展的基础。中国"城中村"的很多特点实际上正具有"落脚城市"的特点和功能。

魏立华和闫小培(2005)也有类似的看法,认为城中村是流动人口"乡—城链式迁移"的重要环节,为流动人口从乡村人向城市人转变提供了过渡场所,帮助他们真正融入城市。城中村扮演着乡城社会流动的"中介"或"筛选器"的作用。作为人口迁移的过渡场所和中转平台,城中村不仅有助于移民进入城市,也能够帮助人口流出地的农村。迁移流动人口为家乡提供汇款和技术支持,有助于流出地家庭福利的改善,并逐步缩小城乡差距。作为直接吸纳大量乡城移民进入城市的载体,城中村中活跃的非正式经济对解决我国巨量的农村剩余劳动力就业发挥着无可替代的作用。同时,在我国高速城市化的过程中城中村作为一个中转和缓冲区,实际构成了空间与社会冲突的减压阀。这样的看法与城中村带来不同群体之间社会冲突的看法截然相反(张京祥、赵伟,2007)。

实际上,城中村为移民进入城市提供了基本生活需要。城中村提供了适宜低收入群体可支付的住房安排。这些农民建设的廉价出租房屋为移民提供了一种社会住房,实际上这些责任本应由政府提供(李津逵,2005)。魏立华和闫小培(2005)认为城中村构成了城市低成本生

八、城市病，还是城市新生？

活区，在市场和政府缺位的情况下为城市流动人口提供住房和基本服务。而当移民人口在城乡结合部和城中村社区集聚以后，还会形成一种地方性的支持网络，构成一种积极的社会资本，帮助流动人口获得就业（Massey，1990）。移民开展的一些就业和经济创业更倾向于招聘流动人口就业（张友庭，2014；王汉生等，1997）。这种社会网络和社会资本为流动人口提供了进入城市的生存和发展机会，使得城中村也由一个流动人口居住生活的过渡社区逐渐演化成为流动人口工作创业的发展场所，也使城中村从非正式的移民聚居区域变成一个活跃的社会经济生活的共同体。城中村所具有的积极作用还在于，城中村具有较低的土地成本和商务成本，降低了产业创新和优秀人才进入的门槛（李津逵，2005）。这种移民所具有的底层的创新性和竞争性，正是城市发展和活力的重要来源。

流动人口在城中村居住使整个社区的人口结构和社会结构发生变化。在城中村中，流动人口通过其努力改变生活地点的丰富实践，扩展出丰富的经济活动，带来社区的功能变化和转型，创造出新的社区生活形态，并在这个过程中推动城市不断更新、发展，支持了现代城市的形成。无论是在纽约下东区的果园街，还是伦敦的中国城，甚至是在发展中国家的印度、拉美和中国的一些移民聚居社区，移民从马路摊贩开始，逐步对商业活动和住房投资改造、发展公共活动空间，推动各种经济活动和社会服务不断成长，并创造出新的城市面貌。这样的新的城市生成过程，说明城中村本身具有促进城市更新的能力，这种能力恰恰就是移民本身的创造性。同时，城中村不仅对于外来移民是重要的发展平台，对于本地居民的福利提高也是有意义的，他们为本地居民提供了餐饮、娱乐、家居生活、五金维修等各种服务。城中村还构成了当地村民经济收入的重要来源，使得地方居民的经济收入增长实际上离不开大量的外来移民。

需要说明的是，在流动人口在城中村中不断改变生活地点的过程中，存在复杂的城市动态和利益关系。在城中村地区的人口活动"建构"着地方社会的利益共同体和社会共同体，这些社会网络支持了本地居民和外来人口的共生关系。而在另一方面又产生出（包括臆想出）本地人口和外来人口的矛盾。本地人口和外来人口不仅在公共服务获取和排斥上存在冲突，也存在歧视和反抗的内在张力。在城中村中，流动人口和本地人口一方面互相依赖，另一方面又不断产生利益冲突和社会冲突。但是无论是相互冲突还是相互依赖，都是新的地方社会共同体的发展过程。实际上，城市边缘的城中村不仅不是城市生活的边缘，反而恰恰是新城市成长的前沿，包括移民在内的各种社会主体不断调试交往模式和社会结构，共同建设地方社会共同体，带来社区的不断更新发展和新城市生活的逐渐形成。

2. 城中村社会治理的目标

在特大城市郊区的城中村，流动人口集聚和地方发展的相互关系包括两个方面的内容：一方面，随着流动人口集聚，城市社会问题和社会矛盾增加，表现为各种"城市病"的出现；另一方面，城中村中的人口集聚和经济社会活动也带来"新城市"的更新发展。因此，特大城市城中村社会治理就同时具有两个基本任务：一是对"城市病"的应对；二是对城市新生力量的支持。

对于前者而言，城中村社会治理包括两个目标：第一是"维护秩序"，在城镇化和人口集聚过程中维持城市生活和发展的秩序，包括环境秩序、社会秩序、交通秩序、法律秩序以及经济秩序等；第二是"提供服务"，满足本地居民和流动人口日益增长的生活和社会服务需求。因为实际上各种"城市病"本身不是外来人口集聚所带来的"社会疾病"，而是城市管理和服务不足所造成的结果，是"管理病""服务病"（任远，2015）。为应对流动人口在城市生活所产生

八、城市病，还是城市新生？

的就业、住房、教育、卫生医疗和环境环保等具体需求，需提供充分的公共服务和社会服务供给，加强设施建设投入来增强满足社区居民需求的能力，如此才能预防"城市病"。同时，通过进一步提高管理与服务的效率和质量，城中村的"城市病"问题才能得到根本解决。

对于后者而言，城中村社会治理也包括两个基本的目标。第一，促进对流动人口的"社会包容"。既然移民是新城市不断成长和发展的重要力量，那么就需要接纳和包容他们。这种社会包容不仅是移民逐步市民化和被城市社会所同化的过程，更是一个多元文化的共同成长和共同塑造城市的过程。通过对移民的包容和接纳，实现社会整合，并在这个过程中塑造共同的城市认同和相互信任。第二，支持移民的"创新创业"。支持移民对城市更新所发挥的积极作用，从而支持和创造出城市未来发展的可能性。需要基于流动人口集聚后带来的更加多样化、复杂化的经济活动和社会活动，促进基层创新，增强人口的发展能力，促进城市生活内在品质的提高和更新发展，引导社会经济生活的繁荣。

因此，特大城市城中村地区流动人口社会治理的根本目标，不应该是对城中村的流动人口数量和结构进行行政调控，以及对流动人口采取制度排斥，甚至是通过拆除城中村对流动人口进行驱逐。当前一些城市管理部门不能认识人口迁移流动和城市发展的内在机理，而只是从现象层面认为通过严格控制城市人口规模、排斥移民就能解决城市发展的困难，实际上是"药不对症"的，无助于城市的发展。从"应对城市病""支持城市新生"两个方面的任务来看，城中村地区流动人口社会治理需要加强城市的管理能力和公共服务供给能力，以及实现更加包容性和发展性的城市治理。这也告诉我们，城镇化不能单纯采取一种"摊大饼"式的扩展方式，城中村作为城镇化发展的前沿地区，需要从基层社区的土壤中由下到上地建设城市，将城中村整合纳入城市体系，才能实现良好有序的城市运行，提供优质的公共服务和民众的福利进步，支持新兴中产阶层不断成长和建设更加整合的社会，以及不断创造新的发展机遇促进城市更新和经济繁荣。良好的流动人口社会治理，实际上也是由下到上加强城镇化内涵建设的过程。

3. 对三个城中村社区的考察

为了考察特大城市的城中村社区治理需要重视什么基本要素，有什么不同的模式和特点，我们在上海周边郊区选取了三个村庄样本进行案例研究。上海作为东部地区起带头作用的特大城市，工业化和城镇化的推进速度很快，城市发展过程中土地利用变化、城市形态变化非常大，在城镇化过程中引发了城中村问题。特别是特大城市在城市化过程中吸纳了大量流动人口，以致流动人口主要分布在郊区和城乡结合部的城中村。这里构成了研究特大城市流动人口集聚和城市社会治理的理想区域。

本研究有目的地选择了三个各有特色的城中村，分别是宝山区的茂盛村、嘉定区的太平村和浦东新区的联丰村。选择案例的原因，并不是因为这三个城中村的流动人口社会治理比较成功，实际上在某些调研社区中流动人口社会治理还困难重重。我们选择它们，是因为这三个社区基本涵盖了特大城市周边城中村的三种不同类型。它们分别处于不同的区位，例如联丰村已经完全纳入了城市地区，茂盛村则在城乡结合部的边缘，太平村则是在城乡结合部的农村地区。这三个城中村也有着不同的特点、不同的形成原因、不同的流动人口社会治理的实施措施、不同的内部和外部的治理结构，以及不同社会主体发挥作用的方式和能力。因此，考察这三个具有差别的城中村，有助于总结城中村流动人口社会治理的差异性，以及共性的经验和有针对性的对策措施，从而推动特大城市城中村地区流动人口社会治理。

八、城市病，还是城市新生？

（1）不同的特点和不同的形成原因

第一个调研点是宝山区的茂盛村。这是位于月浦工业区内的一个面积较小的村落，基本上已经没有农地，全村仅有的农地主要用于种植一些生活蔬菜。城中村中的本地人口基本上都是老年人，本地劳动力基本已经在上海其他地区就业和购房。村落中有相对整齐的居民住宅，主要通过私人租赁的方式提供给流动人口，这些流动人口也主要在周边工厂中就业。

第二个研究地点是嘉定区的太平村。这是一个被广泛宣传的、具有样板意义的工业化村庄。城中村内有类实体型企业50多家，村企业主要涉及机械制造、服装、家电、建筑、装饰五大产业。2013年，该村的工业产值达到14亿元，实现税收2.1亿元，村集体能够支配的资金为1370万元。村集体具备强有力的经济实力，村委会可进行强有力的管理，因此他们在加强人口和社会治理方面积累了不少成功的典型性经验。

第三个城中村是浦东新区的联丰村。这是一个基本完成城镇化的城镇地区。联丰村目前只剩三个生产队，还保留了村集体的宅基地和部分村集体用地。有一些村集体经营用地通过集体公寓的方式委托中介对外租赁，村民则依托宅基地居住用房和违章搭建房屋对外租赁。由于租赁价格便宜，吸引了不少流动人口前来居住。经过长期的发展，城中村已经和周边社区融为一体，社区交错嵌套在周边街道的居委会中。很多城中村中的外来人口也已经居住了10多年乃至20年，成为事实上的当地居民。但是由于村庄住房的集体产权性质，他们的租赁实际上并不能得到法律的保障。当地外来人口居住在有证出租房屋的占25.8%，居住在违章搭建房屋的占65.6%。城中村中存在各种经济活动，城市经济和社会生活网络密切交织。据统计，这里有小型经营场所、小商户208家，但是其中在工商局注册登记的只有11家，其他197家为无证照的商户和经营场所，而且95%是由外来人口开办。城中村中基础设

未来的城镇化道路

施条件明显落后,和周边居委会社区形成显著的边界。也就是说,当走过某条街道时,就会从相对整齐的居委会进入城中村的混乱状态。城中村似乎构成坐落在城市街道中的一块破落的方块地区。城中村基础设施的落后是与村集体本身没有充足的经济能力和经费投入相关的,最近几年区政府提供了部分的财政补贴,才得以加强了这些区域的垃圾清扫环卫工作。另一个原因是,村集体由于对社区未来拆迁的预期不明朗,所以也没有计划对住房和基础环境进行更新。但是在这样一个似乎是陈旧破败的地区,却有着丰富的社会生活,如路边的菜场、生活用品市场、水果摊、热水房、浴室、理发店,而且周边临街的街道有着各种商店,特别是来自不同地区的餐饮服务商业。

这三个城中村形成的原因是有差别的。城中村总体上是由于工业化和城镇化"侵蚀"农村社区的结果。茂盛村是城市外迁的工厂形成的工业区,挤占了农业用地和农村社会资源才构成城中村。太平村是村庄就地工业化和就地城镇化形成的城中村,村办企业和外商投资企业租赁农村建设用地形成集体工业区,因此是在城市边缘的村庄通过就地城镇化和城市地区逐步接壤形成的城中村。集体工业区使得村集体的经济能力非常雄厚,而由于存在村办企业和村集体经营用地上租赁企业带来的用工需求,太平村通过建设标准化的宿舍为村办企业的工人提供住宿。联丰村则基本没有工业化支撑,是由城镇化空间扩展,使原来的农村地区通过征地转化为城镇地区,村集体入股的一些投资已经转化成为当地建设用地上的规范企业。在征地以后留存下来的城中村,似乎是城镇化扩展以后所剩余下来的一块"残渣",主要是村集体用地和个人宅基地基础上的各种"违章搭建"以及私人租赁。但是一个有趣的发现则在于,这里虽然不是由外部进入的工业形成的城中村,却由于城中村中不断涌出各种市场、小商业、餐饮等非农产业,形成了"城中村创造出了非农化"的现象(表8-1)。

表 8-1　不同城中村社区的特点和形成原因

	宝山区茂盛村	嘉定区太平村	浦东新区联丰村
城中村社区的特点	—城郊月浦工业区内 —基本没有农田 —流动人口在工业开发区劳动密集型的集装箱企业、运输企业就业 —村民的私人租赁	—农村工业化地区，强大的集体经济实力和村委会管理 —居民住房的私人租赁 —村集体建设企业职工住房	—基本完全城镇化，保留了小规模的村集体土地 —居委会和村委会交错 —没有村集体经营用地上投资兴办的村办工厂 —集体用房的公寓租赁 —在宅基地、自留地上较普遍存在违章搭建和私人租赁 —社区多样化，存在各种无证经营现象，有商店、小型服务场所等
城中村的形成原因	工业化郊区转移带动城镇化	农村工业化带动就地城镇化	城镇化空间扩展带动非农化

（2）不同的社会治理模式和实施措施

正是由于三个城中村具有显著不同的特点，其流动人口集聚和社会治理也形成了有差别性的典型模式，在具体实施中形成了不同的经验。

宝山区的茂盛村是一个"以房治人"的社区。城中村的私房原先分散在城中村的村民手中，通常租借双方只凭口头讲价。由于出租行为不经过正式租赁市场进行备案，也不存在租房合同对双方行为进行约束，故存在潜在的风险和纠纷。此外，由于外来人口流动性较强，作为出租方的房东往往不会对承租的流动人口进行把关（事实上也很难进行有效把关）。因此，城中村中往往由于门槛低、管理空而吸引一些违法分子，对社区治安造成隐患。在村委会和镇综治委的领导下，该村庄成立了住房管理站。住房管理站的工作内嵌在村委会的管理工作中，村委会成立规范私房出租领导小组，村委书记是第一责任人，主要责任人是村委主任和治保主任，由镇综治办成员和各村民小组组长共同构成小组成员。在"以房治人"的具体实施过程中，除专职的信息采集员外，社区民警、综治社保队员、护村队员、村民小组长、平安志愿者等都有义务提供辖区内人与房的精确信息。住房管理站人员有明确分工，并形成了层次明晰、责任明确的制度化组织体系。通过住房管理站设立信息采集员，通过村民、村庄协管员来提供和更新住房信息，统一租赁市场、建立房源信息档案，及时更新房源信息，同时建立房屋出租情况、出租人员信息档案，为住房租赁双方提供免费服务。村庄以住房为管理工具进行居住证管理、租赁管理、计划生育管理等，并依托住房管理站提供就业服务等。在加强村庄道路、公共厕所、自来水、路灯等公共设施基础上，住房管理站为村庄住房免费安装门禁、监控探头，对村民和外来居住人员发放门禁卡，实行封闭式小区管理，并将门禁和监控信息集中到住房管理站，从而提高城中村治安管理的能力，提高入住人员的安全感，也保障来沪人员的经济利益。村庄对住房租赁制定了"五不原则"，即不得将房屋出租给无合法身份证件的人员、从事违法犯罪活动嫌疑的人员、无固定工作和正常生活作息规律的人员、从事非法经营的人员和参与非法宗教的人员。杜绝违章搭建，通过本地村民讨论建立村规民约，确立村民在住房租赁上的权利和义务，然后由村委会和住房管理站与村民以签订承诺协议的形式来具体实施。通过"以房管人"的模式，茂盛村实现了村内"人口清、房源明"，改变了居住人员混杂、外来人口信息采集困难的情况。通过对流动人口的管理和服务，在满足居住要求的同时，开始逐步重视流动人口的居住质量和生活水平的提升，促进流动人口作为村居民对城市生活的融入。

嘉定区的太平村具有强大的集体工业和集体经济实力，村庄的自治能力较强，形成了"村党委领头、新村民委员会灵活自治、新村民积极参与的新村治理模式"，笔者将其归纳为"扩展的村民自治"。太平村将流动人口视为"新村民"，并纳入村治理体系。村党委下包括了8个

八、城市病，还是城市新生？

村民组党支部，也成立了新村民委员会。新村民委员会包括老村民、新村民和社区民警，其作用是解决城中村流动人口管理和服务的相关问题，消除新旧村民之间的隔阂，强调本村居民和新村民的相互融合、共同发展。在新村民委员会的70多个新村民小组中，有近一半是外来新村民。新村民在村庄中获得了一定的自治权利，新村民委员会的各小组长和委员会由新村民选举产生。流动人口具有了几乎和本地居民一样的选举权、被选举权、参与管理权、受奖励的权利，等等。新村民委员会建立流动人口管理信息台账，进行实有人口和实有住房登记，加强社区层面的住房、人员档案、参与党团管理等。太平村还成立了"太平家园"公众号，取消违章搭建，统一为村民出租房屋，对流动人口提供公寓式的租赁服务。新村民委员会和村委会、镇人口办有着良好的协调和联动关系。流动人口通过组织化的渠道参与村庄建设和管理，同时，公共服务设施如幼儿园、村民大舞台、图书馆都是所有村民共享，这些都增强了流动人口的社会认同、安全感和归属感。村庄各项事业得到新村民的积极配合和主动参与，以至于很多流动人口即使在其他地方找到工作，也不愿意搬离，而将这里作为他们的生活家园。

作为在城市建设区面积不断扩大中所"剩余"下来的城中村地区，浦东新区的联丰村社会治理的基本方式，可以被认为就是"加强行政整治"。通过镇人口办、民警和村委会三方合作，进行了一系列的整治实践，包括社会治安整治、信息登记、居住证清理、治安重点人群监控、交通整治、卫生整治、夜排档的整治，以及对流动人口子女教育入学的控制，等等。通过经常性的民警例会推动治安工作，新区和镇管理部门对民警的信息采集、处理违章、处理违法犯罪等工作例行监督考核。村委会的管理工作主要集中于治安防控、卫生状况管理等方面，为了便于掌握村庄的流动人口信息，村委会成立了治安协保人员的管理站。目前实现了24小时巡逻，白天由社区综合协管队员在采集信息的同时负责巡逻，晚上有保安队巡逻，村里的特保队在工作空当早午班巡逻。此外，村里设立了60人的平安志愿者团队，主要以房东、集体房的管理者为主，负责提供人员变动信息以及盗窃等违法犯罪信息给社保队员；村委还设立了14人的义务消防员，并配备有一辆小型消防车，每周组织一次训练。由于严格的人口管控、居住证信息清理和整治工作，该地区的居住证登记率还有所下降。在整治的同时，村庄也重视增加对公共设施的投入，例如给每个生产队配备公共厕所、公共垃圾桶。但总体来看，城中村的公共服务供给是相当薄弱的。严格的人口管控和行政整治仍然是这样的城中村管理的基本方案（表8-2）。

表8-2 不同城中村流动人口社会治理的典型模式和实施经验

	宝山区茂盛村	嘉定区太平村	浦东新区联丰村
城中村流动人口社会治理的典型模式	以房管人	扩展的村民自治	行政整治
城中村流动人口社会治理的主要措施	—成立房屋管理站，规范住房租赁市场 —依托房屋管理站实施五大管理 —村集体规划村民住房建设 —依托住房规范信息采集 —社区化管理和门禁系统 —依托本地村民的自治和村规民约抵制违章搭建 —将房屋管理落实到村委会管理工作中	—流动人口在太平村被认同为"新村民" —村委会下设立新村民委员会，新村民在村委会中发挥协同作用 —民主选举、共同管理 —内外联动 —对流动人口加强组织性 —完善村流动人口管理信息台账，进行实有人口和实有住房登记 —村集体建立"太平家园"组织，统一代村民出租	—进行镇人口办专项整治、市容整治、社会治安整治 —完善人口信息，进行居住证登记的清理、抽查、考核 —治保队伍和平安志愿者强化巡逻 —加强重点人群的监管 —整治废品收购 —通过教育入学等控制人口

(3) 不同的治理结构

通过分析城中村本地村民、流动人口、村集体、镇职能部门、周边企业在流动人口社会治理中的作用，以及各主体间相互作用，可比较三类城中村治理结构的不同（表8-3）。

表8-3 不同城中村社区的社会治理结构

	宝山区茂盛村	嘉定区太平村	浦东新区联丰村
社会治理结构的基本特点	平衡和协商的社会治理结构	村集体为主导力量的社会治理结构	政府行政管理是地方社会治理的主导力量
村集体在城中村社会治理中的角色	—村集体提供少量设施和服务 —镇政府提供配套支持	—村集体主导治理过程，依托集体力量提供高质量的公共设施和公共服务	—村集体配合政府行政部门进行管理和整治 —村集体行为逻辑具有两面性
城中村社会治理中的村民自治	—村民通过村规民约参与和支持村委会实现自我管理	—村民委托村委会集体进行自治管理	—村民在社会治理中几乎不起作用和"失语化"
外来人口和本地居民的关系	—通过本地村民的自主管理来管理外来村民 —吸纳外来人口参与具体事务	—外来人口一定程度上参与村民自治	—行政体制对于流动人口有很强的排斥性 —地方社区公共服务对外来人口有排斥性 —本地村民和外来村民具有很强的融合性
流动人口的自我组织	—流动人口缺乏自组织性	—流动人口缺乏自组织性	—流动人口的自我服务 —流动人口有较强的自组织性
企业和城中村治理	—企业和城中村治理结对子	—企业构成村集体经济和集体治理的来源	—多样化的经济组织和经济活动
城中村和政府综合治安管理的关系	—地方政府参与城中村的综合治安管理	—地方政府授权城中村自我安排综合治安管理	—地方政府直接介入城中村的综合治安管理

未来的城镇化道路

太平村由于集体经济实力较强，实行村集体为主导力量的治理。其公共服务设施和服务建设相对标准最高、内容最为齐全，包括百姓大舞台、卫生站、幼儿园、图书馆、道路、公共厕所、环境卫生等设施都非常完备。整齐的环境增强了村庄居民的凝聚力。村民将村庄治理的权利交给村委会，在日常事务的自我管理中，实际上缺乏相应的主动能力。村民的主要权利让渡给村集体，不能在宅基地上进行搭建，而统一通过村集体出租土地和建设太平公寓的租赁住房获得集体的分红，形成了对村委会的委托治理。相对于城市其他地区的外来人口缺乏任何权利，太平村流动人口的社会权利可以得到必要的保障，新村民参与民主管理和民主治理，具有相对平等的权利。但是流动人口自我的组织性却是缺乏的。本地村民和新村民基本上能够和谐共处，其相互的社会认同和社会整合总体上是在增强的。村庄中没有任何摆摊设点、破墙开店的基层生活自治服务的存在，从这个意义上看，城中村的治理是比较民主的。村集体对于村办企业运营也有相当大的干预能力，企业利润本身构成了村集体经济实力的来源，构成城中村社会治理的基础。在太平村的社会治理中，镇政府的直接介入很少，可以说是一个政府授权的社会治安综合治理，村庄社区本身已经有非常完善的电子监控体系，有治安管理力量，治理能力较强，村委会和政府形成顺畅的"上下联动、内外共治"关系。

在宝山区的茂盛村，相对来说并没有明显的主导力量，拥有比较平衡和协商式的社会治理结构。茂盛村村集体有一定经济力量，但是相对薄弱，因此除了对门禁和监控等治安防控进行投入之外，在河道疏浚、道路建设等方面的公共投入是不足的，而且在环境整治等公共事业项目中还需要向镇政府申请额外的补助支持。同时，村庄的居民则有一定的自主力量，茂盛村的私宅能够在一楼开设店铺，如棋牌室、餐饮、超市，这在以集体经济统一管理的太平村是难以看到的。虽然也有住房管理站这样的中介机构，但流动人口和本地村民的利益链是相对直接的。

八、城市病，还是城市新生？

本地村民通过村规民约形成自我约束，但是在村集体管理中排斥流动人口的参与，某种意义上是同村人口用村规民约来确定对流动人口的管理办法。在村庄管理的具体实施中，城中村也会吸纳流动人口参与管理，例如由流动人口担任信息员，流动人口代表也参与住房管理站的定期例会。由于集体经济力量的不足，茂盛村的城中村公共服务能力是薄弱的，很大程度上城中村成为周边工业区企业的住宿区，因此周边企业也通过慈善和公益的方式，通过"结对子"支持村庄的部分公共事业。城中村和镇政府的关系也是伙伴关系，与太平村所在的江桥镇完全委托村集体自主管理不一样，茂盛村的城中村治理包含了镇综治办和村委会的共同参与，在村庄其他公共服务事业中由于村集体经济力量有限，寻找职能部门的支持和参与都显得非常重要。可以发现，茂盛村的社会治理具有不同利益主体比较平衡、相互沟通协商协作的特点。

在浦东新区的联丰村，政府的行政管制是地方社会治理的主导力量，通过镇人口办、派出所民警和村委三方建立城中村整治的工作体系。各项专项整治工作是由政府组织开展的，政府通过对基层派出所民警的定期例会和抽查考评等行政方式推动社区整治，而村委会往往是配合相关的管理整治工作。村委会落实政府工作，开展信息登记和整治工作，但具有两面性，即村委会往往在整治之前就通知城中村中违反要求的摊贩等作出相应准备。村委会一方面积极落实人口管理，另一方面也帮助村中的流动人口子女在就近小学中协调名额，通过组织暑假班和兴趣班一定程度上帮助流动人口子女。村民在城中村社会治理中几乎起不到什么作用，不反对也不配合政府的各项整治。实际上村民通过出租私房在城中村发展中获得相应的利益，与承租户也有着良好的关系，但是若让他们为流动人口争取利益，例如给政府部门出具允许居住证挂靠的证明，他们又是犹豫和不参与的。村庄的集体经济薄弱，各项公共服务很难通过集体经济来供给，包括环境卫生、教育等，相当大程度上需要当地政府的支持。流动人口获得很少的社区公共服务，同时流动人口之间的商业贸易网络、社会交往网络、亲属和同乡网络却是非常丰富的，各种同乡会也相对较强地发挥功能。流动人口自我雇佣和发展各类丰富的商业活动，形成了相互支持的地方社会。更值得重视的是，在政府和集体社会服务供给不足的情况下，流动人口通过商业化的社会服务来解决自身问题，如城中村中有开水站、公共浴室、棋牌活动室。这些服务项目不仅服务流动人口自身，也为当地村民提供服务。但是，这样的流动人口地方社会很大程度上都是非正式组织状态的，当地政府对于城中村社会治理也只能依靠不断地加强整治、取缔和排斥来试图实现地方社会的秩序。

4. 城中村社会治理的出路

（1）社会治理的经验

不同城中村社区有着不同的特点和不同的管理、服务、公共治理方式。特大城市城中村地区社会治理有若干基本的经验：第一，加强政府的社会治安综合治理对于人口集聚的城中村地区社会治理是非常重要的，包括加强公共安全警力投入、加强包括环境卫生、路灯和交通道路等基础设施建设，强化人口信息登记和细化"两个实有"管理（实有人口管理和实有住房管理），等等。第二，村委会和地方社区虽然在不同的城中村所发挥的作用存在不同，但都对社会治理有基础性作用。有一个强有力的集体经济对于城中村治理是极大的支持。如果社区自身的经济能力薄弱，加强社区的资源整合能力也非常必要。第三，住房是城中村社会管理的重要杠杆。这并不一定意味着可以"以房控人"，更主要在于，住房是人口的基本生活需求，提供住房服务和依托住房完善管理和服务，更有助于找到城中村社会治理的着力点。第四，对于城中村社会治理来说，村民共同参与和建立村规民约也是非常重要的。与此同时，应该通过各种方式吸纳流动人口参与城中村的管理和社会治理，包括吸纳流动人口进入村委会的自治体系，实现更加包容的社区关系，如此才能实现共同治理，实现本地人口和流动人口的社会融合。第五，在城中村社会治理中，同时吸纳包括企业和各种社会力量的共同参与，例如通过住房完善流动人口信息登记、企业帮助提供信息数据、企业帮助提供资源，加强社会整合，如此才能形成地方社会治理的合力。总之，在流动人口大量集聚的城中村地区加强社会治理，需要加强政府公共安全和公共服务投入，但不能只是依靠片区警力，不能单纯依靠单一的政府管理；城中村社会治理也不只是政府和村委会的工作，需要依靠村民自治、社会参与，吸纳流动人口、企业力量和各种社会力量共同参与，必须依靠共同治理才能实现。正因为如此，城中村社会治理能够成为特大城市社会治理整体建设的重要组成部分。

（2）挑战和对策

特大城市边缘地区的城中村社会治理，一方面需要通过"维持秩序"和"提供服务"来应对人口快速集聚过程中的"城市病"问题；另一方面需要通过促进"社会包容"和支持"创新创业"来促进城市的新生发展。城中村社会治理的这四方面目标往往都被认为是难以实现的，其实现的困难表现在特大城市城中村地区流动人口大量集聚和完善社会治理面临内在矛盾。

在城中村地区"维持秩序"的困难，在于人口增长带来经济社会秩序、社会治安问题和环境交通秩序混乱等与地方政府管理能力有限性构成矛盾。从根本上说，城中村的社会秩序混乱是地方政府管理能力不足所导致的。那么，解决城中村"城市病"的根本办法，不是拆除城中村和限制人口，而是相应提高地方政府的社会管理能力。在某些城中村地区通过拆迁改造的办法"驱赶"外来移民，实际上是将社会问题转移到其他地区，是一种治标不治本的办法。因此，强化基层社会管理能力是城中村地区"维持秩序"的关键。在加强管理过程中，各种专项整治是必要的,更重要的则是需要形成常态化、制度化的治安守则、交通守则、市容守则、环境守则等,从而依法实施管理,并通过强有力的力量来保证实施,这样才能确保城市的秩序。在加强城市管理中,我们也发现科技进步对管理能力的提升总是快于集聚人口的增长。例如,茂盛村的住房电子门禁系统和人口信息库的建设,太平村则通过密集的电子监控维持市容和秩序。如果能够将企业数据、社会安全数据和实有人口、实有住房数据重新发挥作用,通过发展大数据和云平台,相关管理部门能够在日益复杂化的人口集聚中实现高效率的社会治理。

在城中村地区"提供服务"的困难,在于城中村地区公共服务需求增加和公共服务提供能力有限的矛盾。并不是所有城中村都像太平村这样有强大的集体经济实力,多数城中村由于集体经济能力不足、或者地方政府公共财政不足,难以提供足够的教育设施、卫生设施等,从而难以提供有质量的社区生活。而对于公共服务供给不足的问题,以减少人口来降低需求却未必可取,更科学的思路是增加供给。除了增加村集体和地方财政投入,加强城中村社会治理可以开放公共服务,允许和鼓励企业与社会化力量建设学校、卫生设施、环境处理机构、住房中介服务机构,加强流动人口的自我组织和自我服务,通过增加各种营利性和非营利性的服务供给来满足城中村不同群体的社会需求。联丰村的例子告诉我们,通过流动人口的自我服务也能够一定程度上解决公共服务供给问题,例如开水房、公共浴室和棋牌室。只要流动人口存在具体的需求,就可以通过开放服务市场或者开放社会组织的方式来满足公共需求。因此,"提供服务"的困难与其说是服务供给能力不足,不如说是对服务供给存在制度的限制。有的时候,城中村的公共服务体系建设未必然需要大规模推倒重建,很多公共服务设施和社会设施实际上只要很小的改善就能取得很大的效果。例如,在街角提供一个垃圾站和垃圾桶可能就能有效地改善脏乱问题,而并非一定要将制造垃圾的居民驱逐。一些陈旧的建筑和社区可能通过很小的改善,就能发挥良好的社区更新的效果。例如，通过建设一个路灯，可能人和人的交往、地方商业活动、公共安全就能发生很大改变。根据城中村居民的具体需要提供一些小的、渐进的公共服务改善，能够发挥出良好的社会效果。

从建设一个不断更新发展的新城市来说，在城中村地区实现"社会包容"的困难，在于城镇化过程中需要强化本地人口和当地社会实现共生性的社会整合，与城镇化过程中流动人口和本地人口存在居住隔离、交往隔离、制度排斥、利益竞争的矛盾。对于促进流动人口社会融合需要加强户籍制度和福利制度的改革，需要加强城中村社区更密切的相互交往和社会网络，也需要本地居民和外来移民具有更多的发展机会实现向上流动。社会包容其实涉及流动人口的社会权利问题，福利制度改革能够保证流动人口的社会权利，同时吸纳流动人口参与城中村社区的管理事务，以及类似太平村将流动人口纳入地方自治体系中，才能更有效地保障和实现不同社会群体的社会权利。同时，促进社会包容需要提供一些本地人口和外来人口相互交往、相互沟通的空间。例如，通过开放的百姓大舞台、孩童活动的草坪等能够有效促进公共参与和地方认同，通过地方媒体和互联网等现代技术应用，有利于创造出可沟通的城市，通过增强社会交往来增强社会融合。

导致大量迁移流动人口"创新创业"的困难，在于流动人口本身的流动性和非正式性，其草根性的创新创业活动与加强规范化的劳动就业管理、市容管理，以及城中村地区非正式的土地、住房制度形成矛盾。例如，由于村集体住房的集体产权性质，使得城中村的水果摊、小商品商店等无法办理工商执照，地方政府在进行各项专项整治维持市容的同时，实际上也制约了一些从底层兴起的创业活动。各种不能进行工商注册的小摊贩、黑作坊、黑餐饮等，有的是假冒伪劣和不利于健康的经营单位，是应该取缔的；有的则提供就业、满足地方社区需求，是当地社区不希望加以取缔的。因此，城市政府在加强规范性管理的同时，也需要有一个毛细血管机制将非正规就业、非正式居住和非正式保障的流动人口逐步吸纳进入城市发展和创新体系，并支持其创新创业的发展。城市总是希望在经济活动单位上设立一个门槛，如果达到门槛才能进入。其实，经济体系内在的产业链条对于各种经济或社会的需求是多样化的，是深入城市底端（甚至是深入"地下"的）。因此，需要有一个吸纳机制将在这个产业社会服务链条上的所有人口，包括快递员、餐饮服务、马路摊贩、社区卫生服务者等都逐步吸纳进入城市，有效地整合在城市体系中。这些非正式经济、非正式活动也有其内在的合理性。例如，为了城中村干净整齐而取消马路摊贩，看起来实现了很干净的社区，但丧失了城市的活力和丰富的生活内容。所以在某种意义上说，看起来最为混乱的联丰村却最具有城市的丰富活力和成长基础。对于马路摊贩来说，如果能够有一个服务公司将这些低端的非正规就业正规化，并进行一些市场化的竞争选择，逐步引入规则，通过形成多样的吸纳机制，创新就能生长起来，而经济社会的秩序也能够建立起来。包括家庭非正式的私人租赁活动，也能够由像茂盛村中的住房管理站那样提供中介服务，或者将其逐步转化为家庭旅馆。城市的低端吸纳和基层创新本身能够创造出新的发展机会，从而使城中村发展真正被城市体系所包容，并通过源于基层社区的创业创新活动，为人的不断发展和城市的不断成长提供可能。

因此，城市化过程中，特大城市边缘地区的城中村地区流动人口大量集聚，改变着城市的空间形态、人口结构和社会结构，增加了新的经济活动和社会生活。城中村的社会治理需要应对"城市病"，同时需要支持现代城市的"新生"。从这个视野来看，对于特大城市城中村社会治理，只是考虑严格控制人口总量是一种"头痛医头、脚痛医脚"的办法，而未必能够真正解决问题。流动人口大量集聚和城中村社会治理是复杂和困难的，但不能以人口调控和移民排斥为手段简单应对，这不仅无助于解决根本问题，而且伤害了移民城市新生发展的根基，不能根本上促进移民群体乃至本地居民的利益和福利，反而会激发社会矛盾，不利于城市的正义，带来新的社会问题。

城中村地区流动人口社会治理的途径是，努力维持秩序和服务，实现社会整合和发展。一方面，努力应对流动人口集聚所带来的城市病；另一方面，支持城市的成长和新生，实现正确、有效的社会治理是存在可行性的。世界范围的大城市往往都是吸纳大量移民的城市，应该乐观地相信移民所带来的城中村问题是有解的，移民和城市的未来是有解的。通过从社会治安管理过渡到社会治理，加强人口和社会的管理与服务，推动社会整合和社会融合，以及制度化地加强对流动人口的包容和支持，特大城市城中村地区可以改变"城市病"集中、社会问题和社会矛盾突出的表象，而逐步成为城市成长最有活力的地区。类似上海这样的特大城市，正面临快速城镇化过程中加强城中村社会治理的任务，需要借鉴其他移民城市的经验，也完全可以从实践中创造出成功经验为其他城市提供借鉴。

参考文献

陈映芳：《中国经验：城市中国的逻辑》，生活·读书·新知三联书店，2012年。

道格·桑德斯：《落脚城市——最后的人类大迁徙与我们的未来》，上海译文出版社，2012年，第34—38页。

房庆方、马向明、宋劲松：《城中村：我国城市化进程中遇到的政策问题》，《城市发展研究》1999年第4期。

蓝宇蕴：《都市村社共同体——有关农民城市化组织方式与生活方式的个案研究》，《中国社会科学》2005年第2期。

李津逵：《城中村的真问题》，《开放导报》2005年第3期。

李培林：《巨变：村落的终结——都市里的村庄研究》，《中国社会科学》2002年第1期。

任远、李含伟：《城市流动人口的居住住房问题和社会融合》（工作论文），

2014 年。

任远:《城市流动人口的居留模式与社会融合》,上海三联书店,2012 年。

任远:《关于特大城市人口综合调控问题的思考》,《南京社会科学》2015 年第 1 期。

田莉:《"都市里的乡村"现象评析——兼论乡村—城市转型期的矛盾与协调发展》,《城市问题》1998 年第 6 期。

王汉生、刘世定、孙立平等:《浙江村:中国农民进入城市的一种独特方式》,《社会学研究》1997 年第 1 期。

魏立华、闫小培:《中国经济发达地区城市非正式移民聚居区——"城中村"的形成与演进——以珠江三角洲诸城市为例》,《管理世界》2005 年第 8 期。

吴维平、王汉生:《寄居大都市:京沪两地流动人口住房现状分析》,《社会学研究》2002 年第 3 期。

吴晓:《城市中的"农村社区"——流动人口聚居区的现状与整合研究》,《城市规划》2001 年第 12 期。

张京祥、赵伟:《二元规制环境中城中村发展及其意义的分析》,《城市规划》2007 年第 1 期。

张友庭:《社区秩序的生成——上海"城中村"社区实践的经济社会分析》,上海社会科学院出版社,2014 年。

Massey, Douglas S. (1990). "Social structure, household strategies, and the cumulative causation of migration," *Population Index*, 56 (1): 3-26.

九 理想的人口规划

在城镇化快速推进和若干特大城市和大城市人口快速增长的背景下，城市的人口规划引起人们更多的关注。人口规划和城市的建设用地规划相互联系，因此不同城市在某种程度上对有着建设"大城"的内在冲动；而人口规划和城市公共服务供给又紧密联系，因此城市在另一个方面又具有"控制人口"的内在动力。人口规划需要适应城市人口增长的内在规律性，否则，确定了人口规划却很快被客观经济社会发展所突破，就会出现人口规划及土地规划与城市发展的不协调，这种不协调在人口规划过高的时候表现为土地浪费和空城的结果，而在人口规划过低的时候则出现土地供给不足和城市的公共服务供给不足。

城市人口规划需要回答的一个基本问题是，如何应对人口的增长集聚对城市发展和治理所带来的压力，实现有序、有效的城市发展和治理。本章中主要讨论三个方面的问题：第一，如何协调人口快速增长与城市的管理和服务能力的关系，妥善应对"城市病"；第二，在城市总体规划中，如何才能确定一个科学的人口规划作为城市公共政策的指南；第三，在人口增长过程中如何促进移民有效融入城市社会，实现包容和整合的城镇化。

1. 积极应对城市病

人口快速增长过程中城市管理和公共服务供给能力不足，构成城市化过程中突出的挑战，这往往成为城市"成长的烦恼"。这个关系处理得不好,往往会带来贫困、拥挤、失业、环境质量恶化、犯罪率提高等各种"城市病"。在外来人口集中聚居的城中村、城郊村地区,"城市病"表现得尤其突出。

城市管理部门往往将这些城市问题归咎于人口的增长。我们看到,在人口集聚和高度密集的世界级城市,从纽约、香港,到约翰内斯堡和圣保罗,有些城市克服了这些"城市病",有些仍然陷在城市发展和治理的困局中。从中可以明白,这些所谓的"城市病"往往不是人口集聚所造成的问题,而是包括规划、交通、教育、就业、福利等城市管理和服务能力发展不足的结果。交通的拥堵实际上不是因为人口和车辆过多,而是因为道路面积不足和路网规划不足,同时也因为交通管理水平滞后。将城市的诸多社会问题归咎于人口的增长和集聚,不一定是实事求是的。例如,统计数据似乎表明流动人口的犯罪率较高,但是犯罪率实际上不是人口流动的后果,犯罪率高的原因在于人口的年轻化、人口教育程度的低下、生活住区的贫困化,以及人口失业、家庭分离等(Tan and Ren, 2015)。

因此,有效的城市发展和治理需要正确认识"城市病"的原因。应对人口快速增长和城市发展管理的内在失衡,其关键仍然在于加强城市的管理能力和公共服务供给能力。

解决"城市病",首先,需要通过城市的产业升级和生产力进步提高财富创造的能力。城市作为增长机器创造出的发展机遇和财富积累是人口集聚的根本原因,也是城市增强发展和治理能力的物质基础。

其次,解决"城市病"需要通过财富再分配机制增强服务和福利的供给,落实城市管理的规范和法制,以及提高对城市运行质量的监管。过度偏好GDP的城市发展模式是存在问题的,城市发展需要提高公共服务和福利的供给,要求在公共财政中落实保障公共服务的责任。同时,增强教育、卫生、公共设施等公共服务供给,也可以通过推进社会开放性、吸引多元投资来解决。例如,教育面临的压力与其说是人口过

九、理想的人口规划

多带来人均教育资源不足,不如说是对教育市场的垄断和限制弱化了教育发展的潜力。如果能够开放教育市场,吸纳对教育的多元投资,就能够极大地提高对于教育的供给水平。基础设施、社会设施、住房、卫生等方面"城市病"的压力,实际上都是类似的。我们还应该注意到,城市人口增长过程中的人均教育、卫生服务能力、住房面积等指标实际上是在增长的。那么"城市病"实际上说明的不是福利和服务供给的不足,而是福利配置的不平等。住房、教育、健康服务等公共服务资源配置的不平等带来福利供给的压力,表现出城市运行的各种问题。

第三,解决"城市病"问题,需要通过技术进步提高城市管理和运行的效率,提高资源使用效率,以及开发利用新的城市发展资源。例如,如果实施更加科学的车流管控、发展大容量快速交通的轨道交通体系,城市交通拥挤就能够得到很大的改观;利用技术手段进行治安监控和预警、优化社区综合管理,就能够有效地帮助解决城市安全问题,提高城市秩序。

历史地看,城市管理和服务进步的能力总是会大于人口增长的速度,因此,在人口集聚中建设一个更高密度和更高质量的现代城市是有可能的。

将人口增长作为"城市病"的原因,偏离了城市是为人们的发展和福利提供服务的根本目的,错误地看待了人口和城市的关系。城市是人口生活在其中的城市,人的生活和福利是城市发展的目的,而不应该将人口的增加作为城市发展的"问题"。同时,人口本质上是城市发展的建设者,为城市成长和城市不断更新提供动力。人口集聚受到经济就业机会所推动,而人口集聚过程本身带来人力资源和人力资本的集聚,并通过社会交往创造出社会资本;人口集聚本身创造出新的创新创业机会,创造出社会生活,推动城市繁荣发展,进而继续吸纳人口迁移。集聚的人口是城市发展的主体性力量,在此过程中他们不断改变生活的地点,创造出新的城市,推动城市的发展。古往今来的城市,都是因为人口和产业的集聚，促进了集聚效应和外溢作用，从而推动了城市的发展和繁荣。因此，没有人口的增长和集聚，也就没有现代城市文明和城市社会。忽视和制约人口增长，实际上阻碍了人口对城市发展的积极意义。不少城市实施控制人口增长的发展政策，实际上削弱了对城市发展的创新创业作用，也会削弱城市的人才优势，破坏城市成长的内在机理，实际上与城市发展繁荣和福利进步是背道而驰的。

2. 科学的人口规划

在城市人口增长的过程中实现科学的规划和治理，面临的第二个问题是：如何能够确定一个科学的人口规划作为城市各项公共服务的基础。之所以说是城市各项公共服务的基础，是因为各项基础设施和公共服务的配置实际上都受到人口因素的影响，并相当大程度上依据人口数量和人均指标来加以配置。

因此，如何对城市未来确定合理和科学的人口规划是城市管理与规划者应反复加以考虑的问题。关于确立合理的人口规划，往往基于如下几个主要的讨论：一是人口向城市不断集聚是否超过了城市的承载力；二是对于某个城市发展来说，是否存在一个理想的人口规模；三是对城市人口未来变动态势的总体判断。对于城市总体规划的人口规划来说，需要综合衡量这些基本判断，得到一个科学的、指导性的发展指南。

实际上对于具体城市而言，人口承载力基本上是没有意义的。地球作为一个封闭体系，存在承载力的问题。一个国家由于发展的安全，人口承载力一定程度上具有意义。城市本身就是开放性的系统，能源、粮食等要素资源可以通过贸易途径得到解决，而且几乎没有一个城市是完全通过城市自身资源来承载其人口和发展。即使一些要素（如土地）是不能转移的，但是考虑到城市本身在空间演化过程中具有动态性，而

九、理想的人口规划

且城市的空间能够从立体层面上向上或向下发展,空间因素实际上也并不对城市的人口集聚带来本质性压力。

对于城市的理想人口规模来说,或者说是适度人口规模,一般的经济学模型认为城市人口集聚的初期会带来规模经济,而当人口增长到一定程度会带来累进的管理和技术成本,因此出现边际效益为零的顶点,就构成城市最优规模的上限。这个理想的人口规模,是坎南所提出的在静态体系下的最大收益点的最优人口规模(Gottlieb,1945)。而索维所提出的理想人口规模,则包括财富、就业、国家实力、健康、教育、资源环境等人均福祉水平最大化的人口规模。正如索维在"动态适度人口规模"的概念中提出的,理想的人口规模从一个长期尺度来看是不断变化的。城市的物质环境的变化、要素供给水平本身的变化、技术水平的进步、社会运行能力的提高、城市社会生活形态的变化等将会扩展最优人口规模的约束条件,并提高城市人口规模边际福利收益的上限。

也就是说,在静态观察下、在技术和要素约束下确实存在一个适度的规模,但是如果考虑到技术和管理能力的不断进步,城市适度人口规模的上限是在不断提升的。因此,如果我们能够实现一个稳定持续的技术进步,如果能够使城市的物质交换体系和运行系统得到持续提升,城市的远期发展在理论上也就不存在最优规模的上限。这也告诉我们,在一个动态变化的过程中不存在一个僵化的理想的人口规模。

以上海为例来考虑城市的适度人口规模,到目前为止,人口增长带来的边际经济产出和边际福利进步仍然是正的。也就意味着,城市人口在不断增长,而各项人均福利指标仍然在进步,那么上海仍然具有对人口继续吸纳的内在需求,劳动力市场需求中的"民工荒"和"招工难"一定程度上可以表现出城市发展对于劳动力的需求。当然,不同的福利要素和人口数量增长的关系表现出不同的函数形态,但总体上看城市人口在增长,人口增长的边际效用(或者说是边际福利)仍然在增长,城市未来的理想人口规模数量还应该继续增长。

城市理想的人口规模也具有动态的特点，往往随着技术进步不断提升。因此，城市远期规划所判断的理想人口规模，实际上是一个参考性概念，并没有多大的应用意义。正如桑德斯所说，人口有自发地实现适度人口规模的趋势。或者说城市的人口会不断增长，直到达到静态的要素条件所规定的限度为止。这也意味着，城市的人口增长在带来福利净损失的时候，会内生地产生出限制人口增长的机制。

需要强调的是，虽然从远期来看城市的适度人口规模是不存在限制的，但是并不是说在某个具体时点上城市的人口规模就越大越好。因为城市虽然能够不断地突破自身约束条件的上限，但是在任何具体时点上，城市却始终面临技术、管理能力和生活方式的约束。城市的人口如果过度集聚，超越了其约束条件的上限，会真实地造成对当前城市发展运行的制约，这自然要求城市在人口集聚过程中应该积极地促进管理和服务能力的提高。但是，在任何时期，如果静态地来判断城市理想的人口规模，都不会是无限的。需要结合具体情况来实施平衡人口集聚与城市发展和福利的关系的公共政策。

在城市总体发展规划中确立合理的人口规划，另一个需要考虑的重要因素是城市未来会达到多少人口。城市的总体规划应该基于对未来人口动态的判断，并以此来确定城市资源的规划和配置。

对城市未来人口发展态势进行预测具有很大的不确定性，人口的生育、死亡和迁移都受到综合因素的影响，使得对于近期的人口变动预测相对比较有把握，而对较远时期的人口动态变动是非常不可靠的。例如，对于2040年上海人口将达到多少人，基本还没有一个相对稳定的判断。实际上，按照首例城市将达到国家总人口的百分之多少来预测上海人口，是缺乏严谨的逻辑的，各种所谓科学的人口预测对于城市未来人口数量的判断也有巨大的差异。例如，在对上海2040年城市总体规划开展的前期研究中，复旦大学的研究团队基于经济增长的人口规模

九、理想的人口规划

预测对三次产业的比重变化进行了线性回归估算,再以该估算值对外来人口进行线性回归,结合人口自身的自然再生产变动,推算出上海2040年人口总量估算值在3 300万—5 100万之间(上海城市总体规划网,2017)。上海社科院研究组依据城市的不同功能,认为城市人口将基本在2 500万—3 000万之间。同济大学课题组的研究判断2040年城市人口在2 600万—3 600万之间。上海市规划设计研究院的研究结果是2040年上海人口总量会在2 800万—3 100万之间(杨心丽等,2016)。

综合这些研究,可以判断,到2040年上海的人口基本处于2 500万—5 000万之间,这个概率性的范围是如此之大,以至于对于规划的实施依据实际并没有多少意义。但是,如果说2 500万是城市最低也会超过的人口数,那么对城市未来以2 500万来进行发展规划定位、配置相应的管理和服务则是非常保守的。正如在2005年左右,上海希望将城市的人口在2010年控制在1 900万,而城市人口在2010年实际达到的是2 300万,因此,试图在一个1 900万人口的城市规划框架下容纳2 300万的城市人口,城市发展管理出现各种各样的"城市病"就是必然的。

城市的人口规划,某种意义上是城市各项资源配置和公共规划的基础。对于特大城市的人口规划来说,应该避免低估人口增长,在城市规划中,应该具有更高的锚,而不是更低的锚,这才有利于增强城市对人口增长的应对能力,有利于提高城市民众的福利。在严格控制人口规模的基本框架下,当前特大城市发展规划仍然相当大程度建立在一个较低的人口判断上,城市人口总量控制目标也设立在一个更低的人口目标上,二者相互强化。城市公共政策的制定存在相当大的不平等性,同时,当人口实际增长如果超过了人口规划目标,则会使得城市内部的不平等性进一步强化。

因此,我们需要避免低估城市的人口数量,并依据低估的人口数量和人口动态来确立城市的公共政策之锚。城市规划和管理部门需要将公共政策建立在一个科学的人口基础之上，建立一个更高的锚，而不是建立一个更低的锚。同时，建立一个更平等的锚，而不是形成一个差别性不断扩大的锚，才有利于不断缓解超大城市的"城市病"，并实现城市内部的和谐和城市的不断提升与进步。

合理的人口规划应该是在区域空间的人口承载、理想的人口规模和人口增长的未来态势间寻找平衡。对于一个开放性城市的人口规划来说，人口承载力并没有实质性意义。人口规划需要在动态的适度人口规模和人口增长态势中确定其发展的方位。如果我们看到中国城镇化过程仍然在继续推进，城市的经济将继续进步，技术进步和资源利用效率在不断提高，新的资源和能源得以获得和应用，那么，我国东部地区主要的特大城市仍然有吸纳人口推动城市经济社会发展的内在需求。过低的城市人口规划可能不能适应人口继续增长的发展态势，并可能导致低配的公共服务，同时不利于城市人口和发展服务的协调性，提高城市运行的脆弱性，并不利于城市总体发展的最优化。人口规划、城市发展和公共服务配置的内在失衡，可能会破坏城市的内在机理，在土地利用、公共服务配置和相关移民政策上会带来一系列不利的后果。

3. 促进移民群体有效融入城市社会

特大城市在人口快速增长的过程中实现有效的发展和治理，所面临的第三个问题是：如何促进迁移流动人口更好地融入城市社会，提高移民群体的生活福利和发展能力，构造出本地人口和流动人口的良好关系，从而在城镇化过程中促进社会整合，实现良好的城市生活和城市发展。

迁移流动人口进入城市以后，通过其血缘和亲缘的社会网络避免城市生活的风险，适应城市的生活。他们在城市多数是临时性居住和非

九、理想的人口规划

定居性迁移，往往集聚居住在城市边缘区和城中村地区，呈现显著的空间隔离和社会隔离。这种空间隔离和社会隔离一定程度上是移民进入城市的过渡形态，也作为"落脚城市"为移民提供了逐步融入城市的载体和基础。但是，空间隔离对于迁移者的社会融合却存在不利的影响。而且，由于迁移者生活社区缺乏必要的公共服务和基础设施，迁移者人口集聚进一步增加了公共服务供给不足对社会生活带来的压力，迁移流动者集聚社区的城市管理问题尤其突出。在经典的同化理论中，迁移者离开其移民社区进入城市，才真正实现他们和城市生活的相互融合。迁移流动人口在城市中遇到户籍制度等福利制度的排斥，因此往往难以获得平等的福利供给和公共服务。与此同时，迁移流动人口和本地人口的相互冲突表现得非常明显，迁移人口在生活方式和身份认同上并没有向城市居民转化。迁移流动人口处于城市生活的边缘，是城市体系的"他者"和"过客"。迁移者缺乏市民化和社会融合，构成城市发展和治理的突出社会问题。

迁移者缺乏社会融合带来城市内部的社会隔离和分裂，限制了迁移者转变成为新兴的中产阶级的发展机会，并阻碍了城镇化发展的动力。而城镇部门如果缺乏稳定的、高质量的劳动力，对技术人才的培养，对城市不断提高创新能力、不断实现经济发展是不利的。如果迁移者在城市中缺乏社会融合，会进一步限制他们在城市的稳定就业和长期居留，当他们劳动能力逐步减弱的时候，他们不得不返回农村地区，从而进一步增加农村发展的压力。迁移者缺乏市民化和社会融合，已经构成当前城乡发展的重要阻碍因素，不利于破解城乡二元结构，并可能构成一种发展的陷阱，制约城镇化的整体进程。因此，大量迁移人口进入城市，增加了城市提供管理和服务的压力，城镇部门同时需要采取积极的措施支持他们有效融入城市体系。

迁移流动人口逐步被城市接纳和实现社会融合是一个长期的乃至代际的过程。推动流动人口的社会融合，首先需要促进制度建设上对移民的逐步包容，包括基于居住地提供均等化的基本公共服务。其次，应该重视对迁移者的人力资本投资，促进其就业能力、知识技能、信息技术能力和发展能力，通过发展性的社会政策提高迁移者的发展能力，从而支持他们更好地融入城市社会。再次，在社会生活中，促进迁移者在城市中的社会交往，建设社会网络，促进社会参与，营造良好的生活社区，从而形成对城市的认同（任远，2012）。在这种参与性的社会融合过程中，尤其需要强调本地人口与迁移者关系的调整和塑造，本地人口与迁移人口形成和谐的关系是社会融合在生活世界的反映。迁移者与本地居民的密切联系和经济社会网络提高了迁移者的社会资本，有利于双方形成相互信任、相互支持的社会联系，也从根本上有助于实现一个整合的城市社会。

迁移流动人口进入城市，不仅是一个他们逐步融入城市主流社会的过程，同时，他们作为新进入的人口群体，改变地区的人口结构和社会生活，促进多元化城市的形成，从而在迁移者融入城市的过程中带来城市的不断更新和再造。应该意识到，移民不仅是被动地同化进入城市，他们基于其生活社区和落脚的城市，为城市生活带来新的文化和创新活动，改变了生活的地点和所在城市，并不断促进城市的新生，通过为城市塑造多元化来创造出更加丰富的城市生活内容。迁移者进入城市的过程促进了城市的发展繁荣，推动城市社会结构的重新构造，并在此过程中逐步实现市民化和社会融合。

迁移者进入城市，其生活空间构成迁移流动人口适应城市生活和在城市生活发展的基础，迁移者对生活社区具有依赖性和归属感，同时也参与和丰富着生活社区的社会经济活动能力。在另一个方面，迁移者居住空间和社区生活存在的社会隔离，与由于制度和市场因素带来的对生活社区服务的排斥结合在一起，对迁移者的社会融合带来挑战。因此，在人口迁移流动过程中促进实现社会融合和社会整合，需要在空间规划上促进基础设施和社区形态的更新，提供包容迁移流动人口的均衡化的公共服务，根据不同社区类型的多样性提供有差别性的社区提升方案，以及鼓励混合性社区的发展。

在迁移者融入城市的过程中，我们更强调户籍制度改革和相关的福利制度改革，这是具有基础性意义的改革任务。当前我国相关的迁移和福利制度改革仍然是滞后的。但是，人口迁移流动过程中促进社会融合，不仅要重视政府作用和制度改革的引导作用，同时需要社区生活的接纳，需要发挥社会力量的作用，通过社会参与形成社会共识，使得移民能够逐步构成城市生活的有机组成部分和能动力量。这个过程也是城市社会治理的发展过程。

同时，在迁移人口进入城市逐步实现社会融合的过程中，越来越需要重视迁移过程对家庭生活造成的风险和威胁，探索推动和支持家庭型迁移，从而依托建设稳固的家庭，支持迁移者的社会融合。由于缺乏制度接纳，我国城镇化过程中出现了显著的家庭分离问题。在人口集聚过程中出现了6 000万的留守儿童和3 500万的流动儿童。流动儿童进一步带动留守妇女，迁移者家庭中的留守妇女数量已经达到5 000万，破坏了家庭的稳定性，而家庭成员的分离使得流动人口难以在城市长久居留。家庭型迁移已经成为我国人口迁移流动的发展趋势，但是目前的迁移政策多数聚焦于劳动力迁移，缺少对迁移者家庭福利和家庭发展的相关政策引导。我们可以看到，迁移流动人口的居住住房不能得到满足，流动人口家庭的教育面临诸多困难，甚至一些城市还将教育作为排斥性移民的工具，这就产生出更加严重的问题。第二代移民难以融入城市，将深化城市发展的社会分裂，为城市未来的持续稳定发展带来威胁。流动人口家庭婚姻维系困难，没有办法结婚或者是结婚后面临家庭分离，都增加了犯罪风险和社会安全风险。同时，我们也发现迁移者中的老年人口数量也开始增加，但是他们难以享受城市的福利。而实际上老年人口随着迁移者迁移，会促进家庭年轻劳动力的市场参与率。因此，在人口迁移流动和城市人口增长的过程中，应及时地将迁移政策从更关心劳动力迁移扩展到更重视家庭福利政策，更重视迁移者的家庭福利，这应该成为完善城市移民治理的发展方向。

城镇化意味着人口的增长和向城镇集聚，城市人口增长对城市发展和治理带来诸多挑战。我们仍应乐观地看到，城市的人口增长是城市化过程的结果，同时也带来了解决城市问题的出路。在城市的老龄化水平上升、生育率下降的过程中，替代性迁移的作用本来就支持了城市人口结构的改善。城市的人口集聚构成城市发展活力的源泉，促进了城市的不断创新，人力资本集聚和积累作用构成城市社会的发展引擎。而城市人口增长的集聚效应和外溢效益，也会促进城市的产业投资、基础设施投资和社会投资，从而支持城市的持续繁荣。

面对人口增长和集聚的挑战，城市部门有必要、有能力实现有效的城市发展和治理。人口和城市发展的各种挑战与内在关系给我们的启示在于：对特大规模城市的有效管理和服务是为城市居民提供的管理和服务，并因此适应人口变化和促进居民的福利进步。特大城市实现有效治理从根本上依赖于经济产业的转型和升级，依赖于社会分配和福利体系的平等化，依赖于技术进步。城市的人口规划和公共资源的配置应该充分预判和适应人口的增长，提供足够的公共服务。同时，在人口集聚和城市发展的关系中，应认识到移民与城市的有机联系，才能更好促进建设以人为本的城市，建设一个公平正义的城市，建设一个福利进步的城市，建设一个包容的城市。

参考文献

任远：《城市流动人口的居留模式与社会融合》，上海三联书店，2012年。

上海城市总体规划网：《资源紧约束条件下的城市规模（人口与建设用地）多情景预测与应对策略研究》，2015年5月18日，http://www.supdri.com/2040/index.php? c = article&id = 217。

杨心丽等：《基于经济增长的2040上海市人口预测论证》，《中国名城》2016年第6期。

Gottlieb, M. (1945). "The theory of optimum population for a closed economy", *Journal of Political Economy*, 53 (4): 289-316.

Tan, Jing and Yuan Ren (2015). "Will migration worsen urban safety? Empirical studies in Shanghai", in *Kinder Institute for Urban Research Working Paper*, No. 2015-05.

包容性城市社会

在世界主要城市的发展历程和当前运行中,我们都能看到移民和城市成长的紧密联系。移民进入城市生活发展,基层社区便构成了基本的社会生活空间和行动场域。城市化不仅是移民被动地被吸纳进入社区生活的过程,同时他们也主动地参与社区生活,改造其生活的地点,构建出富有创新力和新面貌的城市生活。不断更新的社区生活因此构成不断成长的城市社会的有机组成部分。

1. 迁移者不同类型的社区生活

上海的历史就是一个移民城市的发展历史。从19世纪中期到20世纪上半叶是上海第一波人口大迁移和城市发展的时期。20世纪80年代改革开放,特别是20世纪90年代浦东开发开放到现在,是上海第二波人口大迁移和城市快速发展时期。

由于户籍制度的限制,大量非户籍的迁移流动人口是改革开放以来上海城市移民的主体。这些迁移流动人口主要集聚在城市郊区。从移民的相对分布,也就是所在乡镇街道中迁移流动人口比重和在全市人口中迁移流动人口比重的比值来看,移民也主要分布在城市边缘的新城地区和一些新工业地带。

目前上海常住人口中的非户籍迁移流动人口数量大约有1 000多万,他们根据自身的经济收入情况、就业区位和教育水平,分布在不同类型的城市社区中。根据我们在2014年的研究,有27.4%的移民居住

十、包容性城市社会

在新商品房社区（包括别墅型社区）；12%的人居住在老城市社区；21.7%的人居住在农村集体产权社区或城中村社区；37.4%的人居住在农村社区；还有部分移民居住在企业提供的公共宿舍和集体宿舍中。这也说明迁移流动人口本身也出现相当程度的分化。城市部门基本不能为流动人口提供公共住房供给，使得各种私人租赁和非正式租赁成为他们的主要居住形式。

在不同类型的生活社区中，移民的社区生活形态有着不同的特点。不同社区的基础设施条件不一样，迁移流动人口的生活模式和社会交往网络不一样，流动人口和当地社会的关系也存在不同。例如，在新商品房社区的移民，其教育水平、白领比例、进入各种社会保障体系、自有房的比重更高。城市新商品房住区中本地人口和流动人口混合居住，相互之间并没有特别的排斥性。而在社会阶层较低的旧城市和城中村社区，形成大片流动人口集聚的社区，造成流动人口所居住社区的低端性和贫困化。本地人口不愿意和流动人口居住在一起，往往还形成一些社区区隔的现象，本地人口与外地人口的相互排斥性和歧视性实际上更强。

移民进入城市的年份不同，他们在城市居住的空间形态也会发生变化。从移民进入城市1年、5年以及更长的年份看，移民居住在农村社区和城中村社区的比例是下降的，比如说迁入城市1—5年的移民有28.5%居住在城中村社区，而在城市生活超过16年以上的，居住在城中村的比例只有13.3%。居住在别墅区和商品房的移民的比重随着进入城市时间的增加而增加。通过比较居住在1年、1—5年、5—10年、10年以上的流动人口的居住情况，我们看到流动人口居住在宿舍工棚的比重在下降，而社区混合性居住则有所提高。这也说明了随着他们在城市生活，他们正逐步地融入所在城市，或者有更强的意愿融入所在城市（表10-1）。

表 10-1　移民进入城市不同时间后的居住社区类型

迁入年数	农村	城中村	老城区	集体宿舍	别墅区或商品房社区
1—5	34.8%	28.5%	9.4%	6.5%	20.8%
6—10	35.0%	22.9%	11.5%	1.7%	28.9%
11—15	32.4%	20.5%	10.5%	1.5%	35.1%
16年及以上	26.1%	13.3%	10.4%	0.4%	49.8%

数据来源：根据研究组 2014 年对上海流动人口研究资料整理而得。

2. 逐步融入所在的生活社区

移民融入城市首先是融入其所居住的社区，不断增强他们所在社区的归属感和社会认同。城市融合不仅是一种对城市生活的适应，也不仅是社会同化理论所强调的移民被动地接受所在地区的文化规范，逐步从外来人口成为本地人，同时也是一种本地人口与外来人口共建社区生活的主动过程和交互过程。

多数研究说明，迁移流动人口融入城市是一个渐进的过程，随着他们在城市生活时间变长，他们将逐步融入城市。经济融入相对比较容易，但迁移人口的社会融入、心理融入往往需要更长的时间，甚至要通过几代移民的努力才能实现。

移民在城市社区中的社会融合是一个经典的研究问题。对于社会融合的衡量方法也有相当多样的研究。笔者在最近的研究中，提出了通过移民的身份认同、对未来的预期、本地人口和外来人口的相互交往、外来移民所感受到的社会态度这四个方面来衡量大城市移民的社会融合问题，并据此提出了影响移民社会融合的三维框架，即"制度因素-个人发展能力-社会资本建设"（任远，2012）。

首先，制度因素中的户籍因素在中国对于移民的社会融合具有相

十、包容性城市社会

当显著的影响。户籍制度及依托在户籍制度之上的社会保障、教育、卫生等各种福利,是形成各种社会排斥的一个制度根源。户籍的身份性差异造成移民在城市生活的异质性。制度因素关系到流动人口的民事权利、社会权利和政治权利。迁移流动人口在经济就业、融资安排和发展创业上存在制度限制,在教育、卫生、住房和保障上的社会权利存在差异,以及在政治权利上流动人口不能进入地方自治的体系、缺乏选举权和被选举权,这些都限制了移民群体市民化的完成。

其次,移民的个人发展能力也影响移民更好地融入城市。正如同我们所见的,更高社会阶层的移民实际上具有更高的社会融合能力和身份认同。移民如果有更强的发展能力,更高的教育程度,更高的职业地位,更强的企业家精神(比如他们更熟练地使用电脑掌握信息等),都有利于他们融入所在的城市和生活社区。因此,针对移民的教育培训和能力培养,对他们提供就业和创业方面的支持,对于社会融合非常重要。实际上,在当下的城市,我们在教育、就业、创业等关系到移民发展的诸多方面仍然有不同的壁垒,这样的发展机会的不平等性对于移民的融入发展是不利的。

再次,移民的社会网络和社会资本对于移民的社会融合有重要影响。多数研究已经说明社会资本对于移民生活的作用。而实际上,移民的社会资本具有两种类型:一种是迁移流动人口由于血缘和同乡所形成的首属的社会网络;一种是流动人口在当地社会形成的社会关系和社会网络。我们看到,当移民找工作、遇到困难时主要还是寻找同乡亲戚等社会网络的帮助,实际上并不利于移民发展出本地社会认同,也不利于移民真正融入当地城市。相反,移民如果与当地居民发展出更加本地化的社会关系网络,或者说是本地化的社会资本,这种本地社会网络的社会资本对流动人口社会融合的作用将更加有效。

这也启示了移民社区生活形态的封闭性实际上并不利于移民的社会融入。各种同乡居住的生活社区,如"浙江村""安徽村"等移民社区，以及同业专业市场所形成的紧密社区，能够在基层社区中帮助流动人口紧密团结和解决其基本生活需要，在移民进入城市的初始阶段能够帮助他们生存和提升认同感，但是却不一定能有效帮助迁移流动人口融入城市。研究表明，迁移流动人口发展出更加本地化的社会关系，与本地居民具有良好的相互关系和相互交往以及更密切的社会网络，对当地的社区组织和社会活动有更多的参与，有助于培养与本地人口的共同利益和相互信任、相互接纳关系，有利于流动人口融入当地社会。

改变迁移流动人口生活社区的封闭性，发展更加混合的居住社区，对于移民的社会融合是有作用的。但是，思考流动人口在城市的逐步融合过程，有的时候我们还需要跳出流动人口所在社区的狭隘空间来理解。生活社区不仅是流动人口融入城市的基本生活空间，同时也构成帮助流动人口进一步融入城市的载体和中转平台。桑德斯提出"落脚城市"（Arrival City）的概念，认为流动人口往往在落脚的城市社区进入城市，并随着他们和所在城市的关系加深而逐步离开落脚城市，融入城市有机体系。这样的落脚城市似乎看起来是一种空间上的隔离和排斥，但是实质上构成了移民进入城市和逐步融入城市的机制。以至于在移民和城市发展的关系中，移民日益融入城市和促进城市发展，但可能作为流动人口融入城市的中转平台的落脚城市却显得越来越贫困和贫民窟化。但是，其帮助流动人口融入城市的重要功能却是难以替代的。

即使在上海这样的巨型城市周边的城中村和城郊结合部地区，我们也能发现这些外来移民集中的孤岛性的移民社区。我们有时候觉得这是一种社会隔离和各种"城市病"集中的地方，甚至我们觉得这些生活社区基础设施太差而要简单拆除掉这样一些生活社区，这样做反而破坏了流动人口融入城市的中转平台，根本上不利于流动人口融入城市社会。当然，这也提示城市的公共投入需要更重视这些边缘社区的生活和运行，使其更好发挥移民服务和城市发展作用。

3. 逐步参与和改变生活社区

流动人口不仅是被动适应所在社区的生活，同样显著的是移民主动创造生活社区内的社会关系、社会网络和经济活动，带来所在生活社区的功能变化和发展转型，并因此带来城乡社区的发展和成长。

移民进入社区以后改变了所在社区的人口结构、经济活动内容和社会生活内容，从而带来了社区的功能变化和转型。在城市郊区和农村社区中，一些本来是农村居民和农业活动为主的农业社区，随着地区的工业化发展，使农业用地逐步转变为建设用地，地区的就业机会增长推动了人口迁移。本地村民可能逐步迁移到镇区和城市中心，而大量外来移民进入村庄周边的工业工厂，在村庄中租赁居住。在这样的人口迁移过程中，社区的人口结构发生了显著变化，以至于在某些镇村流动人口是本地人口的几十倍、上百倍，流动人口日益成为生活社区中的主体。伴随着这样的人口过程，城乡社区在不断改变和重新构造着新的经济网络、社会关系网络和社会结构，社区的结构和功能以及社区社会组织模式都在发生相应变化。

移民在其生活社区中，通过自身活动也在不断改变生活的地点，带来城市社区的不断更新和发展。我们在城郊结合部的一些城中村地区调研发现，农民通过搭建住房出租给外来移民，外来移民通过租赁这些较为便宜的住房，在周边地区寻找发展机会。这些发展机会可能是一些小的杂货商店，可能是各种各样的餐饮，而这样的一些地区性经济活动也从马路摊贩、从难以注册的非正式企业、从非正式住房逐步向上发展，成为较为正式的餐饮、企业和生活社区。移民通过参与所在社区的生活和发展，逐步从一些破败的城中村地区形成具有生命力的新城市生活的萌芽。

移民在参与社区生活的过程中，也发展着和当地社会的内在联系，建设起服务自身的生活设施，如开水站、澡堂等。移民本身也在此过程中对自身的住房进行投资，使住房的质量得到提高，使住房和住房之间的公共地带形成良好的环境。在这个过程中，我们可以看到移民在城市社区中的具体活动，同时促成了生活社区的成长和自我更新。移民对所在社区的参与和改造，本身也创造出巨大的经济空间和社会发展的可能性。实际上，在城市郊区的城镇化过程中，一方面看到城镇化郊区蔓延扩散推动了农村社区日益转向城市的过程，另外我们也看到移民和当地居民通过建设所在农村社区，不断推动社区更新，也同样推动了农村社区逐步转向城镇生活，形成了一种自我发展的城市化过程。

移民参与社区生活和不断改变生活地点的过程，恰恰体现出移民生活的创新性。这样一种基层创新正是创新性城市活力的重要来源。我们对于创新型城市建设往往强调技术创新和高端创新，实际上迁移移民的各种城市基层的创新模式，也是大众创业、万众创新的重要组成部分。移民社区本身就是创新精神和创新基础所在。例如，我们可以从城市中的国际移民社区中看到一些富有特色的城市新兴社区的生活形态和居住空间，国内迁移流动人口实际上也在不断丰富着城市有机体的内容。伴随着移民所积累的各种地方特色的手工业、商业贸易地方性渠道、地方文化等，都成为城市新兴经济的发展元素，构成城市成长的重要资源。移民对城市带来的多元文化和多样性发展潜力，构成创新创意和具有生命力城市的最大优势。同时，移民社区往往有较低的土地和商务成本，能够支持形成具有竞争力的创新空间。

讨论上海如何建设创新城市和如何拓展其动力，如果我们能够有一个更加开放的心胸，提供均等的发展机遇，我们可以看到城市中的新的企业家、新的企业和新的发展可能性将随着移民过程不断成长。在这个意义上，如果我们能够给移民更多的包容和机会，移民也有可能给城市培养出新的"马云"和贡献出更多的惊喜。移民本身所伴随的创新性是城市创新的重要力量，本身构成了改变生活社区面貌、推动城市发展的巨大力量。

4. 建设更加包容性的城市社会

观察移民和城市社区的关系，我们看到，流动人口进入城市以后一方面不断地融入所在的生活社区城市，生活社区构成了移民逐步融入城市的生活平台和空间载体；另一方面，移民也不断改造其生活社区，并因此改变和建设所在的城市，促进城市的成长和更新。

因此在城市化过程中，从促进城乡社会整合和城市不断发展的角度出发，要求城市部门采取一种更加包容性的移民和发展政策，构造出积极的移民-社区关系。使得大城市移民增长和流动人口不断进入城市以后，和城市的不断成长构成一种和谐和相互促进的关系。对于这样的更加包容性的移民-社区关系的构建，应该包括以下几个方面的内容。

第一，在移民-社区关系的构建中，需要有包容流动人口的基础设施建设和社区形态更新。

通过社区发展来建设良好的移民-社区关系，首先是社区的基本设施建设和基本公共服务体系的提升。应对流动人口的增长，在社区更新和社区形态建设中要考虑流动人口的数量增长、基本生活和具体需求。流动人口集聚带来的污染、治安、拥挤、火灾等"城市病"，其主要原因还不是迁移流动人口所造成，更主要是对城市社区的公共物品供给能力不足。例如，社区内路灯的改善，能够改善社区的治安，还能够改善社区的商业和公共活动空间。垃圾处置、河道的基础设施改进，都有利于社区生活环境的改善。

社区的更新和改造需要考虑到人的具体活动和需求，使社区公共设施的建设和社区人口增长相适应，社区的空间安排需要适应不同人口群体的活动。例如，随着流动人口数量增长带来了对学龄前儿童教育、人口卫生保健的需求，增加了环境环卫的需求，以及基本生活服务的需求，都要求在教育、环境、道路等基础设施和社会实施上有相应的进步来适应人口的生活需要。

当前的社区建设往往根据本地人口的数量来配置资源，包容性的城市发展越来越需要按照常住人口来配置公共服务，使具有较多外来人口的社区有能力进行基础设施和公共服务的改善。这样的一些公共服务设施的建设需要地方政府和社会力量有相应的投入。

移民生活社区改造的一个突出问题是棚户区和贫民窟的改造。现在很多城市建设往往用推倒重来、拆除重建的办法进行社区更新，这样的方式很大程度上会损害包括流动人口和本地人口在内的经济社会网络，并破坏了移民群体融合社区发展的基层载体，而且实际上也未必符合包括移民和本地居民在内的具体利益。社区的建设需要更加重视在已有的基础上进行形态和功能更新。通过更加包容性的社区形态更新和社区发展的功能提升，在社区整合和融合发展中创造可能性。

由于流动人口居住社区类型的多样性，以及不同类型的流动人口和生活社区发展，应该有差别性的社区提升方案。在流动人口较多的城中村地区和大型居住区地区，城市的基础设施和公共服务供给尤其不足，这些地方的社区基础设施建设和公共服务供给尤其需要加强。同时，社区规划和社区发展中也应该鼓励混合型社区的建设。努力破解社区隔离，实现基本公共服务供给的共享，创造相互沟通、相互支持的环境。

第二，在移民-社区关系的构建中，需要有包容流动人口的制度改革和体制建设。

流动人口在城市中仍然面临各种各样的制度排斥，限制了其在城市社区的社会融合和生活发展。帮助移民实现社区融合及实现城市的内部整合，需要推动更加开放、公平的制度改革和体制建设，帮助流动人口更好地融入社区，更好地在社区中得到发展。

推动户籍制度改革及和户籍制度相联系的福利制度改革是必要的。

十、包容性城市社会

流动人口有更完整的社会保障、医疗保障、住房服务，会帮助他们更好地适应城市生活，并发展出对城市的归属感和认同感。只有形成一个更加强调包容和吸纳的制度建设，而不是强化制度的隔离和排斥，积极性的移民和城市社区的关系才能够得到建立。例如，我们不应该秉持以房控人的计划，而应该扩大公共住房的服务，为流动人口群体提供住房公积金的建设，帮助流动人口在城市有序地沉淀下来。在制度改革中也需要出台一系列促进教育、促进就业、促进住房、促进保障的政策措施。

地方政府经常希望通过控制公共服务的均等化供给来限制流动人口进入城市，但是实际上流动人口进入城市是受到经济、就业机会和收入提高的预期激励的。控制户籍制度改革和福利体制改革将会造成人口集聚与福利差异的扩大，造成人口城镇化增长和"人的城镇化"不足的矛盾的扩大，将积累起城市内部不平等和社会冲突的萌芽。特别是随着新生代农民工已经更加长期化地居住在城市中，他们对于城市体系的制度改革有着更加强烈的需求。他们中的相当多数已经和农村农业生活体系日益脱离，在城市中即使失业也难以回到农村。因此，推动制度改革来减少社会分化和不平等已经显得越来越迫切。

在推动移民在城市社区的制度接纳过程中，除了宏观福利制度建设，更需要有一种毛细血管性的体制，将非正式的就业和经济活动逐步制度化、正规化地吸纳到城市体系中来。流动人口进入城市的初期往往是草根的、非正规性的就业和非正式的居住，因此如果简单地禁止和排斥，不仅会损害流动人口的生活和利益，也会损害基层社区居民的需求。例如，各种马路摊贩具有一定的违反市容管理、缺少质量监管的不合理性，一些商业服务业基层创业如水果摊、蔬菜摊贩、面馆、小型超市等也缺乏必要的注册资质，但是这些基层创业活动也有着存在的具体需求，这些蔬菜、简单日用品等服务也构成基层社区生活服务的有机组成部分。但是，让这些摊贩小店进行正规工商注册不仅具有很大的成本，而且实际上工商部门也由于户籍、注册资金等等条件，限制了流动人口对各类基层工商业创业活动的注册。当前城市部门对于流动人口在城市的经济活动按照规范管理的要求提供"堵"的机制，但是对基层创业活动进行规范化管理的前提是要能够对基层创业活动提供更加开放的鼓励和吸纳的机制。例如，对部分经济活动按照社会需求评估，提供免交工商注册费的登记服务；对群租住房加以管理的同时，也需要同时允许发展规范的家庭旅店、住房中介来进行适应流动人口居住的租赁住房服务。

我们强调大众创业和万众创新，应该看到移民实际上是城市中极具创新活力的群体。移民在城市基层的创新活动，往往正是他们努力适应城市和成为城市建设者的重要途径。在流动人口进入社区以后的创新萌芽阶段中，提供各种制度性的帮助和吸纳，逐步引导、支持其制度化和规范化，不仅能够帮助流动人口融入城市体系，也能够促进未来城市新兴企业家的成长。

移民和社区的治理体系，本身是现代城市基层治理的末端，也是现代城市的边缘。移民在城市中生活发展，不仅需要宏观制度创新，更需要微观制度创新。通过建设毛细血管式吸纳机制，才能使城市社区成为稳固的基层单元，并逐步将移民过程整合到社区和城市发展中。

第三，在移民-社区关系的构建中，需要推进包容流动人口的社会建设和社会治理。

随着流动人口进入社区，需要加强基层社区人口管理的能力。包括对流动人口的登记注册，整合流动人口相关信息，提供健康和技术生育服务管理、公共安全管理、食品安全管理、道路市容管理、就业管理等，通过不同部门管理的合力，综合解决流动人口集聚对于城市治理的多样性挑战。

法制化、规范化应该成为对流动人口管理的基本准则，通过各种住房管理法规规定、工商业活动经营注册法规规定、市容管理法规规定等

十、包容性城市社会

维护城市社区生活的治理，维持良好的基层社会生活。信息化的发展进一步强化了基层社区管理和服务的能力，通过社区内不同管理服务单位之间的信息共享，提高管理和服务的效率。例如，上海正在将城市的网格化管理进一步信息化，通过呼叫中心和微信应用，能够对社区生活的各种问题及时报告，由社区中心向职能部门提供服务。管理流程的规范化和管理技术手段的进步，有助于提升大量流动人口集聚的管理效率。

应该认识到，对流动人口的社区管理本质上也应该有着服务型管理的视角，管理的本质仍然是为流动人口生活和发展提供服务，促进其有效融入社区，积极参与社区生活，实现社区整合，推动实现社区整体福利的进步。

考虑到移民在城市社区的排斥性和出现的各种社会问题，在世界范围内的很多城市都实施了以社区融合为导向的社会发展计划。通过社会机制为流动人口多样化的需求提供服务，引导社区发展，并在此过程中促进社区整合和社区共同体建设。例如，香港民政部门开展对内地新来港人员及少数族裔的支援计划，引导他们更多地参与社区活动，帮助他们尽早地融入社会。这个计划包括在社区中为对少数族裔和新来港人员提供适应课程、家庭和妇女互助网络、工作培训、义工服务、家庭照顾和健康教育的知识教育、基本服务，以及提供社区参观活动等。

在相当大程度上，流动人口在社区共同体建设的具体问题并不在于户籍制度和福利制度的排斥，而在于社区共同体支持体系的缺乏。同乡网络提供了流动人口社区生活的社会支持网络，而流动人口和本地社区日益发展出更加复杂的社会交往联系，需要强化本地的社会网络和社会支持体系。对教育、健康、子女幼托、婚姻、就业、创业等各种具体需求都依赖政府解决是不现实的，发挥社区、社区单位、社会组织等的共同协调作用，形成一个完善的社区社会机制，本身也构成了城市基层治理的基础。而在流动人口大量进入城市后，也需要将流动人口的利益和发展纳入基层社区的治理和自治体系中。

同时,迁移流动人口本身也在不断改变其生活的地点,参与塑造所在的城市。因此,在城市基层社会治理中强化移民-社区的良好关系,需要加强移民自身的主体性建设,推动流动人口自我组织和自我管理的发展,并使流动人口进入城市治理体系,扩充基层社会治理的内涵。

例如,笔者在对上海郊区嘉定太平村的调查中了解到,该村在村民委员会中同时设立了管理流动人口事务的新村民委员会,流动人口也建立了独立的党支部和村民小组实现自我管理,有效地促进了社区内部的整合。另外的例子还包括,在流动人口的行业发展中,开始逐步成立地区性的行业协作组织以及地区性的外来商会,这些流动人口自治组织能够帮助移民进行融资,促进移民的成长,也能够配合地方政府的管理需要,进行相关的质量和社会管理,并因此逐步带动基层社会治理结构的变化。

迁移流动人口不仅是城市管理的对象,同时也是城市社区建设的主体。当迁移流动人口积极参与到城市社区发展中去,城市基层社会治理才能更好地反映不同群体的利益,并促进不同群体之间的利益协调,建立整合发展的城市社区。

在大量移民进入城市的过程中,促进移民和社区关系的建构整合,建设积极的移民-社区关系,适应社区结构和功能的转型变化,重新建设社区生活共同体,对于现代城市至关重要。社区发展是城市治理的基层单位,在社区平台上能够整合行政资源和社会资源,推动移民-社区的有效管理和服务;基层社区也是城市不断成长和发展的基层平台,使流动人口能够逐步融入城市,更好地成为城市发展的建设者。社区也是不断变化和重新建构的生活共同体,在此过程中强化了流动人口的认同,并支持城市的创新和转型,使流动人口的发展和创新成为城市社区不断成长的动力。

如何构筑良好的移民-社区关系,是现代城市应对大量移民和人口集聚、实现和谐和可持续发展的重大挑战。只有实现更加包容性的移民-社区整合的公共政策，建设包容性城市社会，才能实现移民在城市的社会融合，实现移民与本地人口的良好互动和社会结构的重建，并得以将移民转化为创新力量引导者，推动城市社区的更新和发展，走向不断新生、不断繁荣的城市未来。

社会融合的社会机制

我国的城市化进程带来日益严峻的社会分化问题,其中一个重要因素是大量迁移流动人口在本地城市中缺乏市民化和社会融合,使其往往处于城市社会的边缘,只是城市中的过客,并没有将社会身份和生活方式彻底地转化为城市居民。城市的户籍制度限制了移民在城市中的社会福利,使得城乡二元结构在城市内部转化成本地人口和外来人口的二元结构。因此,对当前城镇化发展而言,流动人口的社会融合问题成为维护城市社会秩序以及实现"以人为中心"的城市发展的关键。社会融合正日益成为城市公共政策和移民管理的核心议题。对于上海、北京这样的具有大规模移民的特大城市发展和治理来说,这个问题显得尤其突出。

我们强调要通过户籍制度、社会保障制度、教育和卫生医疗制度等福利制度改革来破除流动人口社会融合的壁垒,通过福利制度改革来增加移民福利和促进移民市民化。对于具有很强政府主导特点的城镇化发展来说,这显得尤为必要和迫切。但是在强调"政府有为"的同时,如何实现"社会有为",通过强化社会机制建设来促进流动人口社会融合还缺乏足够的考虑。

1. 社会融合的社会机制

社会机制是一个比较宽泛的概念。社会机制是指一个社会发展过程受到什么因素影响的机制,其重在揭示多因素的相互作用和因果联

十一、社会融合的社会机制

系。海德斯托姆和斯威德伯格（Hedström and Swedberg, 1998）提出社会发展不仅需要宏观的社会理论，同时也需要中观层面的解释性的社会机制的研究，重视研究不同变量间的因果性。解释变量的内在联系和相互作用构成了中观社会理论的基础。正如同默顿所说，社会机制着眼于观察社会过程的某个环节的变化，以及会达到某个预想的效果，社会机制因此是对社会动态所提供的一种解释。社会机制帮助社会现象从"黑箱"中走出来，理解和构建出一种社会变化的原理来引导相关社会政策的设计。因此，把握流动人口社会融合的社会机制，需要了解流动人口社会融合的影响因素和发生影响的内在机理，从而有利于实现流动人口的社会融合。政府制度调整和政策设计需要基于流动人口社会融合的影响因素和相互作用的内在机理，才能更好地发挥作用。近年来不少学者已经较多地讨论了影响流动人口社会融合的不同因素和发挥影响的具体机理，这些研究发现对于推动社会政策改革、促进流动人口实现社会融合具有一定作用（任远，2010，2012；周皓，2012；杨菊华，2009）。

社会机制的第二种含义是指社会系统的运作是使社会生活得到有效组织和有效运行的机制。类似于市场机制的核心在于通过价格机制、竞争机制和供求机制来组织市场资源配置，社会机制组织社会生活、实现社会有效运行，从而促进公共利益的实现。社区营造、培育各类社会组织和发挥其作用，以及专业化的社会工作，都是社会发展运行的基础性机制。海德斯托姆和斯威德伯格在其1998年的著作中同时提出，社会机制包括社会生活组织化的机制（action formation mechanism），这类社会机制往往是指微观社会行动的社会机制，社会机制同时包括宏观对微观起作用的社会机制，或者说是环境塑造的社会机制（situational mechanism）；另外，社会机制也包括通过微观行为的交往和社会行动推动宏观结构转型的社会机制（transformational mechanism）。

从社会系统运作的角度来讨论在城镇化过程中推动流动人口的社会融合，除了要继续强调公共服务型政府、推动制度改革和福利制度建设的作用，还需要重视发挥社会的力量，构建有序运行和有效运作的社会生活，来增强对流动人口的赋权，实现流动人口的社会融合。

（1）重建社会

流动人口社会融合本身就是城市社会生活重建、社会结构重建的社会机制建设过程。在城镇化发展过程中，促进流动人口社会融合对于城市社会生活塑造、社会有序运行，以及建设一个有序和整合的社会系统是至关重要的。流动人口的社会融合无疑受到政府政策和制度因素的影响，受到流动人口的经济从业和劳动力市场过程的影响，而流动人口的社会融合根本上是一个社会过程，需要社会有效组织化的机制构建。

移民进入城市，作为一个社会过程，首先是改变了地区的人口结构，并通过人口的经济社会活动改变地方社会的面貌。例如在城中村地区，由于流动人口进入社区，当地的人口结构和社会结构改变了，人和人的相互关系发生相应变化，通过社会交往和社会关系的互动也重新塑造着地方社会共同体，从而创造出与传统农村村落不一样的城市生活。因此，流动人口社会融合的社会机制，是通过这种社会过程使得多样化的人口群体利益得到表达，通过促进相互的沟通来构造有效的社会生活。如果在流动人口进入城市以后不发生这样的社会融合过程，本地人口与外来人口的社会群体则表现为明显的分离性，移民和城市的相互冲突就表现出来，城镇化过程中也会表现出显著的社会分裂。重视流动人口进入城市以后和当地社会实现更好融合的社会生活重建，是一个自然发生的过程，也是一种多种社会力量主动沟通和共同塑造的过程。

对流动人口进入城市以后如何来实现社会结构性关系的重新塑造，

一般采取一种"社会吸纳"或者"社会同化"的模式,也就是流动人口逐步实现市民化,在文化和生活上进入当地社会,在社会认同中从"外地人"转变为"本地人"。另一种社会融合则是流动人口作为城市的主体力量,发展自身的文化多样性和参与性,从而为城市生活增加新的因素,进一步创造出城市的多样性,并有机地成为一个不断更新的城市组成部分。在一个外来移民占较小比重的社会,社会融合更主要地表现为吸纳和同化。而在一个快速转型、外来移民占据较大比重的社会,城市的社会融合则明显表现为多样化群体的相互沟通和共同塑造,共同形成新的城市共识。无论是社会同化还是多元整合,流动人口的社会融合更主要是一种社会过程,表现为社会生活的变化、社会交往的加深、文化习惯的变化、社会认同的转变和社会共识的形成。社会融合固然离不开政府制度因素的影响,但社会融合更主要是一种自然变化的社会过程,是一种社会运行的内在结果。

应该看到,流动人口在城市生活发展和重新构造社会结构的社会过程,并不一定必然带来融合的结果,相当多时候是表现为一种社会排斥、社会隔离和社会冲突。当然,社会冲突有的时候也是重新构造新的社会结构过程中的一种"求同存异"的反映,冲突有的时候是不同群体积极地寻求共识、实现融合的外在表现。但是,实现流动人口社会融合的社会机制,其更基本的核心仍然在于多样化、包容、共享和相互合作。努力构建社会融合的社会机制,是在城镇化过程中实现城市生活的有序性和良好运行的关键。

(2)社会资本的积累

流动人口社会生活组织化和运行机制的建设,是移民的社会资本构建和积累过程,并因此促进流动人口的社会融合。

我们发现,包括户籍制度、社会保障、教育制度、劳动力市场和就业管理等都对流动人口社会融合具有作用,流动人口的受教育程度、人力资本和职业地位等个人发展能力也影响他们的社会融合。同时，流动人口的社区生活和社会资本对他们的社会融合也具有显著性影响（任远，2012）。流动人口的社区参与、社会网络的扩展，其社会交往和社会活动的过程，增强了流动人口的社会资本，能够帮助他们在城市生存和生活，有助于其职业搜寻和职业发展，也有助于他们的社会融合。特别是流动人口和当地社会、当地居民形成的本地化的社会资本，相对于他们和同乡、朋友所形成的初级社会资本，对于他们在城市内社会融合的作用更大（任远、陶力，2012）。社会资本构成了一种社会支持的力量，也构成一种社会行动的力量。正如普特南（Putnam，2001）提出，充足的社会资本能够形成紧密团结的公民社会，而公民社会是现代民主社会的基本条件。社会资本促进群体的共同利益，构成社会的黏合剂，有利于实现社会的整合。流动人口的社会资本包括流动人口的社会网络（如他们朋友的数量和遇到困难时向谁求得帮助）、社会交往的规范和社会信任，以及流动人口与城市居民之间的交往、互惠和合作。通过流动人口在城市生活的社会机制的建设，其直接的后果是为移民群体不断构建和积累社会资本提供支持，从而为流动人口实现社会融合提供条件。

  增强流动人口的社会资本是促进流动人口社会融合这一社会过程的核心。这也意味着，推动流动人口社会融合，关键在于通过社会机制建设促进流动人口的社区参与、社会交往，加强公共互信，等等。例如，移民在生活空间的隔离将切断城市和地方社会的有机联系，那么认为城市外来人口增长会加剧城市公共服务资源紧张的社会舆论，会不利于本地人口和移民群体的互信（而且，这样简单的判断也未必是真实的），这显然不利于移民城市社会资本的积累，也不利于移民的社会融合。社会资本同时也包括社会运行的规则和制度，因此，城市社会机制的建设应该重视移民社会的公共生活规则构建。

  增强流动人口的社会资本需要扎实、细致的社会合作和基层行动，这也往往不是通过政府政策的一纸文书就能实现的。例如在香港，我们调研了解到城市有促进移民社区融合的发展计划，社区内的志愿者和社会工作者帮助新进入城市的移民熟悉周边环境，发放资料帮助移民了解相关生活问题、社会事务处理、地方性资源和相关联系电话，这有利于流动人口整合进入当地社会网络，也增强了流动人口的社会资本。社会资本的构建和积累，也意味着将流动人口内嵌进城市体系，流动人口进入城市体系而不是作为城市的外来者，使流动人口成为城市体系的有机组成部分，从而也自然增进了流动人口的社会融合。

（3）新的社会力量

通过流动人口社会生活组织化和运行机制的建设，引导流动人口作为新的社会力量参与城市体系，有助于构建和完善城市社会治理体系。

流动人口的社会融合是城市发展和管理的突出社会问题。在城镇化过程中，如何协调巨型城市的人口增长和实现有秩序、有效率的城市管理的内在张力，是城市发展和管理的重要任务。随着流动人口的不断增长，在城市发展和管理中也表现出各种尖锐的社会问题，如环境问题、就业问题、社会治安问题、教育问题等，这要求城市相关部门不断提高对社会事务的管理和服务水平，增强巨型城市人口管理和服务的社会治理能力。

长期以来的城市发展和管理，相对强调政府力量由上到下的规划设计、制度推动和行政执行，却忽视了社会共同体的构建，忽略了社会力量的有效组织和有序运行。然而，随着社会日益多元化，城市管理越来越需要不同的社会力量共同参与和行动，表达和平衡多元社会主体的意愿与利益，实现社会协作，并在多元行为主体共同参与的过程中，培育形成不同社会成员的共识。因此，城市化过程中的社会治理，需要在城市居民与城市建设者的具体实践和具体需求基础上，规范和保障其社会权利，通过法治保障、政府提供制度规范和基本公共服务，以及通过政党意志的引导、公共舆论环境的打造，逐步确保在城市化过程中形成一个有序运行的社会。这样的过程，本身是一种社会治理的实践和探索过程。

流动人口通过具体实践丰富了城市的社会治理，其原因在于流动人口进入城市为城市社会带来了新的力量，流动人口自身有其日益增长的需求和利益。这要求打破传统的排斥性的城市治理结构，打破传统的行政化的城市管理模式，实现多元利益的协调和整合。例如，流动人口首先需要在城市生活和居住，就不可避免地日益增强对住房的需求、对子女教育的需求、对劳动权利保障的需要，这就要求其与有关职能部门进行沟通，从而维护、实现自身的需求和权利。这些权利往往需要通过法律和制度规定的方式最终确认下来。流动人口作为新的社会力量，也会逐步与社区居民发生交往和互动，重新调整本地人口与外来人口的相互关系，构造有效的社会秩序。因此，流动人口社会力量内卷进入城市，并日益组织化地表达、维护自身的权利和利益，有助于城市社会治理结构的调整。

有效地将移民作为社会力量整合进城市体系，是城市实现有序运行的关键。如果不能通过社会机制建设一个包容流动人口和本地人口的城市共同体，而将流动人口作为城市的过客和外来者，城市共同体就会面临分裂的危险。有效吸纳移民形成的新的社会力量并在城市中发挥作用，是城市自身的转型需要和社会治理格局的调整与完善，从而能够实现一个更加积极包容的移民社会，迈向一个更加有机整合、充分发展的现代城市。

因此，在城市化过程中使城市实现有效的发展和治理，需要重视流动人口社会融合的社会机制建设。社会机制建设是流动人口参与社会运行和组织其社会生活的过程，应基于不同流动人口群体的差别性的意愿和行动，针对人口的不同需求，提供有针对性的社会服务。社会机制建设是连接流动人口与当地社会和城市居民的实实在在的交往行动，是具体的社会联系、物质联系和制度规范的建设，因此只能通过社会共同体的发育和社会生活的有序组织、良性运行才能实现社会融合。强调流动人口社会融合的社会机制建设，是将城市的发展和社会秩序的形成回归到城市的人口社会变动与人类活动本身。在人的活动和社会有序运行过程中，才能彻底实现以人为本的城市化，实现移民在城市的社会融合。

2. 社会机制的构建

（1）社会生活组织化的机制

对于流动人口社会融合的社会机制建设来说，其核心在于通过社区发展、专业社会工作和社会组织的作用，构造出"三社联动"的社会运行机制，并实现三者作用的相互支撑，从而实现社会生活的组织化。

首先，社区是流动人口最基本的居住和生活空间，也是流动人口在城市生活和发展的基础性的社会网络与社会交往的平台。

流动人口融入城市首先是融入他们所生活的社区，在社区生活中增强其归属感和社会认同，在社会生活中构造本地人口与外来人口紧密互动和和谐共处的社会联系。社区作为城市社会生活功能的基础空间，整合包括教育、健康、社会互助等社会服务，实现社区服务对移民的开放共享，对于满足流动人口生活需求、促进其更好地适应城市生活是必要的。例如，香港民政部门对于内地来港人士和少数族群开展支持计划，帮助他们参与社会活动，包括提供适应课程、家庭和妇女的互助网络、家庭服务、义工照顾、社区参观活动、社区资源的指引等（参见《内地新来港定居人士地区为本融入社区计划》宣传册）。通过流动人口在社区的生活和活动，发展出紧密的交往网络和社会网络，有利于社区生活共同体的构造。与此相对，流动人口社区服务的排斥性则会强化本地人口与流动人口的社会鸿沟。因此，社区内的资源共享、公共服务的提供和基础设施的开放性，构成流动人口社会融合的基本社会空间。

黄晨熹（1999）提出流动人口社区管理和服务是"属地化、服务性和参与式"的，因此有助于提供均等化的社会服务，也有利于社区整合和稳定。这也说明，城市化不仅是流动人口被动地吸纳进社区的过程，同时也是他们主动地参与社区生活、改造其生活地点，从而构造出丰富的具有创新力的城市生活的过程。流动人口积极参与社区公共事务和纳入社区的自治体系，使其成为社区的主人，并因此在邻里关系中促进了本地人口与流动人口的互助关系（任远，2016）。

其次，通过强化移民社会工作，依托专业化、职业化的工作方法，有助于针对性地解决流动人口社会融合的特殊问题。

移民和城市发展面临一些突出的问题，如流动人口的心理问题、流动儿童的心理和学习问题、失业犯罪的流动青少年、文化竞争、健康和心理健康、家庭的变动、语言和教育、不同族群的相互关系，等等（George，2012；胡雅林，2014）。社会工作者需要了解移民的具体特点，针对移民生活和发展的突出问题，才能针对性地开展社会工作服务，提出针对性的干预方案。近年来我国的社会工作发展很快，在调查流动人口生活的基础上，通过专业化的工作机制发展出了多样性和有针对性的流动人口社会问题干预方案，构成流动人口社会融合的重要社会支持机制。

在这些具体的社会工作过程中，要通过总结社会问题，沟通社区、社会组织和地方政府，促进公共政策的改变。更重要的是，社会工作本身也促进了流动人口的能力建设（高春凤，2010）。流动人口总体上是城市中相对弱势的群体，社会工作者通过引导、协助和培训等方式帮助移民学习新的生活规则和生存技能，引导和协助流动人口个体、家庭与相关社会群体展现其社会诉求和参与决策，维护社会权利，实现了流动人口在城市生活中的赋权、增能，增进其在城市的融合和发展。

再次，通过鼓励社会组织建设，促进社会力量的自我组织化，从而更好地将流动人口的生活和发展嵌入城市体系。

只有将社会组织化,社会力量发挥作用才有可能。从草根性的社会小组,到更加规范化的具有明确诉求和发展目标的社会组织,构成社会有效运行的枢纽,是社会日益成熟的表现。姚迈新(2012)用案例分析说明流动人口社会融合需要发展两类社会组织:第一类是从类似农民工会这样的流动人口社会组织。其从自发社会组织发展到准社会组织,具有自我组织、自我管理、自我服务的作用。第二类是类似浙江慈溪市和谐促进会这样的社会成员共同协作的融合性社会组织。这类组织避免了本地人口与外来人口的分离。对于流动人口来说,在正式制度体系支持不足的情况下,流动人口社会组织化的内在需求更加强烈,类似地方商会等流动人口社会组织具有迫切的发展需求。进一步推动融合性社会组织的建设,才有利于创造出更加融合包容的社会运行体系。实际上,除了这两类社会组织,包括草根性社会团体、基金会组织、枢纽型社会组织等各类社会组织,以及包括工青妇等人民团体,整体地构成了社会组织的有机体系。发挥社会组织作用是促进社会治理体系建设的重要力量。我国的社会组织建设本身还处于初步发展的时期,流动人口社会组织建立和运作也面临各种难题。积极引导社会组织的建设,有利于促进流动人口的生活和发展,促进相关利益群体的共同行动。

总之,社区发展促进形成守望互助的社会共同团体,专业化的社会工作提供针对具体问题的社会干预和解决方案,社会组织能够有效组织资源和沟通社会联系。这样的"三社联动"才能共同推动社会有效运行。而城市化过程中合理处理流动人口事务和移民问题,促进移民社会融合,需要成为"三社联动"的重点内容,也有助于建设一个和谐包容的移民社会。

(2)环境塑造的社会机制

流动人口的社会融合作为一个社会过程,本身是在社会结构和制度框架之下具体运行。因此，实现流动人口的社会融合，构筑本地人口与流动人口的良好的社会关系，需要一个能够包容流动人口的制度和法治环境、空间环境及社会舆论共识。

社会舆论环境和构造移民社会融合的社会共识是重要的。如果社会舆论本身充满了对移民的排外主义，则难以实现移民与本地人口的相互融合。社会舆论的塑造有赖于社会精英发表理性和专业的意见，依赖于社会所有群体开展理性的社会讨论，依赖于社会媒体的积极参与。例如，如果整个社会对于流动儿童问题形成公共的关切，就能够通过潜移默化的方式形成社会导向，这样的社会关怀和社会导向本身对于社会融合是至关重要的。社会舆论环境的长期塑造构成城市的品格，塑造成为城市的文化精神。例如，上海作为移民城市，长期以来就形成了"海纳百川、大气谦和"的包容精神，这种城市品格对于吸纳移民和鼓励移民社会融合是珍贵的文化环境。一些舆论环境促进了包容性城市的建设，我们也同时看到城市中存在冲突性的社会讨论和文化环境，在一些公共媒体论坛上对于移民的排外主义表现得非常强烈，以至于不断破坏移民与本地人口的社会互信。在这种情况下，只能依靠坚持理性的公共讨论，传播和发扬关于正义城市、和谐社会、开放包容等积极的社会理念，促进公众文化观念的塑造，并逐步塑造社会共识。在这个过程中，传统媒体和新媒体要共同发挥作用，更多地宣传以融合为导向的社会讨论，引导公共讨论的生态，通过长期讨论和潜移默化引导，有利于移民城市社会共识的形成。例如，经常性地宣传移民在城市生活的处境，宣传移民参与城市建设和对城市的贡献，并批驳一些关于移民导致城市拥挤、移民导致城市教育卫生资源紧张、移民造成"城市病"等等似是而非的观点，有利于社会大众正确认识移民和城市的关系，有助于移民社会融合的实现。

在社会融合的环境塑造过程中，将基本的社会运行纳入法治框架是有必要的。移民的社会融合难以实现，很大程度上不是文化冲突和习俗的不同，而是其本身牵涉到权利的界定和法律规范，受到制度框架的束缚。例如，流动儿童在流入地受到教育权利的限制，这不仅是教育资源配置的问题，也有违义务教育法的精神。劳动者与企业也有法律责任和义务签订劳动合同、参加社会保障，通过法制的制定和落实为流动人口社会生活构造法律环境和依法投诉的渠道。而法律框架实际上也有助于实现政府部门对城市的依法管理。例如，禁止非卫生的餐饮，禁止不合法的私人租赁，以及禁止不合法的逃税行为。将城市运行建立在法律的框架中，有利于政府对城市的依法管理和规范管理，并在法治的框架下保障本地人口和移民共同的合法权利，维护社会秩序。与此同时，社会组织的建立和运行本身也需要法治建设提供支持及实现规范运行。法制的权利义务关系本身是通过制度得到实现，因此城市需要推动户籍制度改革，推动与户籍制度相联系的相关福利制度改革。规范化的法律和制度安排保证了移民城市的有序运行。

　　城市的空间本身具有社会性。在流动人口社会融合的环境塑造中，需要为其进入城市创造良好的可沟通的社会空间。流动人口集聚居住的移民社区构成了他们进入城市相互支持和获得生存资源的社会资本，而社区生活的排斥性和隔离性是不利于社会融合的。因此，在城市的空间建设上应该推动流动人口和本地居民的混合化。在不少西方国家，法律规定必须保证必要的社区混合。若干族群或者社会阶层的封闭性，本身不利于社会融合的实现。在城市社会空间的营造中，要避免流动人口对城市空间获得性、使用性的不平等，也要避免空间机制强化社会的不平等，前者包括流动人口对空间场所和社会设施获取机会的不平等，后者则包括在不同空间内公共服务设施服务的不平等。在城市和社区空间的安排上，要有利于本地人口和外来人口的交流，建设可沟通城市，实现社会群体意愿的相互交流。这样的空间塑造不仅有利于社会安全，也有利于移民和城市社会的内在整合。特别是互联网的发展扩展了社会空间，创造出虚拟的社会空间，减少了信息化社会的数字壁垒，加强虚拟社会空间的可沟通性和内在整合，已经日益成为流动人口社会融合建设的新挑战、新课题。

(3) 推动宏观结构转型的社会机制

第三种社会机制是发挥社会力量的作用，发挥社会民主和公共参与来推动制度的调整改革和重新塑造，从而推动移民社会制度结构的变迁。将移民的社会融合逐步纳入公共政策议程，在社会实践中推动改革，从而使城市内部的二元结构逐步向更加整合的社会结构转变，有利于移民社会融合的制度安排、政策设计和宏观社会结构的形成和具体落实。而依靠行政意志，往往表现为由上到下的政府规定的过程，但是其本质应该基于社会群体的对话和共识。社会成员的制度参与、制度反馈和制度修补，他们意愿的表达，尤其是具有一致性的个体行为构成群体性的社会行动，将对制度变迁发挥重要作用。

社会群体通过社会行动推动移民社会融合，要重视利用传统的公共政策机制，增加移民的话语权，将社会意愿和公共需求纳入公共政策议程。移民在公共政策过程中的话语权是推动制度变革的关键。实际上，在当前的公共决策中，流动人口的利益和需求往往缺乏足够的表达，需要将流动人口逐步纳入已有的公共政策渠道。例如，人大、政协将流动人口吸纳进入政党活动、社区选举等地方政治过程，吸纳进入工会、妇联、团委等，使他们能够利用这些制度框架表达其社会利益。这些民意表达和公共政策决策的社会机制的构建，对于扩大公共政策的影响力非常重要。国家和城市的人大代表中已经有了流动人口代表，但是与流动人口的巨大数量和快速增长相比，流动人口在城市公共民主中的参与还非常不足。需要扩大移民在社会民主、协商民主中的参与性，更全面地表达他们的利益和诉求，在公共决策的相互讨论中，推动制度环境的改变。通过社会行动推动公共政策和制度变革的过程，依赖于社会精英和企业家更多地讨论移民社会融合问题。这些社会精英利用自身的专业技能，塑造媒体议程，引导移民社会融合问题成为公共政策，使其有效和公共政策机制相衔接，从而推动政策变迁。例如，近年来有越来越多关系到流动人口融合与发展的人大提案和政协议案，对推动社会融合的城市发展管理发挥了积极作用。

通过社会行动推动制度改革也依赖于理性的社会对话和形成社会共识。流动人口社会融合问题本身是一种重要的社会议题，需要公共知识分子在微博、博客、专栏等社会媒体平台传播知识，影响社会，通过积极的公共参与，有利于将社会讨论转化为政治议程（王向民，2015）。特别是随着整个社会的教育程度提高，对公共问题讨论的能力也得到提高。随着中产阶级社会结构的形成，媒体人士、法律人士、专家等构成了公共讨论的社会联盟，能为理性的社会讨论和社会公共利益的维护提供支撑力量。互联网构成的虚拟空间，扩大了社会公共讨论的空间。由于社会利益群体日益多元化，通过社会讨论来形成社会共识是非常困难的过程，但也只能通过更加理性的社会讨论来促进共识的形成，才有利于维护社会的整合，有利于政策制定，保障所有人口（或者社会绝大多数人口）的公共利益。

在通过社会行动来促进更加融合和和谐的制度体系的过程中，另一个不可避免的过程是不同群体的社会抗争乃至社会冲突。实际上，人类社会的诸多进步往往是依靠社会抗争和维护权利得以实现的，社会抗争在这个意义上是利益的表达和意愿的沟通。良性的社会抗争有利于平衡矛盾、寻求妥协，实现新的社会契约。而恶性的社会抗争会造成矛盾的激化和对抗。从某种意义上说，公共事件和社会冲突能够改变社会成员和参与者的制度认知，改变对于改革优先度的衡量判断，建构新的制度。可以预见，移民在不断实现社会融合、重塑社会结构的过程中，国家发展和一个城市管理所面临的群体性事件与社会抗争是不可避免的。城市部门不是要消除这些抗争，而是要建设完善的机制来管控社会冲突，并从社会冲突中发现社会改革的方向，从社会冲突中引导社会进步。在各种上访、群体性事件中，都需要有一种可以施行的冲突表达和冲突沟通的机制，并建立规范的流程来管控冲突，通过社会冲突和抗争将社会利益引导到公共政策讨论中，促进公共政策理性决策，并因此使得社会进步得以可能。

在流动人口社会融合制度改革不断进步的过程中，我们都能观察到社会民主、社会动员和实际冲突对推动改革的积极力量。例如城市流动人口的教育问题，从20世纪90年代到目前，对流动人口从教育排斥发展到逐步进入公办学校，允许民工子弟学校的建立，流动人口进入公办学校后逐步从分班教学到混合教学，流动人口进入高中以后可以进入城市的职业教育体系。流动人口教育融入问题的变化和进步是非常明显的，而这样的社会进步也正是依靠不断的社会对话乃至社会冲突得以实现。

社会力量是推动制度变革的根本性力量。在推动流动人口社会融合的过程中，仍然面临相当多的挑战，需要不断地对话交流和利益调解，不断推动社会民主和协商民主，不断发育社会讨论和管控社会冲突，才能推动制度结构的不断科学化。合理有效地发挥社会力量，形成社会改革机制，有利于建设良好的多元融合的城市社会。

3. 政府主导的社会建设

总结上文的讨论，促进移民社会融合的社会机制建设，首先，要在微观基层社会生活层面需要发挥社区、社会组织和专业社会工作的共同作用，积极构建流动人口社会生活组织化和良好运行的机制。城市社会治理的"三社联动"需要与流动人口的社会融合和生活发展结合起来，培育和实施适合流动人口社会融合的社会组织和社会项目，对流动人口相关典型问题和特殊人群提供社会服务，并且在社区平台上针对流动人口的多样性，促进其社会整合，增强本地人口和流动人口的相互交往，增强社区生活对流动人口生活的开放性和包容性。其次，在引导宏观对微观起作用的社会机制方面，需要加强制度和法治建设，重视社会舆论环境、空间环境建设，形成有利于流动人口社会融合环境塑造的社会机制，避免形成一种对移民歧视性和排斥性的社会环境。再次，在微观行为推动制度变迁方面，要深化民主机制、政策沟通和决策参与，增强流动人口自身对其利益与权利的表达和维护，增强更彻底的社会讨论，从而形成有效的社会共识，推动以移民包容性为核心的制度改革。

通过制度环境的建设支持社会力量有效有序发挥作用，构筑移民社会融合良性运行的环境塑造机制，在社会运行中通过"三社联动"更多地实现移民社会融合的社会组织化机制，以及发挥社会力量，通过社会行动推动制度改革和结构变迁，构成了一个良好的循环。而在城镇化过程中，发挥社会力量促进流动人口的社会融合离不开政府主导。政府作用渗透在社会机制的运行中，政府促进培育良好的社会机制，同时也应对社会利益和需求，不断推动自身改革。政府主导和社会机制发挥作用构成了一种良好的协同关系。

发挥社会机制来促进移民社会融合离不开政府的主导和政府"有为"。在"强政府"主导的国家发展模式下，培育有效的社会机制，促进流动人口社会融合，离不开政府发挥积极的作用。政府要通过制度和政策促进社会的建设，支持社会组织的建立和发挥作用，引导社会机制的建立，从而建立一个"有为的社会"。在此过程中，政府应该加强对社会的授权，培育社会力量的成长和有效运行。同时，政府需要呼应社会需求，通过制度改革来推动社会融合，从而形成一个"有为的政府"。政府了解不同社会群体的有差别的诉求，并通过引导良性沟通来形成社会协议、构建社会共识。政府也应积极将社会协议制度化、规范化和法治化，推动相关政策的制定和实施。因此，政府通过积极与社会互动，有利于实现社会融合的制度建设，实现对城市的协同治理。

发挥政府主导作用，引导培育有效的社会机制，在具体实践中形成了不少经验，也有了不少可以推广的政策工具。例如：通过"政府购买服务"促进社会项目的发展，支持社会组织的成长；发展社会性基金投入社会公益事业，包括整合社区资源发展社区基金；通过枢纽型、平台型的社会组织促进社会组织发育；对社会组织的运行和非营利性评估、运行绩效评估进行科学评价和发展指导；推广和完善项目制机制，通过竞争性评估提高资金使用效率，同时在项目运作中实现社会事务管理的科学化；推动社会创新，包括通过新的信息技术手段来实现社会事务的有效解决；促进志愿者活动的发展；等等。

如何就上述培育和发展社会机制，增强社会力量对于城市发展和民众福利的作用，对于城市社会发展和社会治理建设具有普遍性。而所谓加强促进流动人口社会融合的社会机制建设，是指在上述社会机制建设中，应更加重视流动人口在城市生活发展中所面临的突出问题，重视适应不同流动人口的具体需求，对促进流动人口社会融合发挥更有针对性的作用。具体来说，在基层社会行动中培育和发挥社会力量，建设社会生活组织化的社会机制，促进环境塑造的社会机制，构建结构转型的社会机制，从而积极促进流动人口社会融合。政府部门应该特别重视以下若干方面的改革和推进。

第一，促进政府职能改革，改革全能型政府的工作框架，城市政府应更多地向服务政府、责任政府和法治政府转变。政府通过配置和支持社会的发展，构筑良好的政府和社会协同治理机制，并通过政府主动的职能改革来支持社会体系的建设，促进社会机制的良好运行。

第二，政府在城市治理中需要进一步树立提高城市所有居民民生福利和生活幸福的发展责任，落实以人为本的发展理念，将人的利益和权利的维护、人的参与、人的需求的满足作为执政的核心，其中也包括流动人口的利益和发展。

第三，政府应鼓励发挥社会力量构筑多元社会发展机制，促进流动人口社会服务供给和满足人口社会需求。在城镇化过程中应对大量流动人口，一方面城市政府部门需要尽力推进基本公共服务的均等化；另一方面应开放社会事业服务，通过鼓励、支持和有效监管社会力量，投入发展教育、文化、健康、住房等社会事业，从而通过提高社会服务供给水平、提高社会事业发展质量，尽力满足流动人口社会需求，推动社会发展，完善社会治理。

第四，政府应该推动基层社区治理体制的改革，使行政导向的街区管理体制转向社区自治性的基层社会体制。通过街道社区的组织管理框架的改革，增强社区事务综合协调机制。依托社区生活圈打造社区功能，吸纳流动人口共同参与社区生活共同体。发展混合型生活社区，鼓励流动人口参与社区公共事务，鼓励基层社会中流动人口和当地社会的密切互动，逐步参与社区民主自治。在城市不同的社区类型中，流动人口生活和发展表现出不同的特点，其社区资源整合和社区共同体建设也可以形成不同的模式。

第五，政府应该大力支持社会组织建设。不仅应重视群团组织对流动人口社会问题的参与，也应该鼓励培育和建立以流动人口为主体的社会组织，使流动人口社会组织能够有效整合进社会体系，并参与地方社区活动。如地方商会、行业性的同业协会，等等。政府应该设立促进流动人口社会融合的财政专项来鼓励相关项目的设计和实施；鼓励支持类似流动人口社会融合的创新大赛来鼓励社会创新和社会项目的发展；支持若干以流动人口社会融合为主题的基金会来推动相关发展实践。例如，针对城市流动儿童难以进入公办小学，可以通过基金会和民间资本发展民办学校来支持流动儿童教育。政府对于社会组织和政府财政支持的社会项目，也需要加强非营利性和运行绩效的评估，从而通过社会竞争机制来发挥政府投入的效率。

第六，政府应该积极推进户籍改革和相关福利制度改革，实施以流动人口社会融合为导向的社会政策。制度改革的方向不断地促进社会包容和社会融合。例如：户籍改革的大门应该更加放开而非封闭，应该让越来越多的流动人口实现在城市的制度接纳；教育制度、住房制度的改革应该逐步扩大覆盖面；逐步将流动人口纳入基层党组织、工会组织、群团组织之中。这样的制度改革显然会遇到本地居民的排斥，也受到地方财政能力的制约。改革不可能一蹴而就，但是改革的方向不能反转和退步。在推动改革的过程中，应发挥媒体和互联网的作用，开放讨论，发挥知识界对社会进步的舆论引导作用，使流动人口和本地人口在共同参与中对社会融合形成共识；并在制度改革过程中更多地听取流动人口的意见，使得公共政策决策能够更好地涵盖所有社会层面的需求。

与政府主导建设出社会主义市场经济体制，实现混合型所有制形态、竞争性地方政府和政府市场有效合作的经济发展过程类似，中国的社会成长也表现出很强的政府主导特点。通过政府主导和发育出社会机制，逐步实现政府-社会协同的治理体制，是中国社会治理和城市治理不断成长的道路。在城市成长的过程中，流动人口如何与地方社会形成有机整合，将流动人口社会融合构成包容性城市发展的重要内容，实现有竞争性的、充满社会正义的城市发展，也首先离不开政府改革，以及在政府改革过程中实现政府-社会关系的塑造。在此过程中，社会机制的成长壮大是社会建设的核心内容，流动人口的社会融合应该构成城镇化过程中社会建设的突出挑战和重要任务，并在此过程中实现城市发展的可持续性，以及保证城镇化过程中民众福利的不断进步。

参考文献

高春凤：《社会工作介入流动人口城市社区融入的思考》，《社会工作》2010年第5期。

胡雅琳：《流动人口子女心理需要分析和社工介入》，《社会视点》2014年第15期。

黄晨熹：《大城市外来流动人口特征与社区化管理——以上海为例》，《人口研究》1999年第4期。

任远：《城市病，还是城市新生？——特大城市城中村地区流动人口社会治理》，《中国社会科学内部文稿》2016年第3期。

任远：《城市流动人口的居留模式与社会融合》，上海三联书店，2012年。

任远、乔楠：《城市流动人口社会融合的过程，测量及影响因素》，《人口研究》2010年第2期。

任远、陶力：《本地化的社会资本与促进流动人口的社会融合》，《人口研究》2012年第5期。

王向民：《公众人物如何影响中国政策变迁》，《探索与争鸣》2015年第12期。

杨菊华：《从隔离，选择融入到融合：流动人口社会融入问题的理论思考》，《人口研究》2009年第1期。

周皓：《流动人口社会融合的测量及理论思考》，《人口研究》2012年第3期。

George, Miriam (2012). "Migration traumatic experiences and refugee distress: Implications for social work practice", *Clinical Social Work Journal*, 40 (4): 429-437.

Hedström, Peter and Richard Swedberg (1998). *Social Mechanisms: An Analytical Approach to Social Theory*, New York: Cambridge University Press.

Putnam, Robert (2001). "Social capital: Measurement and consequences", *Canadian Journal of Policy Research*, 2 (1): 41-51.

十二 智慧移民城市

在快速城镇化和迁移流动人口增长的背景下,如何提供有效率、有质量的流动人口管理和服务,构成移民城市特别是特大城市发展和管理的突出难题。大规模的人口迁移流动以及城市布局日益高密度化,显现出包括住房问题、交通拥挤、公共安全、城市贫困、污染增加、失业和劳动力市场低端化等一系列城市问题,这些问题也往往被称为"城市病",并作为城市承载力限度的标尺。我们也已经多次讨论,大规模人口迁移流动对城市管理所带来的压力,与其说是流动人口在城市集聚过多,不如说是城市管理能力和公共服务供给能力不足。"城市病"的症结所在,是城市交通、住房、信息服务、安全环境和福利供给不能适应人口快速集聚所带来的城市病征。大规模人口迁移流动过程中的"城市病",正说明了在快速城市化过程中加强供给侧的公共服务和实施更有效率的城市管理的必要性。

实现更高效率的流动人口管理和服务,关系到城市运行的质量,关系到积极应对高密度城市运行的风险,并有助于实现现代化城市的良好运行。因此,在中国快速城镇化过程中,应更加致力于提升城市管理和服务的能力,实现高质量、有效率地加强流动人口的管理和服务,这比强调简单控制人口数量更为根本,也更为重要。

技术进步进一步提高了管理和服务的能力,在本章中笔者提出"智慧移民城市"的发展理念,即强调在智慧城市的发展框架下,通过数据服务和技术应用体系的支持与加强相关制度政策体系改革,讨论如何来更好应对高人口密度城市发展和管理问题。通过信息技术应用水平的提高，能对大规模迁移流动人口提供高质量、高效率的管理和服务，从而提升城市管理和治理的能力，创造出更加理想的城市生活。应完善流动人口的动态信息和服务需求的数据收集体系建设、数据的共享和跨区域数据的结算，为推动智能城镇化提供数据基础，并通过信息技术应用来加强和提升流动人口管理与服务。智慧移民城市的建设是一个"技术-制度综合过程"，在加强信息技术应用的同时，需要通过体制和制度建设来加强、完善流动人口管理和服务，更好地保障智能城镇化的实现。

1. 智慧移民城市

智慧城市已经成为全球城市发展的新趋势，其致力于信息化基础设施建设和通过信息技术实现高效率的城市管理与美好的城市生活。通过信息技术应用加强人口管理和服务，是智慧城市发展和管理的重要内容。在大规模人口迁移流动的背景下，发展出一种智慧移民城市的思路是必要的。智慧移民城市是在智慧城市发展框架下对大规模移民群体的管理和服务应用，通过信息技术支撑来实现对大规模和高流动人口的管理服务，实现城市有效运行。基于大规模人口迁移流动对高密度城市的发展管理所带来的各种挑战，智慧移民城市管理要满足以下三个主要目标。

第一，大规模人口迁移流动带来城市居民日益增长的社会和商业服务需求与城市各类服务供给不匹配的矛盾，因此智慧移民城市的目标是努力提高移民群体对服务的可获得性和提高服务资源配置的效率。

通过信息技术手段可以优化对流动人口需求和供给的有效匹配，提高资源配置的效率。信息和数据基础对于及时把握流动人口的动态变化是重要的，同时了解流动人口的年龄结构、就业状况、空间分布，也有利于教育、卫生、住房等公共服务资源的合理配置，并有利于公共交通设施、环境设施、道路建设和区域规划的有效布局。

信息技术应用更能够提升服务能力，为迁移流动人口提供更加匹配性和精准化的服务供给。例如，针对移民过程中的子女教育需求，国外有机构专门对学区房提供信息服务和服务匹配，通过可视化的工具对城市所有公共学校的位置及其学区范围提供信息，并通过和房地产公司的合作来提供住房租赁服务。这样有利于解决教育服务和居住的信息不对称，通过信息技术沟通服务需求和供给，维持移民城市管理和服务的效率。对于移民进入城市带来的住房问题、交通问题等，其管理和服务的困扰很大程度上在于信息不对称，迁移流动人口由于信息不对称难以开展合理的迁移决策；而政府公共部门由于信息不对称，难以深度挖掘信息并提供服务，也难以合理配置资源。因此，信息技术应用是提升移民服务的可获得性，以及提高公共服务资源配置的针对性的有效工具。

第二，大规模迁移流动人口带来人口流动性和社会管理体制分隔性的矛盾，智慧移民城市建设需要适应迁移流动人口的流动性，实现流动人口管理和服务的有效联动。

移民过程中所面临的制度壁垒在于分隔性的社会管理体制，分隔性的社会管理体制的基础在于地方性的财政体制。城乡之间、地区之间碎片化的福利体制和管理制度安排，使得依靠户籍的身份管理越来越难以应对更加流动性的城镇化发展趋势。以社会保险体系为例，人口迁移流动导致流动人口社会保障的跨地区衔接出现困难，流动人口在流入地就医时很难直接通过保险支付费用，只能返回医疗保险地区进行报销。他们离开城市返回农村或者到其他城市以后，相应的社会保险的统筹部分也很难实现跨地区转移。流动人口的流动性还包括工作的不稳定和居住地的变化，使得不同企业间社会保险计划的接续和居住地居住证管理的接续等都面临流动性的限制。人口流动性要求不断突破制度性的管理壁垒，而城乡之间、区域之间和不同制度安排之间的制度与信息壁垒又限制着人口的流动性。

适应人口流动性，提供城乡一体化和管理体制衔接的解决方案，在很大程度上需要通过信息体系的发展来实现。例如，基于流动人口信息化体系和跨地区结算体系建设，在技术上能够支撑流动人口社会保障的跨地区衔接。通过以社会保障卡为载体的社会保障信息共享和跨地区结算，在技术上能够解决人口流动性和社会保障的区域分割的矛盾。在婚姻生育、居住住房、就业保障等诸多方面的管理体制基本还处于隔离的状态，通过探索身份证信息为基础的社会管理，整合包括公共安全信息、就业和社会保障信息、居住信息和人口动态信息等，能够为人口流动性背景下的各项社会管理服务的衔接提供工具。

第三，流动人口在城市就业生活的稳定性和长期性日益加强，与城市部门对移民群体制度接纳和社会融合相对滞后的矛盾正尖锐地表现出来，信息技术应用有助于对流动人口的生活发展，促进实现更加渐进性的社会融合的发育路径。

流动人口在城市缺乏市民化和社会融合，是他们在城市中面临制度排斥和社会排斥的结果。增强流动人口人力资本和社会资本，提高他们的发展能力，帮助他们的社会组织建设和促进社会参与，有利于他们更好地适应城市社会，在城市体系中生活发展。信息化能力本身是流动人口发展的重要方面，信息化已经成为知识学习、服务提供和信息传播的重要媒介。信息技术发展本身也能够成为流动人口社会融入和发展的手段。信息服务所具有的共享性很大程度上突破了传统公共服务机制的差别性和壁垒性，移民和本地居民也比较容易依托信息服务网络形成无差别的社会共同体。同时，信息化对社会交往和社会运行的沟通性作用在加强，信息网络有利于促进流动人口的社会认同，帮助流动人口对自身利益进行表达，并对移民和本地社会的互动产生影响。依托居住证管理和户籍改革的联动，信息技术也能够为流动人口逐步获得当地户籍，逐步融入当地社会和实现市民化提供管理与服务的应用工具。

2. 数据共享和技术应用支持

不断强化信息技术应用，提升移民城市管理服务，包括人口数据的收集和共享、数据挖掘和技术应用三个紧密联系的组成部分。

对人口数据的收集和共享来说，城市人口数据中关系到人口迁移流动的数据是非常丰富的，不仅包括普查统计数据、部门统计数据和调查数据，还包括人口生活过程中形成的大数据。例如三大通讯公司的人口动态数据、网络消费数据、交通数据等各种人口活动数据等。这些人口数据资源的积累和共享，构造了由数据、数据集、数据库和数据仓库，以及包括大数据的立体数据体系，为城市管理和服务提供了基础性的数据支撑。特别是这些人口数据与公共服务数据、基础设施数据、环境数据和城市管理数据结合在一起，为了解城市人口状况和动态及提供管理服务提供了可靠扎实的基础。

随着城市生活的日益数字化，与人口和人口迁移流动相关的数据基础呈现爆炸性的增长。充分掌握人口数据有助于人口管理和服务的有效性，有助于对流动人口提供精细化、科学化的管理和服务。例如，我们可以通过人口数据对人口空间分布、流动人口的空间分布和城市空间形态的变化进行准确了解，以及对人口分布与公共服务资源分配的均衡性提供及时的估算和政策建议，并对教育卫生等公共服务规划和体制建设提供支持。利用大数据对于流动人口活动规律的把握，本身也具有极大的市场研发价值，如对于旅游人口的活动和消费的分析等。我们也看到，不同人口群体具有不同的服务需求。例如，年轻的劳动者对于就业服务的需求更高，而青年人口由于新组建家庭对于住房和公共卫生服务需求更强。对人口服务需求的准确掌握，能够为管理和服务提供精准化的支持。

对智慧移民城市建设来说，更重要的是基于人口数据的挖掘分析和应用服务体系。人口数据真正能够支持建设智慧移民城市,关键还在于利用人口数据的挖掘和应用,在城乡流动人口管理和服务的各个方面推动相关信息系统建设,将流动人口数据和管理服务的具体需求整合起来。这一系列的技术应用体系包括居住证和户籍的管理体系、积分管理的应用系统,包括流动人口社区统计体系、社会保障体系、社会安全管理体系、住房和社区服务应用、教育服务和信息化系统建设、流动人口诚信系统,以及各种专业性的管理和应用。例如,城市公安部门可以通过对流动人口犯罪监控和预警性模块的建设,对城市安全管理提供准确性的预警和对策应用,这本身能极大地提高城市安全管理的能力。再比如,如果将流动人口行为数据与其诚信记录体系及时地挂钩起来,就能够帮助流动人口形成良好的社会规范;将这些社会信用记录应用于流动人口的居住和积分管理,引导流动人口的户籍积分准入,就能为移民管理提供了良好的可操作的工具。

需要强调的是,基于信息化和大数据的技术应用不仅有助于城市政府管理人口,或者说是管理风险,也有利于为城市人口包括流动人口提供更加精准化的服务。例如,在很大程度上,流动人口对于其进入城市以后如何办理相关登记和服务的程序并不清楚,更加精准化的信息服务能够帮助流动人口在进入城市以后得到必要和恰当的服务。例如,当他们工作和居住以后,通过信息体系能够推送相关办理居住证和提供居住证管理的流程与条件,提供各种社区服务,可能就会避免由于信息不对称带来的无效成本。包括教育服务、就业服务、卫生和计划生育服务、住房服务等关系到流动人口生活的具体需求,都可以进行相关的信息化机制扩展服务,这在技术能力上是完全没有问题的,在技术系统上增加对注册用户的服务模块就能够得到解决。各种管理技术应用的网络化服务,能够帮助人口减少时间消耗成本,提供更加便捷和高效的服务。

对于人口迁移流动过程中的数据挖掘和应用服务来说,很大程度上并不是一个技术应用问题，而是一个对数据挖掘的系统架构过程，是基于人口迁移流动的生活方式、行为特征和具体需求的系统架构过程。人口迁移流动产生数据，而通过对数据的挖掘来理解移民社会，并构造城市生活，成为智慧移民城市技术应用体系的关键和内核。

3. 制度-技术综合改革

智慧移民城市建设强调信息技术应用和城市管理服务能力的提升。这样的过程固然表现为一个技术过程——对人口大规模集聚的高密度城市管理需要提高技术应用水平——但是智慧移民城市的发展更是一个制度建设过程。高密度的现代城市运行和管理构成了一个制度-技术综合改革的有机整体。

良好的移民城市发展和管理离不开城乡公共管理制度改革。户籍制度和福利制度对移民群体的排斥性，以及相联系的财政体制、土地制度、公共服务管理体制等的隔离，才是带来城镇化过程中社会分化和资源配置不足的根本原因。因此，智慧移民城市建设不仅需要技术创新，同时需要推进相关的制度建设。城市发展和管理需要从片面的技术管理思路转变为公共管理和制度改革思路。城市管理需要进一步提高开放性和包容性，加快城乡户籍制度改革和公共管理改革是智慧移民城市技术改革的体制前提。同时，包括户籍改革、居住证制度和积分体系，以及住房制度、劳动力市场制度、教育制度、社会保险体制和社区管理的整体性制度改革，也为移民城市的信息技术系统建设提供了总体性的需求架构。

推动流动人口管理和服务的数据信息管理是智慧移民城市建设的基础。提高现有人口数据的质量，强化人口数据的收集和共享，实际上也不是技术过程，人口数据信息管理本身就是重要的公共管理制度建设。不仅需要强化社区人口信息收集体系建设，也需要利用网络技术和

十二、智慧移民城市

移动互联网终端更及时、更高效地采集数据,推动基于居住证的信息数据共享,实现大数据的人口数据合作。我们一方面看到信息化和互联网发展的巨大数据存量,另一方面也看到相当显著的数据孤岛和数据冗余。不同部门间数据的共享不足,弱化了数据开发的可能。数据重复建设和数据失真,增加了管理的难度。需要建设跨部门的数据共享机制和城市基础数据库,以人口身份信息为重要载体整合相关数据仓库和大数据资源,从而更好地为人口管理和居民需求服务,包括为移民管理和需求服务。在此过程中,如何加强人口数据相关信息的隐私保护,也同样是城市人口数据管理和信息技术应用服务面临的突出问题。

在城市信息化发展的过程中,固然首先需要打破政府的数据信息壁垒,整合资源建设城市基础数据体系,也需要充分整合企业与社会力量共同推动整合数据信息和专项数据开发应用,如各种商业数据、市场数据、交通数据、通讯数据、银行储蓄和汇款数据等。数据的产业开发利用本身有利于商业服务业的发展,也会更好地把握人口动态和提供更有针对性的服务。对于市场和社会力量的数据挖掘和研发也同样需要制度性地支持和鼓励。

同时,作为智慧移民城市建设的制度-技术综合改革,还需要在治理机制上重视政府、市场和社会的共同参与。虽然在诸多改革中都普遍需要依靠政府的主导作用,但是对于智慧移民城市的制度-技术综合改革,则更多地需要市场力量、社会机构来及时发掘人口迁移流动过程中的居民需求,并推动相关创新创业,包括推动产业创新和社会创新。而政府在移民城市的制度-技术综合改革中,应更多地作为支持者、服务者来推动改革。在实现制度改革、制度体系支持和技术创新、产业创新和社会创新的综合过程中,还需要有效整合大学和科研机构的数据研发能力,吸引投资驱动和引导新的产业形态、新的管理模式的兴起。智慧移民城市建设(包括智慧城市建设)依赖于创新型城市发展的环境和制度支撑,并在更加开放和竞争的创新环境中,促进城市管理和服务实现更高层次的信息化和现代化。

总之，在中国快速城镇化的背景下，超大规模人口迁移流动对于城市发展与管理带来巨大挑战和新的机遇。对于流动人口管理和服务是现代巨型城市的重点难题，对此只能通过提升管理和服务的能力才能得到根本应对。信息技术的应用为加强和创新移民城市管理、建设智慧移民城市提供了技术工具。同时，智慧移民城市也需要通过制度性建设为移民城市人口和社会管理提供制度支持，为信息化管理的发展提供制度支持。通过制度建设和技术建设相互支持的制度-技术综合改革，才能建设更加科学管理和高效运行的移民城市，才能更好地满足高密度城市中不同人口群体的需求，并在城镇化过程中促进城市的现代化，促进经济发展和居民福利的提高。

十三 多中心的巨型城市

在全球化和快速城市化的背景下，我国东部沿海地区的城市规模日益扩大，城市发展表现出多中心化和治理结构分散化的特点。本章以上海为案例，关注这些新兴巨型城市的多中心化发展及对城市治理的挑战，以及探讨加强巨型城发展和治理的有关制度建设。

1. 新城与开发区

从 21 世纪初以来，中国东部的一些大城市陆续在城市边缘展开新城和开发区的建设，逐步形成多中心的大都市区空间格局，向巨型城市发展。在上海第十个五年发展规划（2000—2005）中，首次提出建设松江新城和 9 个中心城镇。在"十一五"城市发展规划（2005—2010）中，提出继续建设松江新城、嘉定新城和临港新城 3 个新城，以及提出一系列的新兴城镇建设计划，包括崇明的东滩、浦东新区的唐镇、奉贤的南桥镇，等等。在"十二五"时期（2010—2015）的发展规划中，上海更加侧重建设包括松江新城、嘉定新城、临港新城、南桥新城、淀山湖新城、金山新城、崇明新城这 7 个新城，以及其他的一些中小城镇（图 13-1）。在《上海城市总体规划（2016—2040）》中，上海未来将在主城区建设 9 个副中心，实现主城区的均衡发展，在嘉定、松江、青浦、南桥、南汇建设 5 个新城，在金山滨海地区和崇明城桥地区建设两个核心镇，强化面向长三角和都市区整体区域的综合服务功能。这"五城二镇"基本是当前的 7 个郊区新城的发展框架。

未来的城镇化道路

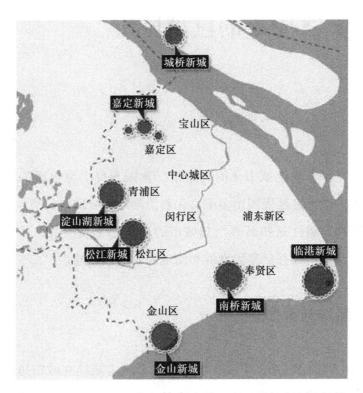

图 13-1　上海市"十二五"期间规划建设的七个主要新城

表 13-1 中整理了上海大都市区的 7 个新城规划的建成区面积和人口规模,从中可以看到上海向一个多中心城市扩张的庞大规划。可以看出,上海城市空间形态已经逐步从一个单中心的城市,改变为若干城市体组成的巨型城市。这个巨型城市和日益发展的长三角城市区域紧密联系在一起,逐步向区域性的城市联盟(或者说是城市群)发展演化。

表 13-1　上海"十二五"期间对 7 个新城规划的总体情况

新城	总面积 (平方公里)	建设用地面积 (平方公里)	规划人口 (万人)
嘉定新城	120	45	50
青浦新城	119	85	70
松江新城	160	120	110

十三、多中心的巨型城市

（续表）

新城	总面积 （平方公里）	建设用地面积 （平方公里）	规划人口 （万人）
金山新城	57	41	40
临港新城	296.6 （现拓展为311.6）	164.8	83
南桥新城	71	61	75
崇明城桥新城	38.7	26.12	20

数据来源：根据调研资料整理。

应该看到，在特大城市周边地区建设新城和新城市开发项目不是上海的个别现象。从北京、天津到南部广东地区的东部和东南沿海大城市中，都在纷纷上马这样的新城建设项目。地方政府对于土地财政的需求强化了城镇建成区扩张的努力，同时东部沿海大规模和快速的人口集聚也提供了巨型城市发展的巨大需求。例如，北京市周边在建设顺义、亦庄、通州、大兴、房山等11个新城，最近在京津冀协同发展的框架下正积极发展通州的北京副城市中心和雄安新区的首都副中心；杭州沿钱塘江正在建设10个新城；广州最近提出建设9个新城，其规划面积相加近800平方公里，甚至大过整个新加坡的国土面积；等等。

特大城市通过多中心化的新城建设项目推动城市空间形态扩张，带动城市空间结构变化，促进巨型城市的发展，也是类似上海这样的发展中国家领先发展的城市区域的普遍现象，在整个东亚、南亚地区都存在同样的发展趋势。例如道格拉斯等（Douglass et al., 2007）描述了越南胡志明市周边的新城建设，认为这些城市边缘的城市项目再造了一些现代化的城市。为了避免核心地区大城市的拥挤，在大城市周边建设一些现代化的、西方化的城市建设项目，以此对新兴中产阶级开展地产的营销，并日益形成为具有封闭性和排他性的高档生活社区，却反而破坏了城市应该具有的开放性和公共性的特点。这些城市发展的例子充分说明,伴随迅速城市化过程的新兴巨型城市区域的多中心化发展,已经成为亚洲城市化的突出特点。

通过城市周边的新兴城市建设项目,上海出现了多中心的分散化的空间格局。这些新城建设项目大到包括上百平方公里和上百万人口规划的新城,小的也包括几万、几十万人口的重点城镇建设,共同使上海的整体形态发生变化,上海已经从一个单中心的高密度中心集聚的城市,逐步过渡到由多个核心城市所组成的巨型城市区域。

2. 多中心巨型城市的发展演化

(1) 人口的因素

超大规模的快速人口城市化过程构成巨型城市发展的基本背景。从20世纪80年代以来,中国城镇人口从20%左右增加到现在的57.3%。利用普查数据的分析,从2000到2010年的短短10年中,大约有2.1亿农村人口进入城市,并主要进入东部沿海地区的大中城市,带来城市的高度密集和空间扩张。

从人口变动来看,上海市的人口从2000年的1 640万增加到目前2016年的2 519万,由于城市化过程中主要的土地供应在郊区,使城市郊区化和在城市边缘地区的新城建设成为必然的选择。图13-2显示,从2000年到2010年城市人口的增长主要在城市郊区。随着城市郊区的土地转变为城市建设用地,未来上海城市发展的主要地区将仍然在城市的郊区和新城地区。

在人口空间变动和新城发展的关系中,相对于中心城区的高地价和高房价,城市郊区相对较低的土地和住房价格也推动了上海内部人口向郊区和新城转移。这主要包括两方面:第一,以城市生活质量改善为动力的城市更新计划,带动人口向郊区地区移动。相对于中心城区的高地价和高房价,选择在郊区购买较大面积的住房是推动新兴中产阶

十三、多中心的巨型城市

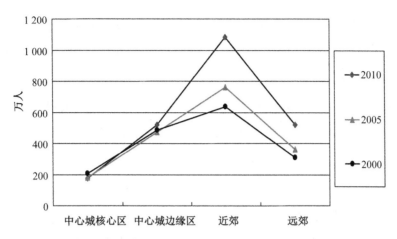

图 13-2 上海市分区域常住人口数量的变动（2000—2010）

级人口迁移的一个因素。第二，正是因为郊区的地价和住房价格较低，也使得收入较低的外来劳动力往往集中在郊区。外来移民和城市内部人口空间变动的过程结合在一起，使得中国东部城市的郊区化和西方城市的中产阶级化的郊区化是完全不同的过程：中国大城市郊区和新城人口的增长，主要动力仍然是相对低收入群体的集聚，这样的人口背景与现实中新城住房规划往往定位于中产阶级人口结构为主存在很大矛盾。

（2）基础设施

在经营城市的过程中，优先通过公共部门投资发展基础设施是中国城市化发展的突出经验。通过大规模的城市郊区的交通体系建设，以及通过轨道交通和高速道路体系将新城与中心城区更加便捷地联系起来，是推动多中心城市发展的另一个重要动力。

上海城区内的重要交通建设工程，包括地铁1号线和内环高架道路是"八五"（1990—1995）时期的主要建设项目，因此，在20世纪90年代后期由于中心城区交通的便利，使中心城区在城市人口的比重反而更加突出了。但从20世纪90年代后期特别是进入21世纪以来，上海以筹备2010年世博会为背景加大了轨道交通建设,到2015年年底上海轨道交通总里程已经达到617公里,为世界第一,共有15条轨道交通线路,车站366座,覆盖范围延展到城市的郊区。上海的高速公路系统也很快覆盖到整个郊区和农村地区。因此,在轨道交通和高速道路的枢纽地区,嘉定新城、松江新城、奉贤区的南桥新城都得到快速的人口增长。

(3)产业的力量

更深入地分析上海多中心城市扩张的根本动力,我们需要认识到,在城市边缘的城市建设项目和新城规划背后的产业资本过程,需要考虑推动新城建设的资本动力和政府作用。

城市化过程带来土地利用的变化和土地价值的增值。而在中国财政体制下,地方政府财政又相当大程度上依赖于土地财政,也使地方政府有充分的动力不断推动城市建成区的扩大和上马新城建设项目。土地开发的巨大利益吸引国际和国内的资本集团投资土地并在新城从事产业项目,从而不断推高土地的预期价值,进一步驱动城市的郊区化和新城建设过程。

郊区新城的土地价格相对于中心城区更低,带来城市工业和制造业逐步向郊区转移,并推动在新城建设中发展相适应的生产性服务业。例如,在嘉定汽车产业集聚区周围建设嘉定新城,以松江工业区为依托建设松江新城,通过新城建设,为产业集群提供更好的配套服务,促进知识外溢和新企业的形成。因此,从这个意义上说,城市空间形态变化的实质是资本产业过程。表13-2说明了从2000年到2010年制造业产业数量的增长主要在城市郊区的新城地区,而在中心城市制造业企业的下降非常明显。

表 13-2　上海市分区域的制造业企业数量的变化（2000—2009）

地区	制造业企业数量		制造业企业数量的变化	制造业企业的变动率
	2000	2009		
中心城核心区	1 113	208	-905	-81.31%
中心城边缘区	3 031	1 230	-1 801	-59.42%
近郊区	8 463	9 753	1 290	15.24%
远郊区	6 909	6 676	-233	-3.37%
总计	19 516	17 867	-1 649	-8.45%

资料来源：高向东等（2010）。

在产业发展推动新城建设的过程中，我们也看到强烈的全球化因素的影响。大量的产业项目是国际产业资本投资的结果，全球化不仅带来国际产业资本在当地不断延伸自身的产业链条，将部分生产和加工环节转移到郊区的新兴城镇和工业开发区及周边城市，同时，这些新兴城镇也通过直接扩展与国际生产网络的紧密联系获得产业发展的动力。正因为全球化对新兴巨型城市的巨大影响，我们看到这些城市周边地区的新城建设往往被冠以生态城市、可持续社区、国际化新城市、世界性科技园区等名称，不少城市规划由国际的设计公司加以设计，设计的形态也原汁原味地呈现"全球化"的风貌。上海城市景观的天际线设计与纽约、芝加哥的现代都市建设群并无二致。例如，松江新城的泰晤士小镇是一个极具英国风格的社区，嘉定新城的安亭镇也是德国式样的城镇，一些城市建设项目在广告中也被称为"东方威尼斯""苏格兰风情社区""绿地21世纪新城"等等。这些"西方式样"的新城形态，一定程度上反映出像上海这样的城市充当着国际产业和资本体系与国内产业体系的枢纽作用。

(4)住宅建设

住房建设与居住人口数量的增长有着密切的联系，同样是因为郊区和新城有相对更充足的城市建设用地及居住用地的供给。从表13-3可以看出，郊区和新城是上海城市住房建设增长的主要地区，这也证明了上海城市区域扩张和在新城地区的人口集聚。即使在上海这样的人口过度集聚的城市，郊区新城的居住用地增长速度和住房面积扩张实际上仍然是快于人口数量增长的。这也表明了城市政府对于人口空间分布政策导向上希望进一步推动郊迁扩散和促进多中心城市区域的形成。

表13-3 上海市住房建设存量和增量的分布（2000—2009）

	住房存量（万平方米）			新增住房建筑面积（万平方米）		住房建筑面积增长率（%）	
	2009	2005	2000	2005—2009	2000—2009	2005—2009	2000—2009
中心城核心区	4 361	4 124	3 321	237	1 040	5.74	31.30
中心城边缘区	13 025	11 672	8 762	1 353	4 263	11.59	48.66
近郊区	25 828	16 830	7 488	8 998	18 340	53.46	244.93
远郊区	8 300	5 370	1 294	2 930	7 006	54.56	541.40

资料来源：唐博等（2010）。

3. 巨型城市的挑战

(1)治理的挑战

随着城市的多中心化和形成巨型城市体系，城市治理需要从单中心城市的管理模式过渡到对多中心大都市区的治理模式。大都市区治理面临着与传统单中心城市时代完全不同的治理任务和治理挑战。

第一，巨型城市治理具有结构上的复杂性。传统城市管理体制在城市和农村二元框架下，城市体制从上到下包括市区、街道和居委会的垂直体制，在农村地区从上到下则包括县、镇（乡）和村委会。一个单独的市区和周边县域构成传统都市区的基本结构。而随着新城的建设，城市结构体系中出现了市区、新区、县、新兴城市的管理委员会和开发区管理委员会等多样化的管理机构。

城乡二元结构和城乡管理体制上的分割性，造成大都市区内部管理的断裂。例如，上海的社会保险体系原来分为城镇居民的社会保险体系和小城镇社会保险，以及农村居民社会保险不同的类型，缴费比例和支付金额也存在很大差别，目前分为城乡居民社会保险和城镇职工社会保险，但是保险体系的差别性和碎片化仍然是明显的。在巨型城市的发展过程中，郊区发生城镇化的变化，人口结构、职业结构发生剧烈的变化，郊区的生活方式、生产方式、土地利用方式和社会结构随之发生变化。大量农村居民转变为城镇居民，他们的经济从业模式、就业管理、社会保障、社会生活关系都需要重新塑造，而传统农村地区的管理模式并不能适应城市社会管理。城市化过程带来土地利用的变化和土地产权的流转，在此过程中需要加强农民土地权利的保护和土地利益的实现，在农民土地产权的法律保障和土地流转的制度建设上还需要积极加以完善。

类似的大都市区内部治理结构的碎片化根源于差别化的地方财政体系，在区与县之间以及不同乡镇之间的地方性财政分割，带来包括基础设施建设、公共事业投资、公共服务管理的碎片化。巨型城市的多中心化发展过程中，显著地面临着城乡二元性的管理体制相互交错，城市体制和农村体制、城市问题和农村问题在城市边缘地区汇集交织起来。巨型城市区域在结构上的复杂性，要求在更大的都市区范围内统筹城乡规划、新城和都市区的整体规划及公共管理。

第二，巨型城市治理具有功能上的复杂性。麦基（Maggie，2010）

未来的城镇化道路

按照巨型城市的功能将城市体系分为基础设施系统、生产系统、生态系统和社会系统。大都市区的有效运作,需要处理好与此相关的包括道路运输、交通通勤、企业创新、人口迁移、劳动力市场、生态环境建设、信息网络等复杂活动。按照规划,城市周边的新城各自承担不同的功能,例如上海周边的松江新城主要是一个集聚大学、教育和科技的新城,而嘉定新城则是配套汽车产业服务的产业城市,因此城市区域发展需要处理好城市内部不同功能体间的相互合作。同时,城市主城区本身也需要加强与更大规模的都市区体系、城市-区域、全球体系的联系。

第三,巨型城市治理具有风险上的复杂性。与巨型城市具有结构的复杂性和功能的复杂性相关联,巨型城市发展所面临的风险和挑战也更加突出。风险管理要求巨型城市能够未雨绸缪、应对挑战,提前对风险社会有所准备和完善预防性的治理体系。这些风险包括全球化和经济发展的风险,以及全球经济不确定性和全球产业结构所带来的风险——2008年以来的世界金融危机很明显地反映了这一点。在城市化过程中大型城市建设项目带来地方政府债务和金融体系的风险,也对社会安全运行带来风险。例如,在城市改造过程中的拆迁已经成为当前突出的社会矛盾,包括城乡结构和社会结构分化也构成社会不稳定的重要原因。大都市区内部人口结构日益分化,不同利益群体的需求发生变化,也进一步加剧了利益冲突,使城市发展具有复杂的利益博弈过程。由于存在行政管理的地方壁垒,类似环境污染问题、水环境利用改造项目都具有跨行政区域的外部效应,使得巨型城市需要提高应对风险的能力。另一个值得关注的城市运行风险包括对环境和生态体系的压力,如城市化过程中的能源利用、粮食安排和碳排放的影响,等等。

因此,在全球化、区域化和城市化的共同作用下,中国东部地区城市产业和人口集聚,逐步形成若干多中心的巨型城市。这对有效的大都市区治理模式提出了挑战,需要我们将不断完善巨型城市治理纳入政策议程。

值得重视的是，不同国家和地区的城市区域发展，深刻地受到所在城市历史和制度背景的影响，使巨型城市的发展存在多样性。中国沿海地区城市的多中心化和巨型城市发展的过程中，明显地受到本地区的行政管理体制、行政区划、户籍制度、土地制度、社会保障制度、地方财政体制等的影响。多中心的巨型城市发展过程中遇到的问题和挑战具有自身特点，其治理体系的完善也需要认识自身的历史文化和制度背景的路径依赖，适应其具体情况，推动相应的制度建设来加以应对解决。同时也应该认识到，巨型城市发展中遇到的若干问题，很多是由于其本身独特的制度安排影响形成的。

（2）政府主导的治理

基于中国的土地产权制度和强政府的历史传统，地方政府成为巨型城市发展的管理者、推动者和执行者。政府通过土地财政来获得资本积累，并通过吸纳产业项目和促进融资推动地方经济的快速增长，这样的政府主导的城市化策略是地方政府的内在需求，也有效地整合了资源和推动城市化快速发展。

政治协调和地方政府推动的城镇化道路一定程度上构成中国发展的独特优势，但是，政府主导的城市化模式也带来一些显而易见的弱点。例如，政府主导的城市化和新城开发模式相当大程度上影响资源配置的效率，造成土地资源利用效率低下。中国是一个土地资源非常紧缺的国家，特别是东部沿海城市化地区的土地资源尤其紧缺，但是，我们看到一方面建设用地非常缺乏，一方面政府垄断的土地却往往带来利用的低效率。在新城的低密度和低容积率的城市开发模式，表现出土地利用效率未必有效。工业用地的低成本有利于吸纳投资，但不利于产业结构的升级。在一些新兴城市化地区，一方面出现建设用地严重紧缺，另一方面则出现已批租的土地大量闲置的情况。

土地开发利用的低效率造成土地利用的城市化快于产业城市化和

人口城市化的现象。政府主导的城市化也往往带来地方债务的增加，增加城市经济发展的风险。城市发展过程中政府过强的干预和参与也限制了民营资本的进入和发展。政府对城市化过程中的经济运营的强烈兴趣也导致政府职能的异化，成为经营城市的企业型政府，忽视了自身提供公共服务的职能。而在此过程中，也使地方政府往往成为社会利益矛盾的对立面，进一步加剧了城市化过程中的利益矛盾和社会冲突。

因此，中国的城镇化发展有必要调整政府和企业的作用。政府应该推动自身的改革，尽量减少对城市建设和土地运营的直接操作，通过政策杠杆和制度杠杆来吸纳企业集聚和促进产业升级，并逐步从地方城市的经营者，转变成为城市发展的规划者、引导者和服务者，努力探索巨型城市的治理体系建设。

巨型城市的治理体系建设需要加强企业的主体地位，通过强化企业的经济生产和不断创新，才能创造出新的就业机会和生产链网络，并从根本上实现人口的集聚和推动城镇化的过程。忽略了企业和产业发展在城镇化过程中的主体地位，可能使城镇化单纯地成为土地的城镇化和房地产泡沫经济的增加，最终对城市的稳定繁荣带来不利影响。

巨型城市的治理体系建设需要调节都市区政府、区县政府、新城管理机构等管理主体间的有效关系，不同行政管理层级之间需要明确相关的权责体系，跨行政区域间的政府间协调机制也需要加以完善。应更多地依靠规划法律而非部门的行政命令和行政督察来进行巨型城市治理。如果作为多中心的结点的新城缺乏足够的权利和能力进行空间规划与管理，也会削弱多中心城市整体治理的效率。

巨型城市的治理体系也需要包括所在地区居住者和迁移者共同参与社会治理、完善城市规划和发展，以及应对所存在的市民利益密切相关的问题，充分动员和发挥社会力量，推动经济和社会进步。同时，在多中心巨型城市发展中仍然要更好地协调城市发展中不同群体的冲突，更多地利用法治手段来进行规范管理，在公共参与的过程中不断完善多中心城市建设相关的立法和制度。

总之,以上海为代表的城市发展案例说明,在全球化和城市化过程的综合作用下,中国东部沿海地区主要大城市正在发生多中心化和分散化的变化,巨型城市得到发展。城市形态的变化要求推动城市治理的变化。同时,类似上海这样的中国特大城市的多中心化的发展过程,一方面是单中心的"中心-外围式"的区县体制逐步被打破而实现一体化;另一方面是城乡二元结构需要不断破解和实现一体化,多中心城市区的良好治理面临更大的压力。上海城市多中心化过程所面临的问题和挑战,也说明制度结构影响着巨型城市的发展,也只有通过符合具体实际的制度改革才能解决巨型城市发展所存在的问题。

4. 新城的人口发展和有效治理

(1) 多样性、分化性和人户分离

在多中心巨型城市的发展过程中,中国大城市周边的郊区和新城发展具有与西方城市化过程中的郊区化不一样的特点。如果说西方城市的郊区化特别是美国城市的郊区化主要是中产阶级化的特点,那么中国郊区化和郊区的城市化则面临更复杂的过程,其中包括当地农村人口进入城市、外来移民的聚居和在城市更新过程中的中心城区人口搬迁进入郊区新城。因此,中国的新城的发展并不是一种"城市的郊区化",而是一种"郊区的城市化"。新城的人口增长也包括中心城市的人口搬迁进入郊区新城,而这种"郊迁扩散"的人口过程,主要也并不是城市中的中等收入阶层在郊区购买更大的住房和别墅,而主要是城市中心中的收入较低的人口在城市更新改造和拆迁中在郊区购买经济适用住房。目前,上海在城市周边新城中建设了大规模的廉租房和公共租赁房居住社区,进一步强化了中心城区向郊区的人口迁移。新城的发展需要为多样化的人口变动提供必要的社会服务和基础设施配套。

混合性的人口过程强化了新城地区的社会分化。在多中心城市的郊区和新城中，集中地、复合式地造成了本地居民与外来人口的结构性分化、贫困人口与财富阶层的社会分化，以及城乡二元结构下的结构分化。特大城市郊区和新城发展中存在的严峻的社会分化，成为中国城市化过程中社会分化的集中缩影。

城市的社会分化尤其表现在对外来流动人口的制度排斥和社会排斥。城市的迁移群体主要分布在城市边缘的郊区和新城中，这些移民群体不仅数量巨大，而且在城市长期居留，有比较强烈的融入城市社会的需求。但是对于中国的大都市发展来说，由于存在户籍制度及在户籍制度基础上的社会福利制度的约束，流动人口在健康、卫生、医疗、保障、住房服务等方面都难以获得市民化的均等待遇。流动人口的权益难以得到保护，使流动人口在城市的社会结构中被排斥，造成城市社会的内在分裂。郊区新城作为城乡结合地区存在的农村集体产权土地，使得农村居民可以通过较低价格提供私人租赁，进一步带来贫困群体和流动人口的集中居住。由于流动人口在空间上主要集中在城市的边缘和郊区，也使大都市区郊区成为社会风险最为集中的地区。

人口群体的多样性和社会分化在空间上表现得非常明显。例如，上海周边的一些国际小镇基础设施非常高档，但现在基本还是空城，这一方面有交通和公共设施不方便的因素，另一个方面在于整个社区的定位过分追求富裕中产阶级特点，或者定位于吸引中高级技术人员和国际移民。房屋的价格和入住者的身份限制，将大量当地人口排斥在外，通过小区的安全保卫和隔离形成了封闭性的高档社区，使整个城市建设项目和当地人口结构完全脱离。但是，在这些富裕的封闭式住区的周边，就是大片的城中村地区。在城市化过程中剩余的农村集体产权区域，或者已经发生了土地用途转变但是仍然保留的大量贫困社区，有着大量的违章搭建和外来人口聚居。即使我们深入一个城中村内部，我们也能够看到本地村民居住和流动人口居住的隔离分化，流动人口往往居住在工厂的周边，环境质量差，居住住房的类型多是集体宿舍，居住空间狭窄，缺乏必要的商业设施；而本地村民往往相对有更大的住宅面积，更便捷的公共交通设施和生活服务。

由于中心城区的旧城改造和动迁，以及在郊区的经济适用房建设，造成郊迁扩散的城市居民中相当多数是社会阶层地位和生活相对贫困的人口。由于在中心城区户口所在地的公共服务、社会设施水平较高，以及户口所在地的政府福利补贴的标准更高，同时在新城地区教育、医疗公共服务设施配套不足，因此郊区新城中"人户分离"的情况非常突出。这种"人户分离"不是缺乏户籍准入造成对上海外来人口的"人户分离"，而是说具有上海户籍身份的人口在不同区县间的人户分离。数据表明，在这些新城集中的地区如宝山、闵行、嘉定、松江有着更多的"人在户不在"的现象，即使他们常住在郊区新城，但是户口仍然在迁出地的中心城区；相应地，在中心城区的徐汇、静安、卢湾、黄浦等区，则存在显著的"户在人不在"的现象。

（2）人口发展和产业发展相协调

郊区新城的人口发展具有多样性、社会分化性和显著的人户分离特点。在此背景下，促进新城的人口发展和有效治理，首先要实现郊区新城的产业发展和人口发展相协调，即通常所说的产城融合。

所谓产城融合，就是说新城建设不单单是上海大都市的卫星镇，不仅是作为人口居住城市、人口疏散城市，同时应该在新城中发展相应的产业，促进新城产业的发展与人口集聚相适应。进一步来看，"产城融合"的启示在于，只有随着新城的产业发展才能促进人口集聚和多中心化的城市扩展，并在郊区和远郊地区形成反磁力的中心点。产业发展构成新城发展的根本动力，是新城人口集聚的根本动力。例如，我们的一些新城定位了一些高端的产业，现实中发现这些产业很难在新开发区和新城落地，因为缺乏足够的人力资源和配套服务的支持。一个地方如何能够发展出相适宜的产业，需要从当地的具体实际出发，与人口状况、发展阶段相结合，并对产业定位和人口发展形成良好的平衡。在这个过程中对产业发展过分好高骛远，或者割裂了产业和人口的关系，实际上难以形成产城融合。

产城融合并不主要是在宏观上的产业和人口的布局问题，而是要进入城市内部，实现产业与人口发展的渗透和协调。从城市的控制性发展来看，现在不少新城动辄规划数百平方公里的建设用地，其中包括上百平方公里的新城、上百平方公里的产业开发区。新城规划包括不同的大规模的发展功能区，在纸面绘图上非常美观，但是在城市内部的产城关系却具有隔离性。因此，在一些新城中，实际上城市还并没有成长得很大，但是"城市病"就已经非常明显，产业区和居住区的人口在新城内部也已经产生出严重的通勤压力。这固然说明城市发展到了一定时期就需要强化基础设施建设，而实质的问题是新城内部的结构功能分隔，用地性质造成工业用地很难发展起生产服务业和居民居住服务业，造成产业与居住分裂，引发出各种城市问题。

在城市内部看产城融合，就是指产业发展与城市人口居住应该融合在一起，应该在新城内部发展出更加混合性的城市功能和较小尺度的土地利用，在更小尺度的街区上发展出生产产业和服务产业，推动经济活动、就业、居住和生活设施的紧密结合，创造经济活力，并通过步行道路和自行车道路将城市生活紧密地组织起来。这也是雅各布斯在《美国大城市的死与生》中对于城市规划的建议和启示（Jacobs, 1961）。我们应该突破结构功能主义的思路，而提倡人口的生活生产和人们的生活地点紧密联系的观点，用新城市主义的思想推动新城发展（Calthorpe, 1993）。类似上海这样的大城市的郊区新城建设，应该避免单纯依靠大尺度的空间规划和规划新城，需要在较小的城市空间尺度上推进产城融合，从而使新城成为富有品质的适合人居住和就业的生活地点。

产城融合告诉我们新城建设中的产业发展和人口发展是相互适应、共同演化的。脱离于人口基础的城市住房项目，很容易成为空城；脱离于人口基础的产业发展，也很容易变得好高骛远而难以企及。在当前特大城市的郊区新城地区，人口结构上表现出农业人口比重较高、农村土地被征用后的简单劳动力较多，同时随着新城建设和新城周边的工业企业项目的推进，带来流动人口数量集聚。这样的人口基础构成了地区发展的前提，也构成了产业发展的前提。各个新城都希望发展现代服务业和高新技术产业，但是新城的产业和城市建设如何能够与城市人口状况相适应，如何在人口现实状况中生长出来，以及如何通过有效的移民导入推动新城中小企业的发展和产业进步，是促进新城发展产业和城市融合、促进新城发展的经济发展和人口发展相适应需要考虑的方面。

在此过程中，巨型城市发展的人力资源不足和产业发展需求的缺口矛盾就表现得非常突出。推动新城产业发展和人口发展相协调，一方面要大力吸引优秀人才的进入；另一方面需要加强对新城人口的教育培训和人力资本投资。同时，要重视对迁移人口的教育培训，特别是职业教育培训。正是通过这些教育培训，才能支持城市的未来发展，使新区的人才建设能够适应产业发展的未来需求。在产业发展和人力资源相互适应的过程中，我们也应该看到新城地区多样性的人口本身也构成了产业发展的优势。产业发展通过产业链的深化，在吸纳高技能人口的同时，也促进了一般服务业人口的就业，这些产业和服务业构成了相互支撑、紧密衔接的产业体系。产业发展需要的人口基础本身是多样性的，只要某一类人口不要某种人口，本身难以支撑城市的发展。具备了多样性的人口，才能支撑产业链体系的不同环节，形成协调和整合的城市生活。

同时，新城的产城融合还要求生产性产业与面向居民服务的社会服务业和生活服务业的融合。城市产业园区的主导产业往往是生产性产业，这些生产性产业发展需要相应的生产性服务业配套。新城发展不仅需要考虑生产性产业和生产性服务业的发展，更应重视生活性服务业、社会性服务业的作用，包括生活商业、文化、休闲、旅游、教育、健康服务等，从而实现丰富的城市生活。

通过产城融合，能够提升当地城市的生活质量，进而通过社会生活品质的提高来促进高素质人口的集聚，带动生产性产业的发展。例如，在城市郊区提供更高水平的国际性标准的教育、医疗服务，提供一流的老年服务设施和老年专业服务，对流动人口提供更符合当地产业前景的职业教育和技能教育，通过提高生态品质提供旅游和人居环境建设，等等，都有利于新城的生活品质的提高，集聚高素质人才，从而改变区域人口结构，并推动高能级的新知识、新技术产业的发展。

(3) 人口发展和城市规划相协调

巨型城市的多中心化需要包括交通、道路、电信以及教育、卫生等基础设施扩张的支撑。新城发展往往带来人口增长与基础设施规划、城市公共服务和社会福利供给能力不足的矛盾。这在不同的新城表现出不同的特点。在一些地方，人口集聚过快，城市设施却发展不足。例如，一些大型居住区的人口增长了，但是相关的适应交通中转的交通枢纽和集散体系建设不足。在一些新城中，有着相对密集的产业投资，但是居住区的功能配套不足，需要道路、轨道交通，同时需要有一流的医院和教育服务，需要污水处理厂、文体设施建设，等等。而在另一些新城，由于缺乏必要的城市规划和公共服务配套，人口就没有出现集聚。或者在一些地区，人口集聚了但是缺乏必要的公共服务设施建设，新城的发展又往往会造成一些新出现的贫困社区。因此，新城的发展需要人口发展和城市规划的协调，适应人口集聚，促进人口规划。同时，在人口发展多中心化的过程中加强基础设施规划和投资本身是有效率的，相对于在一个人口疏散的地方进行基础设施建设，在人口密集和土地紧凑型城市的基础设施建设是低成本的。

新城发展一定程度上需要基础设施和公共服务先行，从而创造良好的社会和自然环境，吸引优秀人才的加入。但另一个方面，如果有了城市规划却没有充分的人口集聚，也可能出现投资浪费的问题。所以对于新城的发展，究竟是应该人口多中心化的增长集聚先行，还是城市规划先行，就出现了莫衷一是的讨论。从二者的相互关系来看，先行性的功能建设和城市规划是必要的；因为如果规划落后于人口变动，就很难补充建设基础设施。

总结世界不同国家地区的新城发展经验，可以将新城发展和人口集聚分为四个时期：新城的人口集聚的最初动力是政策引导；然后是产业吸纳的人口集聚；再就是功能完善的自发人口集聚；之后才是人口集聚以后的适当导出。所以，在人口变动和城市规划的关系中，一定程度的城市规划先行对于新城发展是有效的。

一方面，通过先行性的城市规划适应和支持新城的人口增长；另一方面，由于人口没有增长将导致基础设施和服务投资的经济效益难以形成，因此政府对基础设施和社会设施的投资是必要的。政府通过土地开发公司组织新城建设的融资平台，也一直是我国城镇化发展的重要经验。但是，公共设施的融资责任并不应该完全是政府责任，基础设施与社会事业的发展仍然需要鼓励和推动多元化投融资发展。例如，拓展特许经营为依托的PPP模式等，值得加以探索和实践。

在实现新城城市规划和人口发展的协调过程中，我们还需要避免人口空间变动和城市服务资源空间配置的不平衡。人口布局和公共服务配置的不平衡，是新城建设和城市多中心发展过程所面临的严峻挑战，而且这种挑战随着人口扩散和在新城集聚，空间上的不平衡性将表现得更加突出。在城乡二元公共财政体制下，远郊地区和农村地区的社会设施建设本来就是相对不足的，人口向郊区和郊区新城的转移进一步加强了公共服务的不平衡。公共设施的不平衡对于人口郊迁和向新城转移带来限制,造成了人户分离的现象。人户分离的现象又进一步扭曲地区财政资源对于公共服务投入的空间不平衡。例如,中心城区户籍人口多于居住人口,郊区和新城的居住人口高于户籍人口,如果根据户籍来安排地方财政和配置地方服务投资,公共服务的空间不平衡性将会更加严重。

  人口发展和城市规划建立良好的协调平衡关系,要求城市规划具有一定的科学性、预见性和超前性。如果没有合适的城市规划,那么城市多中心化扩张得越快,可能引发的问题就会越多。科学的城市规划需要人口规划、空间规划、生态规划多规合一,需要规划项目进行整体配套衔接。例如,除了轨道交通建设规划,还需要轨道周边广场、下水道、垃圾站、公共厕所等设施的相应配套。一些城市地区在下雨后出现大范围的洪涝,这正说明了城市规划的不科学和不完整。我们经常说"城市的下水道是城市的良心",这说明在城市公共设施规划上应该以人民的利益作为首要的考虑。城市规划需要有一定的预见性和超前性,从而能够适应人口的未来变动。人口变动和城市规划应该是一个良好的动态过程,需要针对具体发展存在的问题和需求,建设一个灵活反馈的机制,及时调整规划中不合理和不适应的方面,避免僵硬规划。在规划建设和动态调整中,也需要改变过度的政府主导和过分信任专家规划的工作模式,需要重视社会规划和社区规划的作用,通过鼓励不同人口群体的参与,才能真正实现规划的有效性。

  总之,适应人口变动的城市规划才是真正符合城市发展需要的城市规划,社会居民和具有具体需求的不同人口群体才是城市规划的真正主体。新城建设和多中心城市发展离不开合理的城市规划,从而能够保证人口变动和城市发展的相互协调。

(4) 人口发展和社会管理相协调

  考虑到新城人口发展的多样性、分化性和社会融合,要重视新城人口发展和城市社会管理的良好协调。

人口变动产生各种人口和社会问题,对城市管理带来巨大压力,包括犯罪率的提升。同时,对城市的教育、卫生等社会需求日益扩展。要实现新城人口发展和社会管理的协调,需要适应人口的集聚,适应人口变动中的社会过程,特别是适应流动人口的大量集聚,完善管理和服务体制。

流动人口主要集中在城市郊区和新城地区,是举行城市新城建设的重要人口现象。加强城市流动人口管理和服务,第一是丰富流动人口管理和服务的内容,适应流动人口动态性特点,加强对流动人口教育卫生、保障、住房等方面的管理和服务。第二是完善加强流动人口管理和服务的方式。流动人口的社会管理不仅是政府管理,也需要利用社会组织的力量,利用流动人口自我组织的力量,通过更加属地化的社区管理,使流动人口与社会更紧密地结合起来。这就需要加强社区的作用,也需要加强对空间的营造。例如在城中村地区,需要扩展出一些公共的空间,发展公共洗衣场所、公共厕所、公共娱乐建设等等。城中村本身是农村,缺乏公共活动的空间,而人口集聚过程中通过私人搭建又进一步挤压公共空间,会进一步恶化社会问题。第三,加强流动人口的管理和服务的根本是应该重视和实现流动人口在城市生活的社会权利与空间权利。城市不仅是本地人口的新城,也不仅是高技术迁移者的新城,而是所有居住者的城市。新城由于流动人口数量较多,就更加要求实践流动人口在城市的平等和正常的生活权利、空间权利。例如,流动人口的摆摊问题严重,实质是城市管理中没有给流动人口生活和发展提供必要的空间。在上海的嘉定地区,一些城中村社区将部分集体用地统一建设集体公寓,其实质也在于为流动人口在城市生活和居住提供空间上的权利。实际上,增强流动人口空间权利不一定会推高城市住房的需求和房价,反而有利于城市的住房和社会秩序。

由于流动人口主要集中在郊区和新城地区,人口集聚对公共安全的压力在新城表现得更加明显。而实际上，我们对城市公共安全问题进行了研究（Tan and Ren, 2015），发现犯罪率和主要城市公共安全的挑战不是人口集聚和流动人口密度的提升，更主要的原因是流动人口中年轻人口比重更高、贫民窟社区影响社会不安全、城市的公共安全投资和警力配置不足、人口的教育程度的提高和失业率的提高。因此，新城的人口集聚与社会管理要实现有效衔接。城市社会管理的对策不是控制人口数量，更主要的是需要加强对城市的安全保卫、教育水平提高、邻里关系提高等公共投资，这样才能建设更加安全的城市。

协调人口变动和社会管理，需要本着社会公平和社会包容的心态，为流动人口提供平等的社会权利和公共服务，通过教育培训的发展完善管理和服务的体制，才能更有效地实现良好的、有秩序的新城。

总之，特大城市在日益向多中心的巨型城市发展转变，其郊区新城得到发展，引发人口数量增长、人口多样性和社会结构分化，也出现显著的人户分离的现象。对于巨型城市发展来说，在人口变动过程中实现城市有效治理，需要促进人口发展和产业发展的协调、人口发展和城市规划的协调、人口发展和社会管理的协调。对于上海等巨型城市，特别是在郊区和新城地区的流动人口管理与社会整合，成为其发展所面临的突出难题。巨型城市的流动人口管理，不仅是基本公共服务的均等化问题，更需要通过制度建设促进对流动人口的接纳和融入，促进流动人口在城市中具有平等的发展机会，并增强流动人口在城市公共事务决策中的话语权和维护其基本利益。只有这样，才能有效实现城市化过程的多样化发展，实现多样性社会群体的社会整合和社会和谐。

参考文献

高向东等：《上海人口布局及发展趋势研究》，载上海市人口综合服务和管理领导小组办公室编：《人口决策咨询报告汇编》，2011年，第179—220页。

唐博、任远、陈杰：《上海市住房供应趋势及管理对策研究》，《人口》2012年第 4 期。

Calthorpe, Peter (1993). *The Next American Metropolis: Ecology, Community, and the American Dream*, New York: Princeton architectural press.

Douglass, Mike and Liling Huang (2007). "Globalizing the city in Southeast Asia: Utopia on the urban edge—The case of Phu My Hung, Saigon", *International Journal of Asia-Pacific Studies*, 3 (2): 1-42.

Jacobs, Jane (1961). *The Death and Life of Great American Cities*. New York: Vintage.

McGee, Terry (2010). "The spatiality of urbanizatioin: The policy challenges of mega-urban and desakota regions of Southeast Asia", *Institute for Asian Research Working Paper*, No. 161, University of British Columbia, Vancouver.

Tan, Jing and Yuan Ren (2015). "Will migration worsen urban safety? Empirical studies in Shanghai", in *Kinder Institute for Ur-ban Ressearch Working Paper*, No. 2015-05.

下篇
制度改革和治理

十四 户籍改革

户籍制度是中国城乡二元结构的基础性制度。它在20世纪50年代逐步建立，以1958年《中华人民共和国户口登记条例》为标志得到确立。户籍制度对于城乡隔离的静态社会的社会管理和福利供给可能是有效的。但是，20世纪80年代以来，随着市场化推动的人口流动性增强和城镇化发展，中国开始了城乡结构变动的社会转型。人口迁移流动日益加剧与户籍制度改革过慢构成了城镇化发展中的第一对矛盾。户籍制度越来越表现为滞后于人口迁移流动，阻碍人口的流动性，阻碍城乡和区域劳动力市场的发展。城乡结构快速调整与户籍制度改革过慢构成了城镇化发展的第二对矛盾。户籍制度影响了城镇化发展过程中的利益结构分配，社会分化日益加深，国家和社会不仅呈现出城乡之间的二元壁垒和隔离分裂，城市内部的农民工与本地人口的社会分化也日益严峻，形成一种"三元社会结构"，或者说造成一种区域碎片化的结构。户籍制度越来越构成城镇化发展的突出阻碍，并限制了城乡居民的生活福利和社会流动性，应该成为中国城镇化发展和全面深化改革的核心突破口。

本章首先简要介绍户籍制度的内涵，回顾户籍制度的形成和历史变革。其次，将从户籍制度和劳动力市场、户籍制度和社会分化及户籍制度和家庭生活三个角度，讨论当前户籍制度改革的必要性和迫切性。再次，虽然大家都认为户籍制度改革非常重要，但户籍制度改革却发展缓慢，作者将讨论中国户籍制度改革困难的根源，及讨论如何来形成户籍改革的共同行动。在文章的第四部分，作者将讨论中国户籍制度改革的原则、目标和路线图。

1. 形成和历史变革

(1) 与计划经济体制的内在关联

户籍制度是历史的延续,本身也随着中国城镇化的发展在不断改革。户籍制度形式上看是记录人口居住在哪里的人口登记制度,但是,我国的户籍制度和世界各地的居住地登记制度不一样,其根据城乡生产方式的不同,将人口划分为农业人口和非农业人口。从20世纪90年代以来,一些地区虽然取消了户籍性质上的农业人口和非农业人口的区分,但是基于城乡的户籍身份差别仍然普遍存在。我国的户籍制度是依托对户籍身份的控制,实施控制性的居住地变更和移民管理,以及以城乡身份为基础提供差别性福利供给和社会管理的行政管理制度。

计划经济体制下,居民的迁移流动必须得到户籍许可或者行政的证明(Chan,2012)。改革开放以后,人口的流动性得到部分上放开,流动者在法律上可以暂住或者居住在所在城市。但是迁移流动者却很难得到居住地的户籍,户籍制度仍然构成一种控制性的移民管理制度。人口学意义上的移民指的是离开原居住地半年及以上的长期居住和生活的改变,但其中只有少数是获得了户籍所在地的变更,只有户籍地的改变才被统计部门定义为迁移。没有发生户籍地的改变的人口迁移被定义为人口的流动。无论该人口是否事实上有稳定的居住和生活,这些人口都被认为是暂时性、暂住性地迁移活动和流动,他们的户籍地和户籍身份并没有改变。

户籍制度根据户籍身份对城乡居民提供福利供给和社会管理,社会保障、土地分配、教育和健康等福利供给基于居民的户籍身份。在社会管理的方方面面,出生和生育管理、死亡记录、婚姻、就业,乃至包括购房、购车、出国手续的办理等等,也都是建立在户籍的基础之上。

十四、户籍改革

因此,户籍制度构成福利制度和社会管理的载体性制度。城乡的户籍身份决定了在各个方面存在排斥性和差异性的福利供给,决定了城乡人口在社会福利和社会利益上的巨大差别。

户籍制度的形成与计划经济体制有内在关联。计划体制对人类经济和社会生活,以及人类行为实施全面管理,通过户口制度来实现对人口出生、死亡、迁移的管控和调节。

从20世纪50年代以来,我国开始依托户口登记和管理进行社会管控,维护城市公共秩序,出台了《城市户口管理暂行条例》等规定。在此以后,特别是1953年第一次人口普查后,农村的户口登记制度也开始建立和发展起来。在1958年国务院颁布了《中华人民共和国户口登记条例》,标志着作为城乡二元结构载体性制度的户籍制度的确立。户籍制度将城乡居民区分为"农业户口"和"非农业户口"两种不同户籍,并在农村户口和城市户口基础上形成差别性的福利制度安排、差别性的土地产权制度、差别性的管理体制,并限制人口迁移流动。在城市依托单位制度提供粮食消费和职工福利;在农村推动建立人民公社的管理体制。在1958年以后,依托户籍制度对人口迁移进行严格管控,避免城市部门的人口过快增长和集聚。

我们可以看到,户籍制度的建立本身就有着对城市人口的增长进行调节管控的目的。建国以后的社会主义建设和城市工业的恢复,带来城市部门人口的迅速增长,城镇人口比重从13%左右增加到20%左右。这个城镇化的快速发展,结合着建国后的以"光荣妈妈"为代表的人口出生增长,共同带来城市部门的人口快速增长。但是城市工业发展所提供的就业机会相对不足。因此,对城市人口的管控从20世纪50年代末期以后就开始发展。在20世纪50—60年代城市人口增长和城市就业的供求矛盾,一定程度上可以从人口学意义上解释20世纪60年代出现的"上山下乡"运动。在这个背景下,户籍制度作为人口迁移流动管控的工具得到进一步强化,并使户籍制度天然就成为阻碍人口迁移流动的制度。

依托户籍身份提供城乡福利供给和社会管理，使得户籍制度成为城乡之间福利和社会管理的壁垒性制度。户籍制度被认为是通过限制农村人口迁移、限制农村人口获得国家福利，从而支持了通过城乡工农发展的剪刀差的城市工业化模式（Chan，1994）。在户籍制度刚刚建立的时候，城乡之间的福利差距和利益分配还并没有非常显著，但是随着资源越来越向城市集中，工农剪刀差所来的福利利益向城市集中，并由于户籍制度分隔城乡体制，带来城乡差距日益扩大。改革开放以后，除了农村改革带来一些短暂的快速发展，城乡之间的福利差别和收入差距更加扩大了。这种日益扩大的城乡差距，固然从根本上根源于城市部门较高的劳动生产率，但毋庸置疑，附加在城乡户籍上的就业、养老、教育、医疗、住房以及粮食与副食品供应等一系列福利政策，形成了城乡居民之间巨大的福利差异与身份的不平等，户籍制度所造成的城乡壁垒，是城乡差别扩大的重要因素。

（2）户籍改革的探索

户籍制度在城乡隔离的静态社会结构下，能够很好地对人口、经济、社会生活进行管控。改革开放以来，从农村联产承包责任制开始释放出农村剩余劳动力，同时，随着城市工业化发展所带来的经济就业机会，使乡城之间劳动力流动出现和日益增强，产生出户籍制度和人口迁移流动的不匹配性。

改革开放以来，户籍制度不断在进行改革。

1984年开始实行农村进城务工经商人口的暂住证制度，暂住证制度打破了僵硬的户籍制度对人口流动性的约束，开放了乡城间人口流动的空间。这是对户籍壁垒的打破，也为城市工业化发展提供了大规模低成本劳动力，户籍制度改革推动了城镇化发展，并因此成为中国经济起飞的内在条件。

从20世纪90年代起，进行了小城镇户籍改革的探索。小城镇居民可以自带口粮落户,在城市中稳定居住、稳定工作,可以解决部分农业户口转为非农业户口。在一些地区实践中甚至还商品化,不少地方城镇允许农民缴纳城镇建设费的方式购买非农户籍。1998年公安部关于户籍改革的文件,对子女随父随母自愿落户和投亲落户有一定的开放。

到了2000年以后,各地对于户籍改革进入了探索试验时期,中国多数省份开始探索不同准入条件的条件户籍改革(吴开亚等,2010)。相对于20世纪90年代比较重视小城镇户籍改革,2000年以后我国开始了对中等城市和大城市的户籍改革探索。例如,郑州从2003年开始探索开放城市户籍,由于改革的困难而最终失败了。在江苏省也进行了取消农业户口和非农业户口的探索,实际上虽然在名义上取消了户口身份,但是社会福利和公共服务仍然是按照城乡区别管理的,这样的户籍改革只是"换汤不换药"的改革。重庆作为国家城乡统筹发展综合配套试验区的重要改革内容是综合配套的户籍改革。在重庆的农村居民转户口实施办法中,农民在进城过程中退出宅基地,通过地票实现土地流转,政府设立土地流转机构确保土地占补平衡,并为转户口的农民提供社会保障、就业、卫生、医疗和住房等公共服务。城市通过建设用地提供公共租赁房给城乡居民,并通过土地招商引资,依托土地收益增强公共财政。重庆的实践受到了"让农民上楼"的批评。相对来说,同样是城乡统筹发展综合配套试验区的成都市的改革不要求农民转户口退出宅基地,更加重视农村教育、卫生等公共服务的发展。资料显示,拥有1 100万人口,其中510万为农村人口的成都,2003年地方财政的三农支出仅10亿元人民币,而到了2009年地方财政对三农的投入已达192.3亿元,6年累计投入了594.8亿元,人均公共服务投入的城乡差距在2004年为1 543元,到了2009年已经下降到了136元。广东实行的"积分入户"改革,成为不少地区户籍改革学习的榜样。上海从20世纪90年代后期的蓝印户口到21世纪初探索人才居住证制度;2009年实施了居住证转户口的改革,被当时的媒体评价为"户籍新政";

2012年又开始积分福利制度的有关探索。各地户籍改革都有一些成功经验，也暴露出一些改革的困难。

党的十八届三中全会以来提出全面深化改革，并将户籍改革作为全面深化改革率先推动的一项内容。2014年国务院关于户籍改革的意见，更是提出了取消农业和非农业户口，提出了户籍改革整体实施的方案。

因此，改革开放以来我国的户籍改革总体上是在不断改革和有序推进的。但是如果作一个基本的判断，目前的户籍制度改革滞后于城镇化发展和人口迁移流动，而且滞后性表现得越来越突出。具体表现在我国城镇化水平已经从20世纪80年代的20%增长到2014年的54.7%，也就是长期居住在城市的人口达到了54.7%，但是城镇户籍人口的比重只有37%。日益扩大的户籍人口城镇化与常住人口比重的差距，凸显出户籍改革的滞后性。而且这种差距的不断扩大，也引起越来越多的社会分化，使城镇化发展的过程受到限制。因此，在当前时期加快推进户籍制度改革，就成为非常迫切的改革议程。

2. 户籍改革的滞后

户籍制度是城乡二元结构的载体性制度，需要以户籍制度改革作为突破口来推动城乡结构调整，推动中国城镇化。西方国家（特别是美国）的城镇化发展具有显著的产业和市场驱动的特点，中国城镇化发展则比较强烈地受到政府力量和制度因素的影响。制度因素在中国城镇化和改革发展中具有重要作用，其积极方面在于通过制度改革形成城镇化的动力，而其消极方面在于制度因素也往往构成城镇化的阻力。当前时期，户籍制度改革滞后于人口迁移流动和城镇化发展，人口快速城镇化过程中超大规模的人口迁移流动与户籍制度引发的结构性壁垒形成越来越突出的矛盾。户籍制度改革滞后对城乡发展已经表现出非常显著的不利影响。

(1) 对劳动力市场的影响

前文说明,户籍制度作为人口居住地变更和移民管控的制度,天然地影响劳动力市场的流动性。1984年暂住证改革的经验告诉我们,劳动力市场的开放推动了中国城镇化的发展。改革开放的目的在于建立健全社会主义市场经济体制,而市场经济体制的重要组成部分是劳动力市场的流动性。

户籍制度和劳动力市场流动性的关系应该历史地来评价。在20世纪80—90年代,户籍改革实际上释放了劳动力市场的流动性,户籍改革基本上是中国经济改革奇迹的推动力。通过部分松动户籍管控,开放了人口流动性。同时,户籍制度构造了劳动力市场的内部壁垒,使城镇劳动力市场出现了农民工与城市本地居民的劳动力市场分割,控制了劳动力成本。户籍管控放松带来大量甚至是无限的低成本劳动力供给,一定程度上还表现为中国经济发展的"优势",成为中国20世纪80年代以来经济快速发展的重要推动力(Chan,2012;彭希哲等,2009)。对20世纪90年代和21世纪初的一些劳动力市场研究指出,21世纪初若干城市所进行的条件户籍改革实际上对带动劳动力的迁移流动并没有显著作用(孙文凯等,2011),这说明不管进行还是不进行户籍改革,总是有大量劳动流入城市。而在2005年以后的一些研究则表明,由于户籍与福利和公共服务密切相连,户籍制度改革滞后阻碍了劳动力市场的流动性,造成中国城镇化发展的滞后(陆铭、陈钊,2012)。劳动力供求的流动性主要受到城乡收入差别和劳动力的总量供求关系的影响。而户籍制度改革和劳动力市场的关系表明,通过户籍制度改革来开放劳动力市场的流动性,就会推动经济发展和社会进步;而户籍制度改革过慢,就会制约劳动力市场的流动性,阻碍城镇化发展。

在2005年以后,城乡劳动力供给状况发生了变化,"刘易斯转折点"的迹象已经出现（蔡昉，2007；2009）。户籍制度改革过慢阻碍劳动力市场流动性的不利影响越来越明显地表现出来。户籍壁垒带来城市劳动力就业的临时性和不稳定性，使城市劳动力市场不能形成稳定的劳动力供给。城市企业处于不断地招工、培训、劳动力流失和再招工的过程中。如果没有稳定的劳动力供给，企业很难形成长期的人力资源战略和发展预期；劳动力如果不稳定，企业就不会对劳动者提供培训，也很难为企业产业升级提供高质量的技术工人。而户籍制度的限制也影响农村劳动力的外出就业，农村劳动力缺乏对乡城转移的长期预期，因此农村劳动力也往往抱着短期态度进入城市务工经商，造成城市劳动力市场的波动。从某种意义上说，21世纪以来城市部门出现的"民工荒"和"技工荒"问题，反映出由于户籍制度制约了农村劳动力进入城市，限制了城市化过程中的劳动力供给。户籍制度对于劳动力市场扭曲的制度成本，实际上是通过劳动力用工成本不断提高的企业成本表现出来。

户籍制度对劳动力市场的影响包括劳动力市场的质量。户籍制度制约了政府、企业和劳动者对于劳动力本身的人力资本投资。政府的教育财政支出本身是基于户籍的，对于非户籍人口不能提供均等化的教育。在一些极端情况下，地方政府还将限制教育作为户籍控制的关联机制，作为控制城市人口增长的手段。企业由于顾虑到劳动者的流动性，也不愿意对劳动者提供教育培训。这也一定程度上能够解释中国的"技工荒"，"技工荒"出现的原因很大程度上是企业缺乏对劳动者技术培训的兴趣。这与20世纪50年代社会主义建设时期进入城市的工人不同，当时的进城劳动力多数都在城市留下来成为城市产业工人，而且城市部门通过技术培训还培养了一批技工支持了早期工业化建设。而在改革开放以后的工业化过程中，企业对劳动者技能培训不足，这一定程度是由于户籍制度破坏了劳动者就业的长期稳定，从而使企业在用工安排和产业层次选择上都变得短期化了。在户籍壁垒的限制下，劳动者本身也缺乏对自身的人力资本投资。教育程度更高的劳动者确实有更强的流动倾向，但是流动的劳动者在户籍制度下并不必然增强自己的人力资本投资。流动人口如果没有在城市居住和发展的长远预期，只是认为自己是在城市短期打工然后返回故乡，他们就会降低对自身的教育投资。我们的相关实证研究还表明，迁移人口如果没有发生户籍转变，他们的市民化程度较弱，他们的教育收入回报率会更低，会进一步制约他们对自身进行人力资本投入（陈春林，2013）。非户籍人口对职业技能和新知识的自我培训机制无法建立，会限制劳动力市场质量的提高，而劳动力市场质量提高才会带动产业升级。因此，中国经济转型困难在一定程度上也受到户籍制度对于劳动力市场的限制。中国当前的城镇化已经不能再依靠低成本简单劳动力的发展模式，随着劳动力总量和劳动力比重都开始下降，而劳动力成本快速提高，这要求企业能够有更高的利润和效率才能支撑劳动力成本提高，要求通过技术进步，依靠人力资本来替代简单的劳动力；教育和人力资本对于城镇化发展具有核心性作用（任远，2013）。而户籍制度客观上损害企业的职业培训，影响个人人力资本投资，并通过排斥性的教育体制影响未来劳动力的供给，这些都构成了中国向新经济模式转型的阻碍。

户籍制度对劳动力市场影响的另一个突出问题在于户籍制度影响劳动力市场的结构。一些城市部门存在功利性的想法，希望通过户籍制度来吸纳高层次人才，并通过户籍制度来剔除低层次人才。但实际的情况却恰恰相反，如果户籍制度管控过紧，高层次人才可能会离开所在城市到另外的城市，而低端人才实际上并不受到户籍控制，他们达不到户籍标准，不管有没有户籍他们都会在城市集聚居住并谋生创业。因此，由于户籍制度控制过紧，对于福利偏好更强的高端人才的挤出效应实际上是强于对于生存性偏好更强的低端劳动力的挤出效应，这就形成了一种"逆淘汰"的现象。例如，上海从第五次人口普查到第六次人口普查，其人才优势比北京、深圳都下降了，这在一定程度上是与上海超强的户籍数量管控相联系的。例如,上海甚至有很多研究生和博士生都得不到户籍,这些人才自然会"用脚投票",而这对于城市人才集聚是不利的。因此,在严格的户籍管控下,创新型城市建设实际上无从谈起。

过强的户籍管控还会扭曲劳动力市场结构,导致劳动力市场下行发展。我们还有一个刻板印象就是迁移流动人口的教育程度更低,他们是低端劳动力,从事苦脏累的工作。这个想法在20世纪80年代可能是事实,但是目前新生代劳动力日益成为移民的主体,迁移流动人口的平均受教育程度已经高于城镇人口的平均受教育程度。城镇化过程中的迁移流动推动了劳动力市场向上发展,那么在此背景下的户籍限制,实际上不利于劳动力市场向上进步,也不利于城镇化所带来的知识集聚效应。

户籍制度带来劳动力市场的结构错置,还在一定程度上解释了中国劳动力市场一方面存在"民工荒",一方面存在相对较高技能的大学生"就业难"的现象。我们往往认为这是中国劳动力市场存在结构性失业,但结构性失业往往解释了高层次劳动力供给不足而低层次劳动力供给过多的情况。普通劳动力的"民工荒"和大学毕业生的"就业难"同时出现,实际上与结构性失业的情况恰恰相反。其原因在于,户籍制度实际上将城市就业分割为规范性和非规范性的劳动力市场,规范性劳动力市场由于城市限制户籍的指标进行总量控制,于是这些规范性就业岗位的数量不足,特别是国家公共部门和事业单位往往通过"编制"来控制这些规范岗位数量。大学毕业生和受过更高等教育的人才往往需要规范性的就业岗位,因此出现了就业困难。户籍制度将这些规范性就业岗位挤压到了非正规就业岗位,而且企业和经济单位往往从盈利出发也有动机缩减规范性就业岗位而增加非正规就业岗位,企业和经济单位由于经济行为短期化也更大程度上激励保持非规范性的就业岗位而阻碍了企业的规范化转型。这样的结果是,实际上对于非规范性劳动力市场的劳动力需求大于劳动力的供给，因此推动劳动力成本上升——主要是非规范性部门的劳动力成本上升，出现了"民工荒"的情况。

因此，综合考察户籍制度对当前劳动力市场的影响，户籍制度改革滞后不仅减弱了劳动力场市场的流动性，同时户籍制度的排斥作用还影响了劳动力市场的质量和结构。我们看到劳动力不断向城市流动，但实际上户籍制度造成了大量暂时性移民，带来劳动力市场质量不能适应城镇化发展对不断提高人力资本的要求，户籍制度带来劳动力市场结构性的扭曲，因此户籍制度也就越来越成为经济发展转型和升级的阻碍。

户籍制度改革对中国经济发展的不利影响是广泛和深刻的。户籍制度改革过慢，导致城市内不能形成稳定的中产阶级，也带来城镇化过程中的内需增长不足。非户籍人口具有极高的储蓄率和极低的消费率，其重要原因就是由于缺少市民化，影响了移民的经济行为。他们仅仅是在城市内打工挣钱，却并没有将城市作为他们生活和居住的归宿，这些都限制了移民的投资和消费行为。移民是中国城镇化过程中的主体力量，因为没有形成稳定内需，所以我国经济发展也缺乏可持续的推动力。

（2）社会分化

户籍制度是身份依托的福利体制和社会管理。据统计，户籍身份背后有着上百种社会福利，因此在人口迁移流动性不断增强的背景下，户籍制度改革过慢，会恶化社会再分配机制，造成城乡之间、地区之间和城市内部社会分化的扩大。户籍制度构成我国社会流动的制度障碍，其对资源配置和利益分配的强依附性，固化了社会分层（陆益龙，2008）。户籍制度改革过慢，实际上进一步强化了农业户籍和非农业户籍的城乡二元结构，以及城市内部形成的本地人口和外来人口的二元结构，使中国形成了三元社会结构（徐明华等，2004；甘满堂，2001）。同时，在不同地区间的户籍壁垒使得公共管理服务和社会分化在空间上也表现为碎片化的趋势。在城乡差距、城市内部分配差距和地区间分配差距的背后，都能看到户籍制度所带来的不利影响。

城乡差距是我国社会分化的主要原因。而城乡差距的原因是户籍身份基础上的城乡利益具有巨大差别，长期偏向于城市的公共服务分配扩大了城乡差别。这种城乡差别拉动乡城迁移，但是乡城迁移和城市化过程中的财富增长和利益增进，又由于户籍的门槛不能合理地再分配，形成城市利益集团垄断发展利益，进一步加剧了城乡差别。站在刘易斯的发展经济学的理论框架下来理解我们的城市化和人口迁移，推动中国城市化的是大量农村剩余劳动力所释放出来的人口迁移，这些农村剩余劳动力边际劳动生产率为零或者是极低的，城镇化不仅不会损害农村发展，反而缓解农村发展的压力，并且使得农村劳动生产率提高得以可能。因此，户籍制度改革过缓会影响农村发展。城乡之间收入差距的扩大当然在根本上是城乡之间劳动生产率差别的原因，但很大程度上是由于这些在城乡之间的劳动者不能转变成为城市居民。子女留在农村会产生日益严重的留守儿童和留守妇女问题，这些问题是由于户籍制度带来的，进一步加剧了农村发展的压力（Chan，2009）。户籍制度还带来老龄劳动力返回农村，进一步增加了农村养老的负担。所以，现在的问题是户籍改革过慢会影响农村发展，对城乡差距扩大具有负面作用。

户籍制度改革过缓带来城市内部的社会分化扩大。第六次人口普查数据表明，我国有城镇有6.7亿常住人口，其中跨地区的非本地户籍的迁移流动人口有2.3亿，这2.3亿人口中有1.3亿是从中小城市到其他城市的跨地区迁移人口，从农村地区到城镇地区的跨地区迁移人口有1亿左右（任远等，2013）。另外还有1.2亿左右是本地的农民工，他们已经在城镇中就业和居住，但是仍然是农业户籍，这种情况也被称为农民的"就地城镇化"。这些迁移流动人口和农民工由于没有本地户籍，他们的福利待遇差别很大，存在市民化不足、缺乏社会融合问题，并扩大了城镇内部的社会分化，而且随着迁移流动人口和农民工数量迅速增长，城镇内部的社会分化也达到非常尖锐的程度。特别是这些迁移流动人口实际上多数在城市有稳定居住和就业，对他们的制度排斥就显得尤其不合理。由于户籍制度的限制，缺乏对迁移流动人口的制度接纳，也使得这些人口在城市化过程中处于"半城市化"或者"不完全城镇化"的状况（王春光，2006；张翼，2011）。

例如，最近我们对上海户籍人口和非户籍人口的主要福利待遇差别比较中，发现存在户籍制度相关联的福利制度排斥。流动人口依靠政府找工作的比重更低，他们签订劳动合同的比例更低，未签订劳动合同的比重更高；教育培训的比重更低；在住房方面的自有房比重更低，私人租赁更高，几乎没有流动人口得到政府的公共住房，只有约1%的流动人口得到政府公共住房，那是由于他们嫁入上海，所以依靠其上海本地户籍的配偶顺便享受到了政府廉租房或者经济适用房的支持。我们同时看到，流动人口参加养老保险、医疗保险、失业保险和工伤保险的比重更低，流动人口参加各类城镇社会保险计划的比重基本上在20%—40%之间。

户籍制度与这些福利体系相联系，带来城市内部户籍人口与非户籍人口两类群体（甚至可以认为是两种阶级）的显著差别和分化。我们也看到，流动人口的社会融合不足不仅仅是受到户籍制度的影响，流动人口本身的教育程度、就业和社区社会资本都会影响其社会融合，但是户籍制度显然对流动人口的社会融合具有着深刻的制度影响（李涛、任远，2011）。流动人口的市民化和社会融合，不仅是一个待遇平等化的过程，同时也是一个权利平等化的过程。户籍制度实际上构成了流动人口的经济民事权利、社会福利权利和政治权利的门槛，因此是否得到本地户籍也成为流动人口和农民工市民化的关键。户籍制度改革滞后于城镇内部的移民趋势,扩大了城市内部的社会分化,并阻碍了城镇化过程中平等权利社会的建立。

户籍制度和地方性的财政体制相结合还造成地区差别的扩大。户籍带来不同地区社会管理的封闭性,阻碍了跨地区的统一劳动力市场,阻碍了跨地区的一体化的保障体制、医疗体制等,并进一步阻碍劳动力市场的跨地区整合。人口迁移流动某种程度上有利于劳动生产率、失业率和人均福利的跨地区平衡,但是由于户籍制度限制,阻碍了统一劳动力市场所具有的自发均衡的作用。例如,失业率较高和劳动生产率较低地区的人口如果不能自由流动到高劳动生产率和低失业率地区,地区间的财富增长失衡就会表现得更明显。而在另一个方面,迁移流动人口在流入地贡献经济增长和财政积累,但是他们却没有在流入地得到必要的社会再分配,他们的医疗和养老保障等需要在流出地获得,户籍制度因此也会造成福利配置失衡更加严重。这些都意味着户籍制度阻碍了市场体制的充分建立,实际上将扩大区域的不平衡,强化国家发展的地区分化。

从后发展国家发展经验看,在快速城镇化和经济发展过程中,都会带来一个社会分化扩大的时期,这一社会分化的扩大,也被认为是造成"中等收入陷阱"的重要原因。除了和其他国家发展过程中遭遇社会分化的共性原因以外,我国的户籍制度存在和户籍制度改革过缓,实际上也进一步加剧了社会分化。

(3) 生活福利和发展机会

从微观角度看,户籍制度阻碍了城市化过程中的城乡居民的生活福利和发展机会,构成社会流动的阻碍。农村居民从农村进入城市是一种重要的向上流动,但是由于户籍的限制,使得农民工进入城市以后就处于社会的底端,很少有机会向上流动,也使迁移流动人口难以市民化。

由于户籍限制,流动人口在城市得不到必要的社会保障和社会服务,包括教育、健康、养老、社区服务、就业、公共住房等。这显然不利于城市化过程中的移民的福利和幸福,在空间上带来流动人口在一些贫困社区的集聚,强化了对流动人口的社会隔离,加剧了社会的不稳定性,并对流动人口和他们后代子女的社会态度和发展机会产生不利影响。

户籍制度排斥性不仅造成对居民生活福利的损害,更在于阻碍人口的发展机会。就业排斥、教育培训机会的不足都影响移民的发展,而移民在城市创业和创新中,也由于户籍限制带来申请企业经营、个人信用和融资的困难。例如,移民的马路摊贩作为一种草根性的创业受到巨大的冲击。除非是所谓的投资移民,处于社会低端的移民面临更大的困难,他们很难通过基层的创业创新活动在城市生存和发展。尤其值得强调的是,教育是影响社会流动的重要途径。户籍制度显著地限制了流动人口的教育机会。虽然客观来看对流动儿童的义务教育有一定进步,多数城市已经实行了允许流动儿童进入城市公办学校读书,但是流动儿童在各个年龄阶段的教育不平等仍然是显著的,在不同年龄段上的流动儿童在适龄学校的就读率更低,而且仍然有一些城市将拒绝流动儿童得到城市教育作为城市控制人口的手段。流动儿童不能在流入地参加高考,而流动儿童也不能进入城市公立的高中学校,使得流动儿童在初中阶段就陆续返回农村参加户籍所在地的中考和高考(任远,2015)。城市教育的户籍排斥使得部分儿童返乡成为留守儿童,也使不少流动儿童在初中毕业以后进入职业学校或者劳动力市场,限制了他们继续向上流动的发展潜力。

户籍制度对于人口迁移流动的壁垒性作用和制度性排斥,影响到迁移流动人口的家庭生活和家庭功能。改革开放以来,在城镇化过程中出现了突出的大迁移现象,这个过程中也伴随着显著的"大留守"问题。据估计,当前我国有6 000万左右的留守儿童、5 000万左右的留守妇女和6 000万左右的留守老人。虽然城市化和人口迁移过程中都会伴随着留守问题，但是不能否认，我国巨大规模的留守儿童和家庭分离，受到户籍制度对居民迁移流动行为的影响。由于户籍制度的限制，多数移民缺乏在城市永久居留的可行性，使得他们不得不将在城市务工经商作为暂时安排。城市保障福利的缺失增加了他们的家庭生活成本，缺少可支付的公共住房使他们难以实现家庭成员的共同迁移（任远，2015）。

留守儿童问题和留守儿童引发的各种社会问题尤其突出，近年来留守儿童关联的意外死亡、自杀问题、安全问题、心理问题和教育问题等等都说明这一现象的严重性。据报道，6 000万留守儿童中有1 000多万"一年到头见不到爸妈"，成为实际生活中的"孤儿"。留守老人问题、留守妇女问题，以及在城市中单身的迁移劳动力，正表现出日益严峻的城乡社会问题。

户籍制度的壁垒相当大程度上造成城镇化过程中出现了突出的家庭分离。城镇化发展将家庭扯碎了，或者说由于城镇化过程中的制度壁垒和不当安排，对移民家庭生活中带来不利影响。家庭作为社会运行的微观基础，家庭结构的被撕扯和家庭功能的弱化，对城乡生活已经表现出严峻的破坏性影响。

20世纪70年代后的中国改革的重大成就是打开了城乡之间封闭的社会结构，社会流动性和活力更加增强了。这也带来了中国显著的经济发展和社会进步。但是进入21世纪以来，中国发展出现了越来越显著的"穷二代""农二代""富二代""官二代"现象。例如，大学特别是重点大学中的农村人口比重已经下降到了极低的水平，表明国家发展出现了社会结构再次封闭的危险。而户籍制度是带来社会结构封闭的重要因素。户籍影响人口社会流动，损害了城镇化过程中民众的福利和家庭幸福，限制了人口的发展机会，并破坏家庭生活，带来日益严峻的家庭分离和"大留守"问题。这对于人的幸福和福利，以及人的发展成长具有极大的破坏作用。这也要求要加快改革户籍制度，使城镇化过程成为人的幸福福利进步和发展机会扩展的载体机制,这样的城镇化才能实现"人的城镇化"。

在审视户籍制度对于城乡发展和城乡居民生活的不利影响的同时,我们也可以从反面发现户籍制度改革对国家发展的积极影响。实际上改革开放以来的经济活力的激发,很大程度上是与户籍制度松动所带来的发展空间相联系的。但是户籍制度改革滞后于人口流动,使得户籍制度松动所带来的发展空间不仅被封闭了,同时还构成了城乡发展活力的阻碍因素。户籍制度改革有助于挖掘和利用未来有限的人口红利,有助于激发迁移流动者的创业创新能力,有利于中产阶级的形成和社会结构的提升,有利于推动消费,有利于移民的福利幸福和家庭发展。加快户籍改革同时有利于城市整体发展和增进城市本地居民的整体福利。加快户籍改革也有利于支持在乡城迁移过程中打破城乡二元结构和城市内部的二元结构,实现社会整合。

总之,户籍制度改革在当前具有突出的必要性,在于其影响劳动力市场的流动,影响劳动力市场的质量和结构,阻碍了经济转型和升级;同时户籍制度成为城镇化过程中社会分化的重要影响因素,在城乡差距、城市内部收入差距和地区差别扩大中都能看到户籍制度的影响,户籍制度改革过慢使得中国进入了社会分化的高风险期和不稳定期。从微观的角度看,户籍制度改革关系到城乡居民的福利和家庭生活。随着户籍制度滞后于人口迁移流动的动态表现得越来越明显,户籍制度也越来越不适应人口的需求和人的城镇化。因此,户籍制度成为中国城镇化发展的重要障碍,需要以户籍制度为杠杆来撬动中国城镇化的整体改革,以及撬动社会保障改革、教育改革和医疗健康体系的改革。

3. 改革的困境

虽然社会各方面对户籍制度改革存在共识,但是户籍制度改革缓慢和存在滞后性则是显然存在的。有报道说80%的地方政府不愿意进行户籍改革，那么作为公共利益和推动发展的政府，为什么对户籍改革抱着这样迟疑的态度？中央政府对于户籍改革相对有着积极明确的态度，但是为什么地方政府对户籍改革却难以推动呢？更有甚者，关于推动户籍改革和城镇化发展还出现了一些自相矛盾和相互混乱的信号。例如，一方面要加快户籍改革和加快城镇化，另一方面却执行着控制城镇化的人口限制；一方面国家发展要求促进流动人口社会融合、提供以人为本的服务，另一方面一些城市还实施进一步加强对非户籍人口福利管控和排斥的政策。那么，户籍制度改革究竟难在何处呢？

（1）成本说

户籍制度改革困境的一个重要的理由是户籍制度改革的"成本说"。由于户籍制度背后牵涉一系列的福利和公共服务安排，因此户籍制度改革具有一定的成本。在地方财政体制下，户籍制度改革被认为是地方财政支付过高的成本，因此制约了地方改革的积极性。中国社科院、国务院发展研究中心等机构都研究估计了城镇化和户籍改革的成本，对成本的估算从十几万亿到数十万亿元不等。对"成本"的担心使得地方政府对户籍改革具有畏难情绪。

实际上，如果我们将移民和城市化看作一个财富积累和经济增长的过程，移民对城市化发展所带来的经济社会贡献，总是大于作为劳动力投入的移民成本投入。在各个意义上的所谓城市化过程中的成本，实际上是舒尔茨所说的城镇化过程中的人力资本投资。城镇化过程中的经济增长和整体财富进步，说明了这样的人力资本投资是有效而且必要的。

另一种"成本"的含义，是农民工和流动人口市民化过程中的教育、卫生保障等财政成本。地方政府通过计算移民缴纳个人所得税和政府公共财政的支出额，会简单认为移民的财政成本高于单个移民税收的财政贡献,从而认为户籍改革是财政成本大于收益的改革。其实,从流动人口对地方财政的增长贡献来说,我们的财政税收主要是增值税和营业税,个人所得税收比重较低,我国城乡居民个人也基本没有消费税收。因此,简单用移民交税的多少来衡量他们对地方财政的贡献,实际上遮蔽了流动人口对城市财政的贡献。流动人口通过对所在企业的增值税和营业税间接为城市财政作出贡献。同时,流动人口对各种保障资金的积累本身也是对公共财政的正向贡献。例如,在广东,年轻移民占绝大比重的地区为当地积累了庞大的社会保险基金。即使是上海,长期由于人口老龄化而出现社会保险基金赤字,但是随着在2011年推行将农民工纳入城镇社会保险的改革,社会保险基金的赤字消失了,还增加了每年100亿元的盈余。移民是城市发展和公共财政的贡献者,所谓户籍改革具有财政成本,实际上是劳动者在城市财富增长过程中的社会再分配。财政成本是劳动者的社会再分配过程,一般来说,移民对于城市创造的贡献远远大于从城市再分配中得到的收益。我们还应该看到,所谓户籍改革的财政成本,很多是政府的法定的基本责任。例如,社会保障与其说是成本,不是说是社会保障法所确定的政府基本责任,劳动者和企业本身就需要依法缴纳社会保障;义务教育法也不是农民工子女进入城市的成本,而提供义务教育本身是政府的基本责任。

再退一步说,迁移流动人口对地方政府财政开支的压力也并不是不可承受的。如果考虑流动人口获得与城镇居民均等化的公共服务福利,即使在外来人口大量集聚的上海,相关的财政开支也只占GDP的5%—6%,在外来人口相对较少的城市这个负担实际上更低。如果我们认为移民有利于经济增长,那么无论从什么角度看,移民都有利于地方政府财政,户籍改革的财政成本本身是地方政府应该承担而且可以承担的社会开支,其成本总是小于移民对城市增长所带来的经济社会贡献。

如果过分强调城镇化过程中的成本,可能会把人口迁移看作城市化的负担。但实际上移民不仅不是城市成长的成本,本身还是成长的动力。户籍改革"成本说"不仅偏离于政府作为公共服务机构的本质,也不利于正确理解移民对城市经济发展和公共财政的积极作用。

(2) 城市病

阻碍户籍制度改革的第二个突出理由是"城市病"。在城市移民过程中确实出现了日益严峻的交通拥挤、贫困、住房压力、环境问题、犯罪率上升和城市安全下降等问题,这些问题往往被认为是"城市病",也往往被认为是移民造成的不利后果。但有关研究证明,人口集聚对城市发展所带来的挑战,与其说是人口增长对城市所带来的压力,不如说是城市管理水平和公共服务能力不足的结果。例如,现在的交通问题很大程度上是由于城市交通管理水平不足带来的;教育卫生资源紧张不是人口过多造成的,而是由于公共服务的供给机制是由政府主导的,如果能够开放教育市场,健全服务市场和卫生市场,增加社会多元力量来提供社会服务,那么教育和卫生不仅不是压力,还构成了城市转型的有效动力;移民所具有的集聚效应,对于环境污染来说甚至还减少了单位GDP的污染排放,减少了单位污染治理的成本;对于公共安全来说,流动人口数量和密度实际上与犯罪率的关系并不是必然的,而真实的原因实际上是居住区的贫穷、流动人口更高的失业率、更加年轻和教育资源不足等问题。

将城市发展中遇到的困难简单归因于人口是一个偷懒的借口,实际上人口集聚给城市带来的压力可以通过更为良好的城市管理和城市制度来解决。从这个意义上来说,城市发展遇到问题就希望通过户籍制度来控制人口,是一个过于简单但实际上并不正确的政策思维。而且我们也看到户籍制度管控在市场经济条件下,实际上并不对低端人口进入城市构成真实的限制,反而进一步强化了流动人口的非市民性,损害了他们的生活福利,并由于市民化不足制造出新的"城市病"。

(3) 博弈机制失灵

实际上,户籍制度改革的真正障碍并不是地方政府与流动人口存在成本和收益的权衡,也不是城市人口增长和公共管理应对的困难。户籍制度改革困难的真实原因是地方性的财政体制下的中央和地方的利益博弈、不同地区间的利益博弈、移民和本地人口的利益博弈、企业和政府的利益博弈整体机制"失灵",从而不能形成对改革的共同行动。

中央政府的财政能力增长很快,但是大量公共服务的财政责任却往往由地方承担,中央和地方的财政收入与支出的倒挂现象近年来表现得越来越突出,加剧了地方政府和中央政府的相互博弈。户籍改革甚至还成为中央和地方之间、不同区域之间相互博弈的工具。

在地方性财政体制的壁垒下,流出地和流入地在公共服务的财政支出上也存在相互博弈。例如,义务阶段的教育究竟是流出地政府来承担还是属地化地方政府来承担,存在相互扯皮的现象。有些地方的改革方案是通过教育券的方式,由流出地政府来承担迁移流动人口的公共服务财政支付。

本地居民往往认为户籍改革损害了本地居民的利益和福利,户籍制度也很大程度成为地方利益的保护机制。但是,移民群体的利益损害和权利维护却难以得到公众承认,难以进入公共政策的决策视野。

如果从各种社会保障和企业教育培训本身是企业法定责任角度来理解,户籍制度改革的困难在于移民在城市化过程中的社会财富创造究竟如何在企业部门和政府公共部门中得到分配,以及企业和政府对于移民究竟各自承担什么责任。在一个倾向于企业和投资的社会运行体系下,劳工利益和权利保护往往被搁置了,或者劳动者缺乏"话语权"而难以表达其利益。

户籍制度改革的内在博弈没有理顺,没有一个机制来表达和完成这样的真实博弈,造成户籍制度改革"卡壳"而无法推动。因此,使户籍制度改革的内在博弈机制凸显出来,并促进不同社会主体的共同行动,户籍制度改革才能有效推进。

由于地方政府在户籍制度改革中的核心地位,解决户籍制度改革的博弈困境,还是需要地方政府改变观念,地方政府要正确认识户籍改革与城镇化发展的相互关系,认识到户籍制度改革和城市发展进步的积极作用。移民是城市发展的动力,为城市提供劳动力资源,对缓解城市人口结构老龄化具有替代性迁移作用;移民对城市财富总体增长具有贡献,并因此对所有居民的福利进步具有积极意义。在这个意义上,户籍制度改革不仅不是城市的压力,实际上户籍制度改革通过支持替代性迁移增加了城市的竞争力,是城市发展的"动力"和"发展良药"。户籍改革和推动农村转移人口的市民化,不仅是城市正义的必要体现,也有利于城市自身的长远成长。只有在观念上重新思考移民与城市的关系,将户籍改革理解为推动城市发展和推动我国城镇化的动力来源,才能增强地方政府实施户籍制度改革的积极性。

但从另一个角度看,当前的户籍制度改革过分依赖政府,一旦政府缺乏动力,户籍改革就难以推进。户籍制度改革的根本动力是要强化改革的政治意愿,构造出改革的公共博弈的有效机制。解决户籍制度改革的博弈困境,需要培育和强化公共服务型的政府治理,改革政府运行中的绩效评估;理顺中央政府和地方政府的财政关系,理顺地方政府和地方政府之间的财政协调;需要开放社会讨论,将迁移流动人口和本地居民一起纳入公共政策议程;规范企业的社会责任,从而形成对户籍改革的社会共识,通过社会力量的压力推动改革,才能将户籍制度改革转化为社会共同行动。

4. 改革的路线图

(1) 改革目标

如果我们说户籍改革是计划经济体制的结果和残余,那么户籍制度改革目标便是打破现在以农业户口和非农业户口身份依托的居住地管理和移民管控,实现人口自由迁移流动,构筑城乡居民居住地登记制度;同时,打破身份依托的差别性社会福利和公共服务供给,实现居住地公共服务的普惠性和均等化,构筑依托国民身份的国民福利制度。

因此,2014年国务院关于户籍制度改革的指导意见提出取消农业户口和非农业户口。这实际上是对1958年国务院颁布户口登记条例将人口分为农业户口和非农业户口的制度翻转。但提出取消户口身份,并不意味着户籍制度改革的完成,恰恰是户籍制度改革的开始。户籍制度改革的实质是打破以身份为依托的公共服务和社会管理体制,建设出城乡与地区间人口自由迁移和城乡居民居住地登记制度的现代城乡管理体制。

因此,户籍制度改革不仅仅是取消农业户口和非农业户口这么简单,关键是破除身份为依托的福利体制。其实21世纪初以来,一些地区也曾实施过取消农业户口和非农业户口的探索,但由于社会福利和公共服务仍然内在地依托城市和农村的身份差别,因此这样的所谓取消农业户口和非农业户口,统一称呼为城乡居民的改革,只是一种"换汤不换药"的障眼法。户籍制度是城乡体制的载体制度,作为系统性改革,需要与之相关联的是社会福利制度、公共服务制度、城乡土地制度、中央和地方的财政体制以及不同行政区协调合作的综合配套改革。户籍改革的真正完成需要改变依托户口身份差别性的福利和公共服务体制,这需要通过推动城乡和区域均衡发展,实现城乡和区域管理体制一体化,建设依托于国民身份而非户籍身份的福利和国家管理体制。

户籍制度是基于并强化了城乡二元结构的移民管控和差别福利体制的身份制度,是对社会主义市场经济体制下的制度壁垒。只有真正回归到人口自由迁移和居住地登记制度,破除城乡二元结构差别、实现城乡一体化,户籍改革才算大功告成。而户籍制度恰恰是城乡二元结构体制的制度载体,其改革对于破除城乡二元结构和中国城镇化发展尤其具有核心性地位。户籍制度改革的实施就成为一个杠杆,能够撬动城镇化过程中的综合改革,并成为推动中国城镇化和未来持续发展的积极力量。

(2) 改革基本原则

经过20世纪80年代以来不同时期、不同地区的户籍改革实践,户籍制度改革积累了一些成功的经验和失败的教训,可以在此基础上总结出进一步推动我国户籍制度改革需要重视的基本原则。

第一,户籍制度改革要坚持以人为本、尊重群众意愿。户籍制度改革缓慢当然会损害农民利益,但"一刀切"的户籍制度改革也会损害农民利益。户籍制度改革过程要尊重群众意愿,尊重群众的利益和选择。典型的例子是"赶农民上楼",强迫农业转移人口放弃宅基地和承包田,以剥夺土地及其权利作为落户城镇的条件,使农民失去土地后进城落户。这样的改革,实际上不是在改革过程中保护和增进农民利益,而是在改革过程中损害农民利益。因此,"坚持以人为本、尊重群众意愿"是改革的基本原则之一,应当尊重城乡居民自主定居的意愿,依法保障农业转移人口及其他常住人口合法权益,不得采取强迫做法办理落户。户籍制度改革并不是强迫农民进城,农村居民要不要进城、什么时候进城、想进哪座城,都应当由其自己选择并进行协商,而不是"被落户",但是对于希望进入城市的农民,则应该逐步开放户籍准入制度,从而满足移民的需求。

第二,我国的户籍制度改革要以解决存量非户籍人口为主要策略。从2000年我国城镇人口的4.6亿增长到2014年的7.5亿,城镇人口平均每年净增加2 100万。根据笔者推算,其中有1 100万左右是户籍人口数量的净增长,包括由于行政区划调整、条件户籍迁移和户籍人口自然增长所带来的城镇户籍人口数量的增加。除此以外,每年还有约1 000万左右的农村人口进入城市,但是难以获得城市户籍。相对于这些每年继续新增的乡城迁移人口,城镇中目前有约2.5亿农民工,以及还有 1 亿左右从城镇迁移到城镇的非户籍迁移人口。这些存量非户籍人口对户籍的需求更大，他们对户籍改革带来的压力巨大。虽然由于户籍制度的限制，有相当比重的非户籍人口并不必然希望得到城市户籍，他们将选择返回迁移流出地区，但是他们在城市长期居留和得到户籍的期望是增强的。积压在城镇中的存量非户籍人口将成为城市户籍改革的主要压力。因此，户籍制度改革尤其应该重视迁移流动人口存量的消化吸收。而且这种存量消化要有一定的速度，才能抵消继续不断涌入的迁移流动人口。在消化存量非户籍人口上要有相当的力度，才能使城镇化过程中的社会分化不至继续扩大。

第三，在强调行政性机制来进行户籍改革之外，应更加重视市场机制的作用。现在的条件户籍和积分户籍仍然比较强地依靠政府打分，而实际上依靠政府来判断所谓人才是存在问题的，具有更高学历的人口可能并非比学历更低的创业者更加适合城市需要。在户籍准入方面，需要进一步加强企业和市场机制的判断与筛选机制。企业如果认为相关用工是迫切需要的，在一定标准之下，则企业对劳动者户籍准入积分的判断比政府通过行政标准判断更加科学。因此，与其由政府来决定谁达到了户籍准入的条件，不如将有关指标授权于相关企业。企业如果认为该劳动者对于企业具有不可或缺的作用，即使其教育程度、投资水平并不高，但也应该作为城市"紧缺人才"而解决其户籍。同时，过分重视政府主导的户籍制度改革，实际上并没有显现更高的改革效率。此外，行政性户籍改革有可能带来土地资源的巨大浪费。例如，一些政府主导的新城建设和户籍改革方案浪费了耕地而非促进土地集约型使用。这些都是在强调政府机制对改革发挥积极作用的同时，也需要对其冷静客观地加以全面认识。

(3) 改革路线图

户籍制度是城乡二元结构的载体性制度，这决定了户籍改革的难度。户籍制度改革是一个难度很高的系统工程,与户籍制度相关联的有社会福利体制、公共服务体制、农村土地制度、中央和地方的财政体制,以及不同行政区管理的分割与相互嵌套缠绕。只有逐步解开缠绕在户籍身份上的各种"绳结",以及从城乡二元结构的制度架构转向构建城乡整体发展的制度架构,才能够为继续推进我国城镇化和城乡发展构造良好的制度环境。

如何进行户籍制度改革问题已经吸引学界开展了丰富的研究,地方政府也已经开展了丰富的实践。在这些研究和实践的基础上,对推动户籍制度改革进行整体构想,应该从以下四个方面共同着手努力[①]。

第一,通过周密细致的条件户籍方案,建设制度化通道,推进从外来移民到本地市民的逐步吸纳。

有效的城市化要为促进乡城迁移和引导流动人口实现市民化提供制度性的通道。在计划经济时期,城乡之间人口迁移的制度通道单一,仅有招工、就学、提干等渠道。改革开放以后实行了知青回城的政策性通道。20世纪90年代中后期以来,不少地区实施了条件户籍的探索,包括一些城市实行了"蓝印户口"政策,这些都是逐步拓展乡城迁移的制度化通道。应该认识到城乡之间的大门在逐步打开,城乡关系也正在日益活性化。城市部门也通过控制户籍改革的制度化通道,吸引城市所需要的人才,并控制城市化的速度和步伐。

所谓户籍改革的滞后,主要在于支持城市化和城乡转移的制度化通道的建设远远落后于大量流动人口进入城市的实际需求,远远落后于城市化的速度和态势,因此使城市化发展的通道阻塞,并使这种压力表现为日益扩大的城市内部的结构性分化。同时,当前多数城市的条件户籍管理过分简单,用计划体制"一刀切"的条件设定来推动户籍改

---

① 对户籍制度改革的路线图,笔者在 2012 年的另一篇研究也有相关论述,参见:http://www.21ccom.net/articles/zgyj/gqmq/article_2012072464344.html。

革，不能很好适应流动人口的多样性和流动人口需求的多样性，不能真正满足外来人口进入城市和实现市民化的需求。

户籍改革需要构建一个外来人口进入城市后向本地居民转变的制度化通道。这样的通道应该覆盖外来人口从进入城市后的临时居住到长期居住，到逐步转变为本地户籍的全过程。从21世纪初以来，一些城市开始探索实施居住证制度。在2013年的户籍制度改革方案中也进一步提出在全国推进居住证制度。居住证有利于逐步迈向城乡居民居住地自主登记，并可以面向城乡所有居民的户籍准入提供工作平台。最近在广东地区所进行的积分入户的探索，为流动人口逐步有序进入城市提供了有价值的借鉴。相对于传统户籍管理重视人才、住房等简单指标，实施更加综合的"积分入户"的户籍改革方略，考虑流动人口对城市的贡献、考虑他们对在城市长期居住的具体需求，有利于建成一个更加丰富和综合的融入城市的制度化通道；并可以将"积分入户"的体制建设和渐进性的福利体制改革衔接起来，为流动人口逐步融入城市提供实施方案。

完善以"积分入户"为实施方案的城乡户籍改革政策，首先，需要满足城市管理的需求，城市部门能够通过户籍改革吸纳城市发展所需要的紧缺人才，并根据城市的财政能力合理调控城市化的速度和节奏，合理协调和平衡本地居民与外来人口的利益。其次需要满足流动人口自身的需求，要尊重不同流动人口群体在城市生活和发展的具体需求，适应他们在城市生活和发展的多样性，使希望在城市长期居住和永久居住的人口能够逐步获得城市户籍。同时应该强调的是，建立城市户籍移民的通道并不应该仅仅是人才准入的通道，普通的劳动者只要在城市稳定居住，只要希望未来在城市中长期居留下来，都应该有条件逐步融入当地社会。这要求户籍改革不仅是人才户籍改革，更应该是民生户籍改革。通过户籍改革促进外来人口进入城市和实现市民化，不仅是人才引进的需要，同时也是提高不同人口群体民生福利的手段。例如，在本地居住了长期年限和具有稳定就业的劳动者、外来媳妇、在本地出生的外来儿童等等，都应该尽可能适应他们对城市的需求，按照一定的程序逐步地吸纳到城市体系中。

第二，使城乡就业、教育培训、健康服务、居住住房等社会福利体制逐步和户籍制度脱钩。

户籍改革困境的重要原因在于在户籍基础上嵌套了各种社会福利和公共供给，从而使户籍制度不仅是居住地登记制度，户籍本身就构成了一个"福利包"。户籍和保障、户籍和土地、户籍和教育等等的相互嵌套、相互影响，使户籍改革难以推进。从户籍改革历史来看，正是通过首先推动与户籍制度相关联的各种城乡体制改革，使户籍制度松绑，才有了改革的可能。例如，20世纪80年代市场经济改革取消了粮食供给制度、副食品供给制度、燃料供给制度，才能推动城市为农村人口开放大门，为推动小城镇改革创造条件。

需要通过户籍制度和相关福利体制的脱钩，才能为户籍制度改革创造空间。从这个意义上说，推动户籍改革的着力点应该着眼于户籍改革之外，应该加快社会保障制度、土地管理制度、劳动就业制度、城乡教育体制改革，逐步使城乡居民福利和户籍制度脱钩，并减少各种关联制度对户籍改革的阻碍。例如，社会保障主要是与就业身份相关联的，而不应是与户籍身份相关联的，只要有就业关系，无论在哪里就业，劳动者都应该有相关联的社会保障账户。同时包括教育培训、健康服务、计划生育、居住住房等等与户籍身份关联的制度也应该逐步淡化。土地制度和户籍制度改革的联动改革尤其吸引人们的重视，通过完善土地承包制度和流转制度，才能避免土地成为限制劳动力市场流动的壁垒，加强农民自主选择进入城市的动机。同时，通过土地制度改革保障农民的土地财产权利，才能保障户籍改革过程中农民的土地利益（任远，2013）。户籍制度要逐步从城乡二元结构的制度框架中脱离出来，才能得到改革推进的空间。

十四、户籍改革

户籍制度和地方性财政体制是内在联系的。在全国性、区域性以及都市区内部不同的层面,地方性的财政体制和户籍体制的结合,固化了户籍体制改革,使其难以推进。地方性财政体制带来碎片化的福利体制,也带来碎片化的户籍壁垒。因此,需要通过福利体制改革,破除碎片化的福利体制,加强一体化的福利体制建设。需要实现社会保障体系的普惠制度和城乡统筹,建立国家层面的国民年金制度,实现城乡之间和跨地区社会保险、医疗保险的可衔接与一体化。通过改革地方财政依托的福利制度,建设国民性福利体制,城乡居民服务业就可以与地方户籍身份逐步脱钩,并为户籍壁垒松动创造改革空间。

第三,在居住地基础上对所有人口渐进式地增加社会福利,减少本地居民和非户籍人口的福利差,实现公共服务的属地化和均等化。

与社会福利安排逐步和户籍身份脱钩相对应,需要在居住地基础上提供社会福利和公共服务供给;需要以居住地为依托,为包括户籍人口和非户籍人口的所有人口逐步实现基本公共服务与社会福利的均等化。例如,包括教育、卫生、社区服务、就业培训、就业公共服务、再就业援助机制等各种公共服务和社会工作,从而填平本地户籍居民和非户籍人口之间的福利差,为推进户籍改革创造条件。

地方公共服务均等化的福利增量改革可以有多种方式。一种是按照居住时间累进地增加外来人口的社会福利,当流动人口居住了1年可以具有某些福利,居住了5年可以增加某些社会福利,直到其逐步地成为本地市民。另一种方式是按照不同人口群体的具体需求,累进地增加外来人口的社会福利。例如,前些年我们还在讨论流动人口子女应取消借读费在公办学校入学,现在已经有越来越多的城市允许流动人口子女在本地接受义务教育,以及在本地参加中等职业考试;流动人口原来不能得到城市的社会保险,现在流动人口也越来越多地进入城镇社会保险体系;等等。我们要根据不同人口群体的具体需求逐步引导推动城市基本公共服务和社会福利体制改革,并逐步地实现基本公共服务和社会福利的均等化。

第四，推动城乡和地区之间的发展均衡，减少城乡间和地区间的福利差别，探索城乡和区域的统筹发展与一体化发展。

城乡之间和地区之间发展差距的减少是户籍改革的积极结果。但城乡之间和地区之间经济结构失衡与发展水平的巨大差别，造成日益加剧的人口迁移流动，并对户籍改革造成压力。地区差别和地方性财政体系的客观存在，也增加了城乡和地区间统筹协调户籍改革的难度。因此，随着地区差距扩大，增加了户籍改革压力，而户籍改革滞后又扩大了地区差别，从而形成了一种恶性的循环。只有打破了这个恶性的循环，通过户籍改革促进城乡和区域平衡发展，才能减弱城乡和区域移民的内在压力，户籍改革的难度和压力才会降低。

因此，作为户籍制度改革的补充和减压措施，应致力于减少城乡差别和地区差别，加快农村发展和公共服务供给，推动城乡一体化的发展。同时，应该根据人口迁移和城市化的特点来塑造城乡统筹和区域统筹的制度框架，通过区域平衡发展基金的方式实现区域发展。加强福利制度安排的城乡衔接和跨地区衔接，促进土地产权的一体化、劳动力市场的一体化，推进区域一体化的实现，并推动实现在更大范围内的制度结构并轨。户籍改革的探索需要从一个都市区内部的城乡之间，扩展到区域，在类似长三角、珠三角和京津冀地区等区域性移民比较活跃的地区和重点发展的城市群地区，应该以大城市户籍改革为动力开展区域一体化的探索实践。在国家层面、区域层面、大都市区层面户籍改革和社会经济发展的整体联动中，逐步推动中国户籍改革的完成。

总之，城乡之间、地区之间福利差别的日益扩大与人口流动性不断增强构成日益尖锐的矛盾。在适应人口流动性增强和城市化推进的发展背景下，户籍制度作为二元结构社会的载体性制度的落后性和不适应性逐步突出，需要以户籍制度改革为杠杆，推动福利制度改革、推动基本公共服务均等化、推动城乡和区域统筹发展，从而逐步实现城乡制

十四、户籍改革

度框架的重构。

户籍制度的改革方略包括上述四个方向上的改革路径,户籍制度过程中这四个路径的改革互为条件,应该同时推进,不可偏废。户籍改革当然意味着条件户籍使移民和新市民逐步实现制度接纳和有效融入,以所有城乡居民的居住为基础,构筑户籍开放的通道,分类别、渐进性地推动户籍身份转变。然而,只有使户籍身份和福利体制的逐步脱钩才能在当前城乡二元和区域分割的制度体制下获得户籍改革的空间;使非户籍人口逐步增强属地化、均等性的福利和服务,减少本地人口和非户籍人口的福利差别,才能为户籍改革创造条件;减少城乡和地区差别,逐步从城乡统筹、区域统筹中构造一体化发展,才能为户籍制度改革释放压力。

这四个路径的户籍改革如果缺少了某个路径的改革推进,可能会使户籍改革名存实亡,或者会起到强化户籍制度的反效果。例如,如果城市就业、保障等福利体制与户籍身份的关联维持和强化,城市化和城市发展可能使户籍背后的利益进一步强化而不是减少了,那么地方政府和流入地城市可能会更加倾向于收紧户籍改革的步伐。如果没有对非户籍人口渐进性的福利增进,城市内部的分化差异和结构性鸿沟也会加大,并增大改革的困难。如果城乡之间、地区之间的发展水平失衡和制度体系缺乏统筹衔接,那么户籍制度仍然会客观上成为区域流动性的阻碍。如果没有加快非户籍人口城市落户的改革,以及对城市落户特别是大城市落户的逐步放宽,就难以适应人口在城市大量集聚和长期居住的具体需求。因此要通过这四个路径改革的整体推进,才能真正使户籍改革的轮子运转起来,并使户籍改革逐步从当前城乡体制的载体性制度中解脱出来,逐步实现城乡一体化的福利体制,逐步实现人口自由流动和居住地自由登记的体制安排。

因此,户籍制度改革的过程也就是中国从城乡二元体制的束缚中逐步建设城乡一体化体制的过程,是实现人口自由迁移流动和构造平等包容的社会福利体制的过程，以及在地方分权以后形成的地区分割的公共管理体制逐步实现一体化的过程。户籍改革是中国城市化和国家发展过程中绕不开的制度改革。在此过程中，应该及时总结不同地区在户籍制度综合配套改革的成功经验，并在其他地区结合不同地区的特点进行扩散性的制度创新。国家和地方政府需要用极大的智慧和耐心，包括充分保障不同群体的利益，满足不同群体的需求，才能以户籍制度改革为杠杆，使中国社会结构向现代社会转型的制度建设得以成形，使我国城市化发展和区域整体发展得到良好的实现，最终使中国真正成为内在制度体系建设完善的现代国家。

5. 大城市和特大城市的户籍改革

我国的户籍制度改革对不同人口规模的城市（镇）采取差别化的户籍改革政策，在国务院的户籍改革意见中，提出了"全面放开建制镇和小城市落户限制、有序放开中等城市落户限制、合理确定大城市落户条件、严格控制特大城市人口规模"的差别性策略。目前的改革仍然是相对侧重中小城市户籍改革，对大城市和特大城市户籍改革还是一种相对保守的态度。由于中小城市户籍背后的福利本身就比较薄弱，这样的差别性户籍改革从改革的"先易后难"的工作策略上是有效的，但是大城市和特大城市户籍改革仍然是中国户籍改革的核心任务和攻坚战，恰恰是大城市和特大城市的人口迁移流动与户籍制度改革的矛盾表现得尤其明显。因此，作为差别性户籍改革，恰恰是大城市和特大城市的户籍改革要重点推进和率先推进。

实际上，户籍制度改革滞后于人口流动，最主要的表现在于特大城市和大城市改革滞后。我国人口迁移流动的主要趋势是向大城市和特大城市集中，户籍制度改革在这个意义上应该适应人口动态趋势，重点推动大城市和特大城市的户籍改革。中小城镇的人口动态与户籍压力

十四、户籍改革

的冲突并不很明显，中小城市和小城镇的户籍含金量也并不高，基本开放了自由落户；应该说，中小城市和小城镇的户籍改革压力是较小的、基本可以解决的。实际上，现在户籍改革更为严峻的挑战是大城市和特大城市。从人口迁移流动的趋势来看，更多的人口愿意向大城市和特大城市转移，而且它们也提供给了更多的就业岗位和创新机会，因此当前迫切需要的是加快大城市和特大城市户籍改革的推进。当然，这种改革需要是渐进性的，但实际上开放特大城市和大城市户籍的改革步伐需要快于中小城镇，而不是慢于中小城镇。户籍制度改革存在差别性，要首先积极解决大城市和特大城市的户籍改革，才能缓解和应对人口迁移流动与户籍改革的矛盾性。

户籍制度的工作重心也要与我国城镇化发展的特点和动力机制相适应。从20世纪80年代开始改革开放和推进城镇化发展以来，在80年代至90年代初期，我国的城镇化主要是小城镇驱动的。在80年代我国也形成了重点发展中小城镇、控制发展中等城市和严格控制大城市的城镇化主导思想，因此户籍制度改革更加重视小城镇户籍改革是恰当的；在20世纪90年代后期到21世纪之初，中等城市和大城市构成人口迁移的主体，因此户籍制度改革的重点就需要向中等城市和大城市过渡。我们看到21世纪以来大城市和特大城市已经成为城镇化的主要推动力量，城市群的发展成为目前城镇化发展的最重要动力，这也要求我们的户籍改革更加重视大城市和特大城市改革，以及加强城市群户籍和社会管理的整体协调。因此，在当前时期仍然强调放开中小城镇而严格控制大城市的户籍改革策略，是一种相对陈旧的城镇化战略。

从广东地区最先实施后，现在不少地区的大城市户籍改革开始采取积分制度的策略。积分落户制度实际上是一种条件户籍制度。相对于传统的落户政策，主要包括政策移民、投资移民、技术移民，如知青返城落实户口、购买住房、符合技术条件的人才入户，积分入户考虑了更加综合的指标。例如，在广东实行的积分入户政策中还将流动人口的工作年限、纳税的情况、缴纳社会保障的情况、参加志愿者和献血的社会贡献情况、遵纪守法的情况等纳入积分考量。积分入户的指标显然更加综合，更加具有弹性，避免了单独投资购房指标或者片面性的人才指标的不足。积分体制和社会信用体系建设能够相互配套。积分制有利于城市通过毛细血管将所需要的优秀人才逐步吸纳进来，它提供了一个选择性的渠道，逐步向部分城市需要的人口打开大门。积分制也提出了贡献导向，鼓励流动人口对城市的社会经济作出贡献。这些都具有积极意义。

积分性的人口管理体制包括两种：一种是积分落户；一种是积分福利体制。积分落户制度是从 2010 年以后广东开始进行的探索。上海 2009 开展了居住证转户籍的改革，当时被评价为"户籍新政"，现在看来步伐还是较慢的。2012 年上海开始实施居住证积分体系，但实际上没有提积分入户，只是一种居住证福利体制，根据不同的积分享受不同的福利。应该看到，上海的积分制改革只是在为户籍制度改革创造条件，还不是直接的户籍改革。如何来设计积分制度是需要讨论的另一个问题，关键是在制度设计上要努力使居住证和积分制度成为推动户籍改革的制度渠道，使得外来移民通过积分体制和一系列的条件机制，能够有机会、有条件过渡到城市体系中去，并在这个过渡过程中逐步得到渐进的福利，逐步被吸纳。居住证制度和积分体制能够真正成为推动大城市户籍改革的杠杆，而不是成为阻碍户籍改革的新的制度安排。

积分体制为类似北京、上海等具有大量外来移民的大城市和特大城市户籍改革提供了有价值的解决方案。但是如果我们对广东地区和上海地区实施积分入户与居住证户籍改革进行评估，其实施的效果未必理想。真正通过积分和条件户籍实现入户的人口还是非常有限的。而且对于积分制度来看，仍然是比较偏重于城市部门所需要的各种人才。但是外来媳妇、儿童和家庭其他成员，这些人口很难在积分体制上得到解决，而户籍对他们生活的意义是实实在在的具体民生。对于城市户籍

十四、户籍改革

改革来说,除了要发展人才户籍,也要考虑民生户籍,也就是积分制需要能够使在城市稳定居住、长期居住的人口群体逐步有办法进入城市。例如,研究也表明当流动人口在城市长期居住以后,他们继续居留的概率更强,在城市居住10年以后的人口有90%的概率会继续居留下来,但是其中仍然有相当部分人口无法通过积分纳入城市体系。积分体系也应该更加偏向于创新创业的人口,而创业创新却很难在积分上表现出来。例如,这些富有创新性的人口可能不仅没有投资、没有住房,可能还中途辍学,甚至没有就业,但是这些人才却是未来城市发展的希望。在这些方面,积分落户的制度存在相当的局限性,积分体制的户籍改革是可以进一步完善的,应该为所有希望在城市长期居留的人口提供一种选择性渠道,逐步解决他们的户籍和居住安排。

大城市和特大城市的户籍改革是我国城市化过程中户籍改革的攻坚战役,我们不能因为它难,就简单地用"严格控制大城市人口规模"而规避了改革责任。而且实际上,大城市和特大城市的财政能力更强,迁移流动人口也并非所有的人都希望在大城市长期居住和获得大城市的户籍,因此大城市户籍制度改革的难度并不像其想象的这么难。

中国的城镇化表现为户籍制度限制下的城镇化,对推动城镇化发展和保障城乡居民在城镇化过程中的利益和福祉产生不利影响。中国城镇化和改革发展具有很强的制度推进的特点,户籍制度的改革是国家从城乡二元体制向城乡一体化发展转型的关键。户籍制度的改革需要观念革命,要正确树立移民与城市发展的关系。户籍改革更需要通过综合配套的改革策略来加以推进。在当前时期应尤其重视并需要率先推动大城市和特大城市的户籍改革,中国的户籍改革和城镇化发展才能真正向前推进。

户籍制度改革过慢仍然是当前城镇化发展的基本状况,户籍改革进度和乡城人口迁移流动的不平衡关系是在扩大还是在减小,应该成为户籍制度改革状况的判断标准。户籍制度的不断松动和消亡应该是未来改革的方向，户籍制度应该成为推动中国城市化改革的杠杆，从而使中国城镇化发展能够实现城乡发展一体化、人口自由迁移，实现居住地登记为基础的福利和公共服务均等化，以及建设依托国民身份的公共福利体制。这样，国家发展就从一个二元化和结构分化的体制过渡为一个整合的现代福利国家体制，并因此带来城乡居民的福利进步和人民幸福。

参考文献

陈春林：《人力资本驱动与中国城镇化发展研究》，博士学位论文，2014 年。

蔡昉：《破解农村剩余劳动力之谜》，《中国人口科学》2007 年第 2 期。

蔡昉：《中国发展的挑战与路径：大国经济的刘易斯转折》，《广东商学院学报》2010 年第 1 期。

蔡昉：《户籍制度改革与城乡社会福利制度统筹》，《经济学动态》2010 年第 12 期。

蔡昉、都阳、王美艳：《户籍制度与劳动力市场保护》，《经济研究》2001 年第 4 期。

甘满堂：《城市农民工与转型期中国社会的三元结构》，《福州大学学报（哲学社会科学版）》2001 年第 4 期。

陆铭、陈钊：《当刘易斯遇到马克思：论中国劳动力短缺的制度成因与对策》，载张欣、蒋长流、范晓静主编：《中国沿海地区产业转移浪潮：问题和对策》，上海财经大学出版社，2012 年。

李涛、任远：《城市户籍制度改革与流动人口社会融合》，《南方人口》2011 年第 3 期。

陆益龙：《户口还起作用吗——户籍制度与社会分层和流动》，《中国社会科学》2008 年第 1 期。

彭希哲、赵德余、郭秀云：《户籍制度改革的政治经济学思考》，《复旦学报（社会科学版）》2009 年第 3 期。

任远：《大迁移时代的儿童留守和支持家庭的社会政策》，《南京社会科学》2015

年第 8 期。

任远：《人口老龄化的挑战与人力资本发展新红利》，载周振华等：《新机遇·新风险·新选择：中国经济分析 2012—2013》，上海人民出版社，2013 年，第 190—207 页。

任远：《户籍制度改革与土地制度改革的联动性》，中国改革论坛网，2013 年 8 月 9 日，http：//people.chinareform.org.cn/r/renyuan/Article/201308/t20130819_174257.htm。

任远等：《人口迁移流动与城镇化发展》，上海人民出版社，2013 年。

孙文凯、白重恩、谢沛初：《户籍制度改革对中国农村劳动力流动的影响》，《经济研究》第 1 期。

王春光：《农村流动人口的"半城市化"问题研究》，《社会学研究》2006 年第 5 期。

吴开亚、张力、陈筱：《户籍改革进程的障碍：基于城市落户门槛的分析》，《中国人口科学》2010 年第 1 期。

徐明华、盛世豪、白小虎：《中国的三元社会结构与城乡一体化发展》，《经济学家》2004 年第 6 期。

张翼：《农民工"进城落户"意愿与中国近期城镇化道路的选择》，《中国人口科学》2011 年第 2 期。

Chan, Kam Wing (1994). *Cities with Invisible Walls：Reinterpreting Urbanization in Post-1949 China*, Hong Kong：Oxford University Press.

Chan, Kam Wing (2012). "Migration and development in China：Trends, geography and current issues", *Migration and Development*, 1 (2): 187–205.

Chan, Kan Wing (2009). "The Chinese hukou system at 50", *Eurasian Geography and Economics*, 50 (2): 197–221.

十五 农地制度

当前国家发展面临的重要任务，是在城镇化过程中促进城乡二元结构实现一体化和建立国家统一市场。城镇化发展带来大量农村人口迁移进入城镇和城市体系空间格局发生调整，这一过程面临一系列的制度限制，包括户籍制度、社会保障制度、地方财政制度、社会管理体制、土地制度等。这些城乡制度体系相互嵌套在一起，限制市场体制的充分运作，并阻碍经济社会发展。这也要求只有通过协调配套的制度改革，才能有效推动国家城镇化的发展和结构性调整。

我们看到，在城镇化过程中，流入地城市的户籍制度对劳动力迁移形成制度壁垒，限制了跨地区和城乡之间统一劳动力市场的建立，造成日益严峻的社会分化。而在迁移流动的流出地，农村居民的土地拥有和使用、农地制度的产权安排和农地市场流转的制度体系，也影响农村劳动力的迁移流动和向城镇转移。因此，城镇化发展不仅是城镇部门的改革，同时需要农地制度改革的衔接配套。有效的农地制度改革能够减弱农民对土地的依附性，增强劳动力市场活性，促进土地资源的优化配置，有利于农村劳动力的乡城迁移，并因此推动城镇化发展城乡结构的调整。

本章讨论农村农地因素如何影响人口乡城迁移和城镇化发展。文章将讨论三个方面的问题：第一是农地所具有的土地价值对乡城迁移的影响；第二是农地流转和农地流转的市场交易制度对农村劳动力乡城迁移的影响；第三是在此基础上对通过农地制度改革推动中国城镇化发展进行思考。

1. 农地价值

(1) 农地价值和迁移

乡城迁移是城镇部分的拉力和农村部门的推力共同作用的结果，因此流入地和流出地的成本和收益比较将决定农村劳动力的迁移决策。农村劳动力向城市迁移意愿不仅受到城市部门更高的经济收入和就业预期的影响，由于农地价值构成农村家庭利益的组成部分，也会影响农村劳动力的迁移决策。

农村土地本身具有财富价值和经济收益，构成城镇化过程中迁移的成本，从而对农村劳动力进城迁移具有负面的约束。在城镇的郊区和经济较为发达地区的农村地区，农地的经济利益更高，使得农村人口更加不愿意放弃农地，从而减弱了乡城迁移的动机（Tyner and Ren, 2016）。在这些地区，甚至还出现乡城迁移的人口希望将户口迁回农村以获得土地利益。因此，在较为贫困的农村地区，农村劳动力外出就业的意愿更强，而且如果我们按照新迁移经济学"相对剥夺假设"的看法（Stark and Bloom, 1985），在农村中农地所提供的经济收入相对更低的较为贫困的人口，会有更强的外出就业的意愿和动机。农地相关联的经济负担减少，也会相应增加农地的价值。例如，在取消了农业税以后，实际上增加了农地对于农户的利益，从而会减弱人口迁移和城镇化的动机。

农地价值还表现在农地构成对生活风险的抵抗机制。在缺乏社会保障制度的农村地区，农地具有基本生活保障的作用。农地是农村人口对抗生活风险的基础支撑，客观上充当了安全网的作用。近年来，农村的社会保障已经有了一定的发展，但是社会保障提供的经济供养能力还微乎其微，农地仍然构成了农村人口不可放弃的经济支持，这也限制了农村人口离开土地彻底进入城市。农地对于农村劳动力具有基本保障作用，因此当城市部门不能对迁移人口提供必要的社会保障，农村劳动力实际上是缺乏意愿放弃农地进入城市的。

农地的价值同时也受到市场波动性的影响，农产品价格的下降、农业经济作物的市场价格变化，以及农业生产和商业体制的市场定价机制的波动，都会影响农地的价值，从而影响城镇化的发展。

城镇化过程中的农地价值变化有两个基本的方向：一方面，在城镇化过程中农地价值得到提高，这会相对减弱农村人口的导出，这样在城镇化过程中人口迁移的边际倾向会下降；另一方面，如果农村的土地价值减弱了，例如出现抛荒，则会进一步扩大城乡财富积累的机制，会进一步促进人口迁移和流动。

农地价值不仅影响农村劳动力对外的迁出意愿，也是农村外出劳动力发生循环性的迁移或者回流迁移的影响因素。劳动力的循环性迁移，一定程度上是为了要满足农地必需的劳动力需求，完成对农地的劳务投入。迁移者往往通过非定居的迁移和循环性的迁移，希望同时保障获得在城市就业和农村土地利益的两种收益（Fan，2008）。外出务工经商的劳动力对农村地区的汇款，实际上是证明其和流出地社会的社会关系，同时宣示其对农地的所有权。特别是如果农户家庭中的劳动力相对不足，外出农民工就有更大的倾向返回农村地区。

近年来也有多项研究说明，农地因素作为家庭禀赋，影响农村劳动力外出务工，也影响农村迁移劳动力的回流（石智雷、杨云彦，2012）。按照新迁移经济学的假设，农村劳动力通过家庭内部分工，协调其家庭的农业生产和劳动力外出就业。农地生产的劳动力投入和农地价值的实现，也是影响农户家庭劳务分工需要考虑的因素。因此，迁移劳动者将城市的劳动就业作为人生历程的一个阶段和家庭获得货币资本的一个阶段。而他们在年龄更大时期返回农村，继续对土地的农业投入。这种叶落归根和安土重迁的行为，被认为是外出迁移目标的完成，也反映出农地价值对劳动力迁移和城镇化的束缚性。

十五、农地制度

同时,按照新迁移经济学的假设,迁移是为了分散化农村家庭生活中的经济风险。因此,从另一个角度看,农地价值所具有的保障作用,对于农村迁移者家庭也是规避综合社会风险的组成部分。农村家庭利用外出迁移抵消农业生产不稳定性和农村生活贫困的风险,同时外出的劳动力则利用土地的保障作用保障其在城市工业和服务业部门就业不稳定的风险。因此,当城市经济增长出现波动和危机的时候,农民工的就业受到冲击,他们往往返回农村。农村地区的小农产权制度,也一定程度上使中国没有出现类似印度城市中的大规模贫民窟。这也说明农地价值构成了城镇化过程中的保障机制,也影响着农村劳动力的迁移意愿和迁移行为。

对于农村居民来说,拥有农地具有客观具体的价值和利益,不仅会影响农村劳动力的进城决策,也会影响进入城市的劳动力对土地的安排。这也能够解释乡城迁移的人口实际上更不愿意对农地流转和转让,这不仅是因为他们需要继续保持农地的利益,同时也因为他们的迁移过程存在着缺乏保障的风险,会使得他们继续依赖农地的保障作用。因此,当乡城移民更大程度地融入当地社会,受到更少的歧视和排斥,或者当乡城移民具有更健全的市民化和社会保障,迁移人口才会增加农地流转的意愿和行为选择。由于农地产权利益构成农村居民家庭的客观利益,对此我们也不能先验地认为农村人口外出务工就业和发生乡城迁移就一定会加快土地流转,进而希望通过农村人口进城并以此剥夺农民的土地权利和土地利益。农村劳动力具有自身的经济理性,他们在迁移过程中会综合考虑土地的价值和利益,以及市区土地的成本和风险。

(2)保护和实现农地的价值和利益

农村土地会影响农村劳动力的迁移意愿和中国的城镇化。农地的价值和对生活风险的规避作用影响着劳动力的迁移决策,影响着劳动力向城镇转移，并对转移的劳动力返回农村具有牵引作用。农地价值对于迁移和城镇化的影响，给了我们三方面的启示。

第一，城镇化过程需要城镇部门通过产业发展，创造出比农地价值更高的经济财富。只有工业和非农经济发展所创造的财富与农民的就业收入大于农地创造的财富和经济收益时，才能推动人口从农地向城镇的转移，城镇化才能得到有效的推进。这也意味着现代工业部门的劳动力生产率需要达到一定的高度，使得迁移者对于其在城市收入和发展有积极的预期，才能吸纳乡城人口迁移和不断推动城镇化过程中的扩大再生产。

第二，在城镇化过程中只有通过建设出稳定的就业和社会保障体制来应对生活风险，才能够替代农地社会保障的功能。在这个情况下，土地在农村居民中的保障作用才会发生下降，才能构造有利于乡城迁移和保障农民利益的制度环境。加强迁移流动人口和农村居民的社会养老保险、社会医疗保险和最低生活保障的发展，能增强劳动者及其家庭在城镇化过程中的抗风险性、保障性，能够发挥对中国城镇化过程的积极作用。另一个需要强调的因素是改变迁移者在城市就业的非正规性，流动人口在城市的就业往往缺乏必要的劳动合同、养老和医疗保险、失业保险等，使其工作具有很大的波动性和不稳定性，迁移者如果在城镇中的就业风险不能得到有效规避，土地的风险保障作用就仍然是无法替代的。

第三，正是因为农地具有价值，农地对于农民具有客观利益，因此在城镇化过程中需要充分重视和维护农民的农地价值，而不是剥夺农民的农地利益，这构成城镇化发展的基本底线。推动城镇化发展，仍然要以农民的具体需求和基本利益为基础，尊重劳动者的自主选择，仍然要以尊重、保护，以及实现农村家庭的土地利益和土地权利为基础。改革的目的不是为了城镇化而城镇化，以及"让农民上楼"，而是为了满足农民收入提高和总福利进步的需求。在城镇化过程中需要保障和实现农民的农地价值,以及不断增强农地的价值,才能够实现城镇化过程中城乡利益的有机协调。

2. 农地流转

更确切地说,不是由于农地存在价值和利益影响了人口迁移,而是农地价值缺乏制度保护和市场实现,使得农户难以实现其土地财产利益,从而将农民束缚在土地之上,对城镇化发展构成制约。因此,需要通过农地产权制度的确权和农地流转制度的改革,将农民从土地的束缚中解脱出来,才有利于实现乡城迁移和城镇化发展。

中国改革是从农村改革起步的,联产承包制度作为20世纪70年代后期以来第一波农地制度改革,对于推动中国城镇化和经济发展发挥了巨大作用。联产承包制度将人口从人民公社的集体土地依赖中解脱出来,通过暂住证制度开放了城乡结构的流动性,从而促进了人口的乡城迁移和流动,并推动了城镇化水平的快速提高。而在当前时期,又出现了土地要素市场发展不足,小农地区的承包经营权虽不影响农村劳动力进城短期务工,但是影响农村劳动力转移成为城市居民。因此,在这一期就需要通过第二波农地制度改革推动城镇化和经济发展。

在新的时期将农村劳动力从土地束缚中解脱出来,就是需要通过农地产权制度和流转制度改革,通过分离承包权和经营权,改变农民对土地的依附性。迁移者能够保留对农地的承包权,与此同时实现农地在农业经营者那里得到集中。同时,农村劳动者根据其土地产权而非户籍身份获得土地利益。这样才能提高农村劳动者的自由,进一步促进劳动力市场的发育,并有效实现向城镇部门转移。与此同时,也要求进一步增强城镇部门的经济增长和加快户籍制度改革,从而更大限度地吸纳农村劳动力转移。这意味着在当前历史时期,我国需要通过新一轮的农地改革来推动城乡发展,从而更好地支持我国的城镇化发展。

(1) 农地确权

加快农地流转和农地制度改革对于农村劳动力乡城迁移能够发挥积极作用。农村劳动力向城市迁移,除了受到城市非农产业的就业机会、收入预期、城市部门的户籍壁垒以及迁移者本身的人力资本与社会资本因素的影响,流出地的农民家庭的土地状况和土地确权也影响农村人口向城市转移的意愿。均分的农地分配和农地产权难以转让,将农民束缚在土地上,制约了农村劳动力的外出迁移(姚洋,2004;陶然,2005;贺雪峰,2010)。农村劳动力中有相当比重的人口是并不愿意进城的,而愿意放弃土地进入城市居住和获得城市非农工作的比重更低(侯红娅等,2004)。

推动农地制度改革,包括农地确权、农地转让、农地互换(例如农村农地和城市郊区建设用地的互换),促进农地经营权流转,将增强农村劳动力转移进入城市和获得城市户籍的意愿,推动人口的乡城迁移。农地产权的明确一定程度上会明确土地的价值,这在一定意义上降低了迁移者迁移的动机;在另一方面,农地产权确权的工作是农地流转的前提和基础,有助于帮助农户实现其土地利益,从而帮助其从土地的束缚中解脱出来,增强其自由迁移的意愿和能力。因此,需要规范化地完成对农地产权的确权工作,通过确权明确农户和村集体对农地的土地权利,包括所有权、承包经营权和土地收益的权利。农地确权是保障农民土地利益、实现土地市场价值的基础。

(2) 制度规范和市场体系建设

与此同时,农地流转影响人口迁移和城镇化,还需要加强农地流转的制度规范和市场体系建设。农地流转的市场交易制度发展得越完善,也有助于劳动力的乡城迁移。例如,相对于口头交易方式,采取更加规范的书面交易方式将更加能够保证农地流转的合法性。

缺乏明确的农地流转制度安排,不仅阻碍了农村劳动力外出迁移,也造成了迁移的短期性。由于缺乏农地流转的制度化安排和对农地流转缺乏可靠的收益预期，农村劳动力的外出迁移是灵活和弹性的。农村迁移劳动力本身也并非完全希望获得城市户籍，他们往往选择在城市临时性就业和居住。

由于土地流转制度安排的不规范性和预期的不稳定性，限制了迁移流动人口及时调整其土地安排，出现农村土地闲置和抛荒等现象。可以看到，迁移人口甚至更不愿意进行农地的转让，他们通过汇款、周期性返回农村，以及家庭分离的家庭分工模式来宣示其对农地的实际拥有和使用权利，希望兼顾农地产权和城镇化过程的经济利益。这样，产权不明晰状态下的农地制度和模糊的农地流转市场安排，会限制乡城市迁移和阻碍迁移人口真正进入城市。同时，农地制度缺乏制度保障和存在模糊性，也不利于资本力量进入农村和农业地区，不利于农地资源的优化配置。

正是由于缺乏农地确权和农地流转存在的模糊性，使得非正式的农地流转安排广泛存在，具体表现在较多的口头协定和农户之间的互换、出租，农地流转的收益租金有的采取实物交易，有的采取不定期的出租收益。非正式的土地流转安排是在产权关系不明确和缺乏成熟规范的农地流转制度下的交易成本最低的市场安排。非正式制度和非正式的市场交易，增加了农地流转的灵活性和弹性，或者可以说是农村中草根性的制度创新探索。但是这样的非正式制度安排带来土地租金的损失，并限制了土地资源配置效率，增加了农村地区农地流转所带来的各种纠纷。因此，加快农村地区的农地确权，推动农地流转的制度规范建设、市场体系建设，以及完善农地产权和流转安排的相关法律法规，对于当下农地制度改革和城镇化发展都是必要和迫切的工作任务。

从城乡劳动适龄人口总数来看，随着我国劳动适龄人口总量和比重开始下降，在当前农业劳动生产率水平下，我国的农业剩余劳动力已经基本吸纳干净。但是，随着农业劳动生产率的提高，我国仍然存在相当规模的农村剩余劳动力转出，这也是中国城镇化水平持续发展的前提。但是农地产权制度和户籍身份挂钩，以及农地确权不到位、土地流转的制度体系建设不足，实际上会限制农村劳动力向城市转移，加剧城镇部门的劳动力有效供给不足，并因此制约中国的城镇化发展。

在我国的城镇化过程中，城镇化离不开城镇部门的非农经济发展和户籍制度的开放性，也离不开农村地区积极推动农地制度的调整改革。通过农地的确权和农地流转制度的建设，有助于推动农村劳动力外出就业和支持人口乡城转移。同时，农地财产权利的资本化发展，有利于提高农民的信用，支持农民进入市场和金融体制，引导资本和金融体制进入农村，从而带动农业投资和农村发展。以农地流转为核心的农地制度改革，将会成为中国当前阶段加快农村改革和推进城镇化发展的核心。正如制度经济学的经典理论所证明，明晰的产权界定和有效的制度安排对于提高资源配置效率和推动经济发展具有积极作用。在城镇化发展的新的历史时期，农地制度应该适应城乡发展的具体实际进一步进行改革，才能有效支持我国的城镇化发展过程。

3. 城乡联动的改革

人口迁移过程受到流入地和流入衔接因素的综合影响，基于迁移者对成本效益的理性判断，我国的城镇化和城乡发展受到城镇部门相关制度的影响，同时也受到农村农业部门相关制度的影响。农村的农地改革和城镇户籍改革共同影响城乡结构调整和中国城镇化。因此，中国城镇化的发展道路需要城乡联动，建立户籍制度和农地制度相互关联的改革框架。

这种相互关联在于，农村部门的农地状况、农地价值、农地产权和农地交易的制度安排影响迁移；而城镇部门的经济产业发展、户籍制度、保障和福利制度等则影响劳动者对城镇生活的预期和对城市生活风险的判断,从而影响其对农地的态度和迁移决策。因此对支持和促进人口迁移来说,单独的户籍改革也是没有作用的,同时需要农村农地制度的配套。只有在一个城乡互动、共同改革的框架下,城镇化和城乡发展才能实现稳步的推进。

从这种城乡联动的视野讨论农村的农地改革,一是要重视加快农村地区的土地制度改革,避免土地成为限制劳动力市场流动的壁垒。

人口迁移和城镇化是不断放开流动性,不断促进城乡结构转换,并逐步实现城乡社会体系一体化的过程。农村土地制度和户籍身份的捆绑,确实为农民提供了土地保障和土地利益,但另一方面,也构成了对农民移民和城镇化的约束,限制了人口流动性,甚至造成已迁移人口的返回性移民,使个别地方出现"未完成的城镇化"。因此,农村土地产权应逐步与户籍身份脱钩,要将农村土地的相关权益转换为农村居民的法人财产权。其中包括两种土地财产权:一是农村的承包田的土地财产权;二是农民的宅基地的居住财产权。积极发展基于农村土地财产权的市场流转体制,可使农民摆脱土地对其迁移和进入城镇的束缚,帮助农民根据自身条件理性选择迁移流动。

二是在农村土地制度改革和户籍制度改革过程中,要实现农民的土地财产权利,保障农民对土地财产权的利益,要尊重农民对土地财产权流转的自主选择。

使农民能摆脱土地的束缚和实现自由迁移,要基于农民的理性选择,避免通过强占农民土地的方式,逼迫农民离开土地进入城市。"逼农民上楼"看起来是在推动城镇化,实际上限制农民的自由选择,是损害农民的土地利益和整体福利。我国人口迁移和城镇化过程中,一直将土地产权变动和户籍制度作为改革的重点和难点。在我国强大的政府能力和不完善的土地产权制度背景下,近年来城市郊区土地流转有相当大的规模,政府主导推动的城镇化构成中国发展的重要特点。在此过程中,出现了农民土地利益受损的现象,不仅扩大了城乡差异,也恶化了农民和地方政府之间的矛盾。

因此,在土地制度改革和户籍改革过程中,要特别重视完善土地价值的评估制度,完善土地流转程序的规范性,以及通过土地征用流转的相关法制建设,充分保证农民离土进城过程中的利益。

在城镇化过程中加强农地确权和完善土地交易市场建设,不仅可以使农民从土地束缚中解放出来,也能帮助农民实现土地财产价值。通过土地制度改革,能为城镇化过程中的农民提供资金支持,帮助他们解决居住住房和投资发展的问题。通过完善土地要素市场制度建设,也能使人在理性选择和自由流动中更好地实现自身的利益和价值,并推动宏观的城镇化发展。

三是要加强流入地城市的户籍制度改革,以此来支持和推动流出地的农地制度改革。

只有让移民在城市有能力通过努力购买住房,有稳定的社会保障,有稳定的就业机会和失业保障,才能减弱农村土地对劳动者生活保障的价值,农民也才能真正放心地进行土地流转和离土进城。因此,需要城市部门通过改革,更充分地打开大门,吸纳包容移民群体。可以通过教育培训、创业支持等,增强移民群体的发展机会,或者通过社会保障体制的建设,使移民群体在城市生活的风险有所下降。这样也能弱化流出地农村对城镇化的限制作用,并能支持流出地农村更好地推进土地改革和户籍改革。

城镇化发展不是单独城镇部门的改革,而是城乡部门的共同改革。农地改革作为城镇化发展的有机组成部分与城镇部门的户籍改革相互联动,同时通过一系列的制度建设带动城乡结构的不断调整,推动良好的城镇化,并在城镇化进程中保障人口的经济利益、土地利益和发展的利益。

在城镇化过程中,农地流转和农地制度改革、户籍改革和城市福利制度改革,归根到底是为了劳动者生活福利的进步,因此需要基于劳动者自身的自主意愿和自觉的理性选择。通过农地产权的确权和推动相关农地流转制度改革,为土地市场、劳动力市场建设提供规范和保障,可以使农民从土地的束缚中摆脱出来,获得更大的劳动力市场自由。通过打破户籍制度、土地制度、行政区划的公共服务等壁垒,才能极大地提高劳动力市场的流动性,促进大国统一市场的形成,并因此极大地推动有效率的城镇化发展和国民福利的进步。

参考文献

贺雪峰:《地权的逻辑:中国农村土地制度向何处去》,中国政法大学出版社,2010年。

侯红娅、杨晶、李子奈:《中国农村劳动力迁移意愿实证分析》,《经济问题》2004年第7期。

石智雷、杨云彦:《家庭禀赋,家庭决策与农村迁移劳动力回流》,《社会学研究》2012年第8期。

陶然、徐志刚:《城市化、农地制度与迁移人口社会保障:一个转轨中发展的大国视角与政策选择》,《经济研究》2005年第12期。

姚洋:《土地、制度和农业发展》,北京大学出版社,2004年。

Fan, Cindy (2008). *China on the Move: Migration, the State and the Household*, New York: Routledge.

Stark, Oded, and David E. Bloom (1985). "The new economics of labor migration", *The American Economic Review*, 75 (2): 173-178.

Tyner, Adam and Yuan Ren (2016). "The Hukou system, rural institutions, and migrant integration in China", *Journal of East Asian Studies*, 16 (3): 331-348.

十六 社会保障

城镇化意味着城乡关系的结构性变化,在此过程中对城乡发展带来一系列结构性的风险,包括经济转型的风险、社会转型的风险和人口转型的风险,如失业、养老、家庭分离、健康损害、社会安全、环境污染、职业健康危害,等等。现代社会成为贝克尔所说的"风险社会",这凸显出在城镇化过程中需要加强社会保障建设来应对转型过程中社会风险的挑战。

但是在快速城镇化过程中,人口乡城迁移流动和跨地区转移的速度和规模在加快,而社会保障制度建设却相对发展不足。我国还没有建立统一的国民社会保障体系,社会保障制度存在明显的城乡壁垒和地区壁垒,以及在不同职业群体间保障计划也有显著的差异性和保障基金的壁垒,这些都限制了迁移流动,并对城镇化过程中人口社会福利带来不利影响。同时,社会保障制度建设不足,又使得农村劳动者进一步依赖于土地的保障作用,会进一步限制劳动者的乡城转移。因此,我国城镇化发展过程中需要重视社会保障体系的建设和发展,需要将社会保障制度建设作为城镇化过程中综合改革的重要内容,使社会保障制度能够适应人口的流动性、支持人口的流动性,从而更好地应对城镇化过程中的社会风险,推动实现劳动力市场自由流动和城镇化建设。

1. 社会保障发展不足

(1)相对发展滞后

改革开放前的社会福利和保障供给,主要是依托着城市部门的单位制度和农村部门的人民公社制度,通过计划性的福利供给,并没有发展出充分的个人积累和现代意义的社会保障制度框架。改革开放以后,随着社会主义市场经济体制逐步建立,我国开始建设社会保险、最低生活保障、贫困救济、社会福利等综合性的社会保障制度,而社会保险制度是社会保障制度框架的核心(张秀兰等,2009)。

因此,改革开放以后,我国同时面临着在城镇化过程中推动经济增长和建立完善的城乡社会保障制度的任务。但是客观来看,社会保障制度的建设还存在显著不足。相对于改革开放以后我国经济的长期快速增长——目前我国在经济总量上已经达到世界第二——我国社会保障的发展无论从保障水平、保障的覆盖率等方面都相对滞后。社会保障体系的制度框架建设仍未充分建立。从20世纪90年代到2010年,我国的人均GDP增长率长期高于城镇职工和居民养老保险覆盖人口的增长率,这一定程度上可以说明我国的社会保障发展,相对滞后于城镇化和经济发展。

在经济迅速增长的过程中,有必要通过社会再分配机制,进行社会利益调整,提高民众的社会福利,才能更好地满足人民群众的需求,提高人民群众的生活水平。相对于经济快速发展的社会保障建设不足,不仅不利于适应我国人口老龄化的快速推进,也不利于我国城镇化的快速推进。主要发达国家处在我国当前的经济发展水平的时候,都已经基本建立了完整的社会保障体制,相对来说,我国的社会保障整体建设水平是滞后的。这也意味着,在过去的30多年以来,在强调我们获得"人口红利"的时候,却可能忽视了对人口红利的使用。人口结构变动所带来的人口红利,需要能够返还到人口结构本身,并为未来的人口结构变化带来的人口负债作好准备。考虑到中国人口结构的老龄化和城镇化,加快社会保障体制建设本身是将人口红利应用于对人的生活和发展进行再投资的客观要求。

(2) 不平等和碎片化

我国的社会保障体制呈现碎片化的状态，不仅城乡之间有不同的社会保障体制，在区域层面看，社会保险基本以县级单位进行统筹，意味着全国具有上千个社会保障基金池。即使在一个都市区内部，也存在城镇社会保险、小城镇社会保险、农村社会保险、针对城市农民工的农民工社会保险，针对机关和事业单位的退休金计划等不同保障计划，这些碎片化的社会保障计划近年来有了积极的改革——例如城乡居民养老保险体制建设、机关和事业单位养老的"双轨制"养老体制已经开始对接社会保险体制——但是社会保障计划的碎片性仍然是非常显著的。无论是养老保险、医疗保险，还是失业保险、生育保险、社会救济等各项社会保障制度，在城乡之间、地区之间、不同人口群体之间都有着不同的覆盖率、不同的保障水平，这些因素共同造成了公民保障福利的不平等性，也造成社会保障计划的转换壁垒。

我们可以用城乡养老保险计划为例说明社会保障的碎片化和不平等性。笔者曾经利用社会保障公报和第六次人口普查数据进行了一个估算（任远，2016），根据《2010年度人力资源和社会保障事业发展统计公报》，到2010年年底为止，我国城镇基本养老保险人数2.57亿（其中参保职工1.94亿），新农保参保人口数1.03亿。不考虑一些地方多样性的社会保险计划，从社会保险制度的主体来看，我国养老保险制度覆盖的人口是3.6亿。第六次人口普查表明我国总人口为13.4亿，因此也就是养老保险覆盖人口占我国总人口的26.9%。我国的城镇6.7亿人口中，基本养老保险制度的覆盖率为38.4%。农村居民中的新农保制度的覆盖率为15.4%。城镇职工养老保险的参保职工数为1.94亿，城镇劳动单位统计的就业人员为2.6亿左右，也就是城镇职工中74.6%的人口已经获得了养老社会保险。

城镇职工的基本养老保险覆盖率相对较高，城镇中的农民工的养老保险覆盖率还比较低。根据第六次人口普查数据，我国4.02亿城市居民中，户口性质为农业户口的人口为1.45亿；2.64亿城镇居民中，户口性质为农业户口的为1.65亿。也就是说，2010年时我国城镇中的农民工为3.1亿。根据公报，2010年农民工在城镇中拥有城镇基本养老保险的人口数为3 284万，也就是说城镇中的农民工劳动者中获得城镇基本养老保险的覆盖率大约为16.3%。城镇中的农民工中也有部分人口是参与新农保的计划，那么根据推算，城镇中的农民工参与新农保的人口数约2 357万，城镇农民工中获得城镇基本养老保险或者新农保的覆盖率为28.0%。

笔者也进一步观察老年人口的养老保险参与率，能够发现我国社会保险还处于非常低的水平。城镇中参保离退休人员6 305万，说明城镇老年人口中80%以上都获得了养老社会保险。2010年度人力资源和社会保障事业发展统计公报说明，农村居民中获得新农保老年人口数为2 863万。根据第六次人口普查数据农村60岁以上老年人口比重达到农村总人口的18.3%，也就意味着农村老年人口中只有23.9%的老年人口获得养老社会保险。

除了社会保障覆盖率的不平等，城乡之间、地区之间的社会保障水平也存在显著的差距。例如，城镇职工的养老保险和新农村的养老金的差距非常大。农村的新农保大约每个月有55元左右的养老金，使得农村的养老保险对于解决农村老年人生活的经济供养实际上起不到什么作用。不同区域、不同群体间的不平等性、碎片性表现得非常突出，构成劳动力市场流动和城镇化发展的阻碍。

(3) 流动人口的保障性不足

城镇化过程中社会保障建设不足的突出问题是对迁移流动人口社会保障供给不足。由于我国的社会保障制度长期依托户籍身份，因此非户籍人口无法进入城镇养老、保障和医疗体系，一些城市中对流动人口和农民工提供基于商业保险的农民工综合保险计划。近年来，我国已经加大力度,推动将迁移流动人口纳入城镇养老、医疗保险体系,但是进步仍然缓慢,非户籍人口的流动人口在各项社会保障中的覆盖率显然更低(表16-1)。用工单位从减少企业成本出发,没有意愿为非户籍人口缴纳社会保险,而非户籍人口本身由于在城市生活的临时性,他们也缺乏主动的意愿参与城镇社会保险。在社会保障的某些项目,例如住房保障、最低生活保障等,仍然是排斥非户籍的迁移流动人口。

表16-1 上海本地居民和流动人口在各类社会保障计划的覆盖率(%)

	流动人口	本地人口
城镇养老保险	38.60%	84.60%
城镇职工医保	40.00%	75.70%
城镇居民医保	4.40%	22.10%
商业医保	5.90%	10.90%
工伤保险	28.80%	37.10%
失业保险	25.30%	59.30%
生育保险	9.50%	27.30%
住房公积金	12.30%	47.70%

数据来源:作者根据2013年流动人口动态监测调查数据整理。
注:城镇养老保险包括了城镇职工养老和城镇居民养老保险两类。

流动人口在城镇社会保障获得不足,已经产生出一系列的恶果。这不仅增加了迁移者在城镇生活的风险,也使得他们在年龄较大接近退休时处于缺乏保障的状态,他们因此不得不回到农村流出地依靠土地和子女获得养老保障。这限制了迁移流动人口在城镇沉淀下来的意愿,而缺乏社会保障的老年人口回到流出地农村地区,则是养老风险向农村地区的转移和堆积。流动人口无法在城镇部门获得医疗保障,使得他们对于疾病的风险抵抗能力是极弱的。根据笔者在上海的研究,流动人口生病以后在药房买药自己治病的比重达到22.1%,而本地人口这一选项的比重是3.3%。非户籍流动人口在城市疾病和医疗中能够得到社会保险报销的比重为 16.4%,即使流动人口在流出地具有医疗保险,由于跨地区医疗保险衔接的困难,使得流动人口也难以获得必要的医疗报销的补偿。因此,迁移流动人口的健康损耗更加严重,他们在身体健康水平下降或者疾病时更多地返回流出地。城镇地区有更好的医疗服务,而流动人口却无法得到必要的医疗卫生服务,这样的矛盾不仅是不公平的,也构成了城镇化过程中迁移者的突出风险。

2. 人口流动性

在人口乡城转移和跨地区迁移的过程中,城镇化发展中的人口流动性和社会保障制度的碎片化构成了一对突出矛盾。一方面,城镇化和人口迁移流动要求突破碎片化的社会保障体制;另一方面,滞后的社会保障制度改革又阻碍了城镇化和人口迁移流动的发展。

当前我国的流动人口数量已经达到 2.6 亿。根据对第六次人口普查数据的分析,在 2.6 亿的流动人口中,农村人口离开户口所在地的乡镇进入其他地区的城镇乡城迁移人口大约有 1 亿,从中小城镇和城市进入其他城镇地区的城城迁移人口大约有 1.3 亿,另外有 0.3 亿人口是从农村地区迁移流动进入其他地区的农村地区。跨区县的人口迁移流动数量大约是 1.5 亿。与此同时,在城镇周边的农村地区,无论是城市化过程中农民被动地失去土地进入城镇,还是当地农民主动地离开土地进入所在城镇地区就业和居住,这部分的乡城转移人口的总数量也有近 1 亿人口。我们看到从 20 世纪 80 年代以来,人口的流动性总体上不断增强,人口跨地区迁移流动的态势持续发展。

东部沿海地区继续保持大规模的人口集聚,而随着中西部地区崛起和产业转移,中部地区的城镇化发展迅速,对人口迁移流动的吸引力也有所增强。我国迁移流动人口中跨省(直辖市)迁移流动人口达到 8 600万,其中广东、浙江、上海、北京、江苏都是人口迁入的主要地区；而从四川、重庆、广西、贵州、安徽、江西、湖南、湖北，以及河南、河北等省份（直辖市），都有大规模的人口迁出。

我国社会保障体制的具体实施相当大程度上还是依据户籍身份，大量迁移流动人口和农民工群体难以被流入地的社会保障体系所覆盖，或者覆盖率非常低。甚至流动者个人考虑到长期生活安排的非定居性，以及社会保险基金地区转移存续的困难，他们也并不愿意参与所在地区的社会保险计划。社会保险基金基本上是按照县级单位进行统筹，不同地区社会保险基金的缴纳和支付有所区别，不同社会保险基金的统筹体系基本还相互隔离。同时，我国农村地区实施的是新农村养老保险和新型农村合作医疗，而城镇居民享受城镇职工和城镇居民社会保险；一些城市中还分为城镇保险和小城镇保险不同的类型。

因此，社会保障体制的户籍分割、地区分割、城乡分割，越来越不适应日益增强的人口流动性，不适应人口空间转移，不适应我国城镇化的推进。社会保障的碎片化，限制了劳动力市场的发展，制约了城乡一体化、区域一体化，并因此扩大了社会福利的不平等。

通过了解在城市化过程中的人口流动性和社会保障体系的碎片化所存在的矛盾，能够为中国社会保障改革提出对策思路。城镇化过程带来了巨大的人口流动性，主要包括三种情况。

第一种是人口迁移流动过程中的大量非户籍人口流动性。根据第六次人口普查数据，当前在城镇中的非户籍流动人口数是2.3亿，其中有1.3亿是从小城市和小城镇进入城市中的流动人口，另外约有1亿是从农村进入城市的流动人口。这种非户籍人口流动性对社会保障提出的挑战，在于非户籍流动人口社会保障覆盖率比较低，大约在15%—20%之间，因此，提高城镇部门对非户籍流动人口的社会保障覆盖率是当前对社会保障体制改革的第一个要求。

第二种是伴生的人口流动性，即不同地区间的人口流动性，由于人口在不同地区间流动，就存在不同地区的社会保障计划的衔接转移问题。例如，我国跨省流动人口是 8 600 万，跨区县流动人口为 1.5 亿，广东、北京、上海、浙江是人口流动集中的地区。从迁移流动人口基本态势看，第三次人口普查以来，我国的迁移流动人口基本方向没有改变，仍然主要是向长三角地区、珠三角地区和京津冀地区转移，而且这些区域内部的人口迁移流动也有相当大的比重。随着人口流动和就业，流动人口在不同地区的社会保险统筹基金和个人账户中有了自身的保险账户，但是如何将不同地区的社会保险账户有效衔接，以及人口发生流动后如何把这个地方的社会保险账户转移到另一个账户中去，将带来不同社会保险基金池之间进行跨地区衔接和转移的问题。

第三种人口流动性是乡城之间的人口流动性。在城市化过程中，即使是在同一个地区所在的城市和城镇，本地城镇人口由于城镇区划扩大，使农民失去土地进入城市，也是被动的进城过程。还有一个表现就是农民离土不离乡，农民仍然保有土地，只是在城镇中就业和务工，也就是通常所说的"农民工"。我们计算了一下，这种在本地从农村到城镇之间的流动性，2000—2010 年间由于城镇化占用了农村耕地，使农民失去土地进入城镇的人口有 5 000 万。另外还有城镇周边的农村劳动力进入城镇，按照同一个经验系数推算，离开土地的新增农村人口大约有 3 000 万。也就是有 8 000 万人从农村进入城镇，实现了就地城镇化。这种乡城之间的流动性也带来相应的社会保障问题，在城乡结合部比较明显。

因此，城镇化过程中具有增强着的人口流动性，产生出不同的社会保障制度问题。第一种流动性和社会保障问题是，城镇社会保障体制不适应人口流动性，流动人口不能进入社会保障体系安排，甚至不愿意参加当地社会保障计划；第二种流动性和社会保障问题是，不同的地区社会保险统筹范围不同，社会保障规定不同，如何衔接、如何转移；第三种流动性和社会保障问题是，农村、城镇、小城镇和城市的社会保障体系如何纵向统筹，如何加强农民工的社会保障。如果不解决这些问题，不可避免地会带来社会保障日益碎片化,甚至更坏的后果——社会保障等级化。我国第一次分配中的收入差距甚至还小于第二次分配以后的收入分配差距,意味着社会保障体系不是有利于社会公平,甚至扩大了社会不平等。这是由于社会保障是城市高于农村,公务员、政府干部社会保障水平更高,普通劳动者的社会保障水平低。

3. 社会保障制度改革

如何使社会保障体制的发展适应人口的流动性和支撑人口的流动性,如何实现不同性质、不同地区的社会保障有效衔接转移,成为人口迁移流动和不断城镇化过程中社会保障体制建设的一个突出难题。

在人口流动性日益增强的背景下推动我国的社会保障制度改革,必须要推动相关的技术创新。实现跨地区社会保障衔接转移,需要个人身份识别的信息系统建设,需要跨区域和不同保障基金间的结算安排,需要在保险支付体制上支持跨区域和不同保障产品间的合并和提取,等等。实际上,应对人口流动性的社会保障改革在技术上并不是特别困难的事情,例如通过建立类似美国的社会保障号(SSN)系统,以及社会保障支付的数字化,就能够实现跨区域的社会保障体系的整合。中国正在推行的社会保障卡计划,完全可以成为未来国民社会保险计划的实施平台。但更重要的是,人口流动性下的社会保障体制建设需要推动相关制度创新,如何建立国民身份统一的社会保险系统,如何对进入城市的迁移流动人口的社会保障制度整合,如何实现跨地区社会保障衔接转移。类似这些问题都涉及复杂的利益协调和制度建设,制度创新的困难和挑战显然比技术创新更加突出。

适应人口流动性的社会保障体制建设,其目标是打破社会保障体制的户籍分割、地区分割和城乡分割,并在此过程中构建更加均等化和一体化的国家社会保障体制。

十六、社会保障

第一，适应人口流动性，逐步增强对迁移流动人口社会保障计划的接纳和覆盖。

一方面，将大量迁移流动人口逐步纳入流入地城市的社会保障体系是必要的。同工不同酬、同工不同保障，不仅是劳动权益的不平等，也带来了收入分配和福利安排的不平等，并使户籍身份体系构成劳动力市场分割，影响劳动力自由流动。客观来看，当前迁移流动人口的社会保障建设落后于人口的流动性，并成为劳动力市场发展和城镇化发展的阻碍因素。通过流动人口逐步更加平等地进入所在地区的社会保障体系，能够帮助其在城市中长期居留和稳定居留，推动流动人口的市民化和社会融合，并因此帮助迁移流动人口完成其城市化，成为城市新兴中产阶级的组成部分，为推动中国经济持续发展和社会结构的不断提升创造条件。

另一方面，包括城镇职工养老保险、城镇职工医疗保险，乃至城镇居民养老、医疗保险也应该尽可能地逐步剥离与户籍身份的关联，过渡到以就业为基础的社会保障安排。逐步使户籍制度和社会保障体制相脱离，不仅有利于推动户籍改革，也有利于社会保障体制本身的发展。推动流动人口进入城镇社会保障体系，能够帮助流动人口长期安排其老年生活和医疗福利，并在短期内有利于社会保险基金的内在平衡。而社会保障的福利供给压力和户籍身份逐步剥离开来，也能够为户籍制度的逐步改革扩展更大的执行空间。

第二，适应人口流动性，探索和推动不同地区社会保障计划的有效衔接转移。

地方分割的公共财政体制，带来不同地区社会保障基金账户的相对独立和相互分离。不同地区的社会保障项目的缴费率、缴费期限和支付水平存在差别，为跨地区不同的社会保障项目中实现衔接转移带来困难（何文炯等，2001）。同时，目前跨地区的社会保障转移往往是只转移保险人的个人账户，而保险人的统筹基金部分难以转移，这不仅对保险对象而言是保险利益的损失，对于接受保险转移的地区也缺乏动机来接续其社会保险积累。

社会保障的跨地区、跨部门的衔接需要制度创新，这种衔接需要跨地区、跨城市的政府和社会保障管理部门通过协议协调各自利益、规范衔接的具体实施。不同地区社会保障体制衔接，可以有不同的衔接方案，一个可供选择的过渡性方案是，在社会保险衔接转移的过程中，上级政府可以为下级政府间的社会保障转付对接提供财政补偿。例如，当发生人口流动使社会保障账户从 A 地转移到 B 地，A 地社会保障统筹部分的保障损失可以由上级政府的社会保障基金提供补偿。各地政府为城乡之间社会保障计划的衔接提供财政支持，省级社会保障财政支持地市之间的社会保障对接，而国家为省际之间的社会保障对接提供政策支持框架和财政补偿。这样，地区之间的社会保障衔接的壁垒就能够逐步被打破，而社会保障的地区差别也将随着社会活性化的进一步提高和分地区经济的发展而逐步均衡，从而进一步支持跨地区社会保障的有效衔接。还有一种办法就是推动各地的社会保险规定进行调整，参照欧盟的模式，取消 15 年最低工作年限的限制，劳动者在不同地区工作了多少时间就领取相应的养老金，这样所谓跨地区的衔接转移问题也就迎刃而解了。

在此过程中，在一些人口迁移流动相对比较集中的城市之间、区域省际之间，例如东部沿海的长三角地区、广东地区，可以率先开展区域性的社会保险基金衔接转移探索，通过不同地区间的保障计划衔接协议，不断实现区域内社会保险体制整合，并为更大范围内的社会保险统筹和整合创造条件。

第三，适应人口流动性，不断提升社会保障的统筹层次和城乡一体化水平。

在人口迁移流动的过程中，也有相当数量的农村人口失去土地进入当地城镇，以及农村人口离土不离乡地进入城镇从事非农经济活动。

十六、社会保障

这些人口的非农从业身份和农村社会保障的体制安排构成了不匹配的现象。其实，不仅是社会保障，在城市化的推进过程中，城乡社会管理和公共管理的诸多体制都存在难以结合的现象。例如，在城郊结合部地区，城镇人口、农村人口和外来人口相互混杂，农村的社会保障体制和城镇的社会保障体制交织在一起，带来城乡管理的困难，也带来地方社会的分化。

实现城乡一体化要从下到上进行统筹，从农村到城市逐步实现整合，从而提高农民的福利。在这个过程中，随着农村土地流转，农民进入城市，需要确保在土地流转中农民的社会保障利益得到充分维护。不仅是城市产业对农村耕地的占地需要补偿社会保障利益，农民和农民之间的土地流转也需要重视对社会保障利益的维护，实现土地在城市化过程中的价值，并将这些土地价值的增值更好地用于农民城镇化过程中的社会保障。在城乡人口流动和土地流转中需要重视对社会保障利益的维护。

因此，适应农村人口进入城镇，需要包括社会保障体制在内的城乡管理体制相应调整和整合。通过不断提高区域的统筹层次，逐步整合农村社会保障、小城镇社会保障和城镇社会保障，提供更加一体化的社会保障安排，并为农村人口进入城市和实现城镇化提供支持。

总之，分户籍、分地区、分城乡的碎片化的社会保障体制安排与人口的流动性的日益增强构成一对尖锐的矛盾，不仅阻碍人口流动性和城市化的推进，也加剧了社会分化和社会不平等。

这种矛盾提示在未来社会保障体制建设过程中，需要打破不同社会保障计划的藩篱，在不同社会保障间构筑通道。更主要的改革目标在于建立城乡一体化、区域一体化以及国家整体性的社会保障计划，使不同社会保障项目能够成为有机衔接的整体。需要迫切推动建立这样的社会保障整体体制，才能更好地适应日益增强的人口迁移流动和城镇化发展。

4. 共同的意愿和行动

(1) 有共识而无共同意愿

在乡城迁移和城镇化过程的人口流动性中，需要推动社会保障制度改革，接纳迁移流动人口和农民工进入城市体系，减少他们在城镇化过程中的生活风险。从而支持劳动力市场的流动性，支持迁移者的生活福利，支持以国民身份为基础的整体性社会保障体系的构建。

但是，现实中社会保障制度改革的缓慢，实际上并非是大家没有对这个道理形成社会共识，而是社会不同行为主体对于改革实际上是缺乏意愿的。企业、劳动者本身、地方政府实际上对于推动迁移流动人口和农民工社会保障建设都缺乏更高的积极性。农民工社会保障似乎只是停留于"政治正确"的号召，在现实生活中这种"号召"和不同行为主体对于社会保障的具体意愿构成了错位现象，对推动流动人口和农民工社会保障实际上还没有共同意愿，当然就很难形成推动农民工社会保障的共同行动。

一是企业缺乏对加强流动人口和农民工社会保障的意愿。企业面临增强社会保险的商务成本和企业竞争压力增大的矛盾。土地成本和融资成本较高，劳动力成本也在不断提高，使我国企业运行的商务成本继续升高。企业目前面临的社会保障积累成本也已经较高，企业在养老、医疗保险的缴费本身就占了工资总额的30%左右，这个缴费率本身是较高的。实体经济增长缓慢的原因在于企业的利润率水平本身就比较低，在此背景下企业就很难形成提供农民工社会保障的意愿。特别是在对劳动和社会保障监管不足的情况下，企业很可能就维持不提供农民工社会保障的非正规就业状态，甚至形成了一种弱社会保护的"血汗工厂"模式。有的时候，企业还和劳动者"合谋"，通过不提供社会保障而直接为农民工提供工资，通过这种方式来降低企业成本。

二是迁移流动人口和农民工自己并不愿意参加社会保险。我们看到企业和劳动者对于不参加社会保险的"合谋",农民工宁愿要一些到手的现金也不要参加社会保障来制度化地应对风险。更显著的例子是过去几年农民工对已参加的社会保障也有很高的退保率,据报道每年有3 000万—4 000万农民工退出已经加入的城镇社会保险计划。这反而造成了地方保障部门强迫规定,不能在法定退休年龄之前领取个人账户的养老金。农民工宁愿中断保险,也不缴纳社会保险,使得农民工社会保险的发展缺乏基本动力。

流动人口和农民工参加社会保险计划意愿较低,一方面在于社会保障衔接转移的困难,社会保险衔接转移只能转移个人账户的部分,社会保险的统筹账户部分在不同的社会保障计划间还无法衔接转移。迁移者因为衔接转移缺乏利益保障,所以没有兴趣交纳社会保险金。另一方面,流动人口和农民工对自己在城市中长期居住缺乏预期,如果在城市工作缴费不足15年,按规定无法领取养老金。迁移者因为工作的流动性、在城市居住的暂时性,所以很容易发生"断保",因此没有动机缴纳保险。另外,即使流动人口和农民工在城镇中已经工作了15年,他们也不愿意继续缴纳社会保险费而选择"断保",一种解释是他们觉得养老金的工资替代率太低,使得社会保险成为没有意义的保险产品。

三是地方政府对于流动人口和农民工社会保障的态度也是相对疏忽的。地方政府对于社会保障这种社会再分配,往往认为是城市吸纳移民和城镇化过程中的成本,因此从降低成本的朴素思想出发,总是采取限制对迁移者的社会保障。而一些特大城市实施严格控制人口规模的管理目标,则进一步将限制社会保障和控制人口规模结合起来,认为更好的农民工福利会强化农民工和流动人口向城市的集聚。因此,地方政府对于农民工社会保障具有有意或者无意的疏忽。同时,地方政府对于企业社会保障监管也存在有意或者无意的疏忽,很大程度上也受到政府希望尽可能地吸纳企业投资推动地方经济增长的影响。当经济增长成为地方政府竞争的重要考量时,在资本和劳动的关系上,地方政府往往偏向于资本的需求和利益,这样政府往往采取眼睁眼闭的态度对待企业监管,并因此出现了在劳动标准、劳动者收入和福利以及生态环境等方面的"向下竞争"。在这个 GDP 主义的模式下,地方政府对于农民工社会保障缺乏激励就比较容易理解。从更宽的视野来看,GDP 主义带来政府更加重视土地财政和生产性的财政投资,对于包括保障、环保等公共服务投资相对薄弱。政府更加希望的生产性投资包括基础设施投资,有可能对社会保障开支产生挤出效应,也相应导致对农民工户籍改革和农民工社会保障发展缺乏激励。

四是我们看到从进入 21 世纪以来,政府强调和谐社会建设,特别是 2005 年以来政府对于社会建设和民生福利的强调一直都在强化。中央政府对于户籍改革、农民工社会福利和社会保障建设上的态度一直是积极的。但客观来说,中央政府对于流动人口和农民工社会保障问题,实际上是政治引导的角色。在政策执行过程中,农民工社会保障或者是流出地政府的责任,或者是流入地政府的责任,而更主要是流入地政府的责任。中央政府在迁移者社会保障上应发挥更加具体的作用。

(2) 培育共同意愿和共同行动

虽然推动农民工市民化和社会融合,加快户籍改革和推动农民工社会保障是非常正确的政治口号,但实际上相关主体对于推动农民工社会保障都没有积极态度,带来"口号热、实践冷"的现状。推动流动人口和农民工社会保障建设,其实已经不需要作观念上的澄清。更主要的是,首先需要使不同行为主体间发展出对流动人口和农民工社会保障的共同意愿,然后才能实现对加强流动人口和农民工社会保障的共同行动。

因此,适应人口流动性,加快社会保障制度政策建设,对保障体系改革的宏观制度设计和顶层规划是必需的。但另一个值得重视的地方

十六、社会保障

在于，应该重视发展出促进流动人口与农民工社会保障建设的共同意愿和共同行动的制度政策建设。对于形成对社会保障改革的意愿和行动来说，一方面要对不同行动主体参与农民工社会保障进行引导和激励，一方面要对不实施农民工社会保障的行为提供监督和压力。

企业是农民工社会保障的主体，我们有理由相信随着人口结构变化和劳动力市场供求关系的变化，"民工荒"和"技工荒"的加深会推动企业加强劳动者福利和劳动者社会保障来作为一种措施形成稳定的劳动者队伍。建立稳定的劳动者队伍才能够适应企业自身的转型和技术升级的需要。在依靠简单劳动力的制造业就业开始向外部转移以后，通过农民社会保障有助于形成更加稳定和专业化的劳动者队伍。同时，提高农民社会保障作为一种市民化路径，也已经表现出对农民工加强人力资本投资的积极作用。因此，农民工社会保障应该成为企业发展和升级的长远战略。

而在劳动力成本提高、商务成本提高后，增加企业对农民工社会保障的直接激励在于需要降低社会保障的缴费率。要推动实体经济发展的有效办法还不是降低企业的融资和贷款利息成本，更有效的是降低包括房地产价格的商务成本，以及降低过高的社会保障缴费成本。封进等（2012）对于中国不同地区社会养老保险平衡的比较研究表明，降低缴费率实际上会增加企业对社会保障的参与，而农民工社会保障参与的提高会抵消缴费率下降的不利影响，实际上更有利于养老保险基金的平衡。虽然她的研究还应该进一步考虑企业保障计划参与是由于缴费率下降的结果还是劳动监管的影响，但是降低缴费率在统计上表现出能够增强企业社会保障计划参与的激励作用，或者说降低缴费率和加强企业监管能够共同构成增强企业社会保障参与的有效力量。

从积极引导的角度看，企业为包括农民工在内的所有就业者提供社会保障，也能够构成企业信用的良好指标，有利于企业的银行融资等市场拓展。而将农民工社会保障作为企业的社会信用和社会责任记录，通过引入第三方社会组织的监督,能够形成企业行为模式转变的社会压力和社会环境。

加强企业劳动用工和社会保障监管是对企业社会保障的外部压力,这种通过监督和压力提升企业对农民工社会保障的意愿不应该是软约束,而应该成为硬约束。不仅需要强化职能部门对企业社会保障的行政监管,更需要强化对企业社会保障的立法和执法监管。企业和公民参与强制性社会保障应该上升为法制要求,成为公民和企业的法制义务。如果农民工在企业没有获得企业缴费纳入社会保障计划,农民可以通过法院诉讼企业的非规范经营,那么在避免法律纠纷的压力下,企业会自觉地为所有雇佣人员提供各类法制规定的社会保险计划,并因此带动整个劳动力市场的规范化和正规化。

促进企业社会保障意愿和行为转变的另一个压力,是需要将农民工逐步纳入企业的工会体系,从而使农民工得以有机会来表达和保障自身的权利。通过集体协议的渠道,得到政府的配合和支持,使得农民工有更多渠道将自身合法利益和诉求对企业管理者形成压力,从而形成社会主义市场经济的企业规范化经营。

第二,构筑农民工参与社会保障计划的意愿和自觉,归根到底要推动农民的市民化和社会融合。农民工社会保障是他们市民化和社会融合的影响因素。同时,当农民工在城市稳定长期居住、实现自身身份认同和计划长期乃至永远地生活在城市中,他们自然需要必要的社会保障计划来抵抗生活的风险,并因此提高其缴纳各类社会保障的意愿。

增强流动人口和农民工缴纳社会保障的自觉性,在于使得社会保障对于迁移者不仅发挥风险规避的作用,也具有发展的工具性作用。例如,个人缴纳社会保障已经在不少城市被列入个人信用的积分系统,帮助迁移者获得居住证福利和增强在当地落户的考量。如果社会保障构成迁移者信用的组成部分,就能够帮助他们在城市融资和发展,这样对于一个创业创新的迁移人口,社会保障就不仅是一个规避风险的工具,

十六、社会保障

而同时能成为一个帮助发展的工具。

就加强迁移者的社会保障来说,还需要针对农民工的具体困难,优先发展他们最需要的社会保障,才能使社会保障更显著地提高迁移者的福利,得到他们的支持和参与。例如,流动人口和农民工遇到的更直接问题可能还不是养老保险,所以城镇部分还需要加强广泛覆盖的医疗保障和医疗保险衔接,加强住房保障和失业保障,这样会更显著地降低迁移者在城市的生活风险。

第三,根据地方政府的行为逻辑,需要通过绩效考核体系的改变,将农民工社会保障纳入政府行动的意愿。地方政府缺乏对迁移者福利和保障进行改革的意愿,最主要的原因是没有把移民的激励作为城市发展绩效的组成部分(朱玲,2011)。如果将城镇化过程中"人的城镇化"列入地方政府治理的考核,将移民本身的住房问题、保障问题作为政府工作绩效,而弱化对地方政府的 GDP 考核,那么增加地方政府的改革动力是有可能的。

更主要的是,地方政府需要改变将人口迁移集聚和社会保障改革作为一种成本的思维定势,而需要凸显城市社会保障改革对于保险基金平衡和城市财政的积极作用;需要将社会保障作为对迁移的投资,值得通过一些地方财税改革将迁移对于地方社会的积极作用凸显出来,从而增加地方政府对于吸纳移民和对移民提供社会保障的积极意愿。例如,一个重要的改革就是税收体系的改革。现在的税收主要是企业税,因此地方较少意识到迁移流动人口的贡献,而如果减少企业税和增加消费税,则会降低企业的负担,同时也会增加对人口吸纳的激励。另一个改革的例子是增加地方政府对社会保障基金投资运用的激励,投资运用能帮助解决地方政府融资困难的情况,在这个情况下,将流动人口和农民工更大范围地纳入保障体系就直接和地方政府财务绩效相关,就会增加政府社会保障的动力。

第四,中央政府年度财政预算中也需要有专门的对完善流动人口和农民工社会保障的转移支付预算。在国家人大和政府年度工作计划中，需要增强来自迁移流动者的提案和议案。需要将全面建成小康社会的战略目标落实为工作目标，落实到工作转向和工作预算中去，而党和人大需要对相关事务进行监督和保持政治引导，落实对政府部门法定责任的监管。有一个可问责的政府体制，以及基于民主的公共事务讨论和公共预算，才有助于真正将公民的利益需求转化为政府责任和政府执行力。

第五，对于城镇化过程中的社会保障制度改革，其根本仍然需要流动人口和农民工作为利益关联者，形成推动改革的意愿和行动。这就要求发挥流动人口和农民工的话语权。农民工和企业缺少话语权带来改革意愿表现不足，从而无法推动改革。在缺乏基层社会话语权的情况下，基层社会往往只能通过群体性事件和暴力抗争才能够推动改革。而如果将城镇化过程中公众利益的话语权反映到政治议程中，就能够平衡城镇化和改革中的利益冲突，并推动保障体系的改革。例如，当失业群体增加的时候就会增加压力，推动失业保险的发展，当迁移流动者增加也会推动增加国民社会保障体系建设的公共预算。通过强化民主体制和和谐社会建设，任何社会管理者都会面临福利改革的压力。而有效组织社会和释放社会的公众诉求，才有助于推动社会保障体系的改革，乃至形成推动改革的意愿。

就城镇化过程中的社会保障建设来说，如果不同社会主体都缺乏意愿，那么推动改革自然陷入空谈。没有人感兴趣的政策议程是没有可能得到持续推进的。不同行为主体对于推动流动人口和农民工社会保障能够形成共同意愿和共同行动，才能够真正面对农民工社会保障遇到的困难和挑战，针对具体问题推动制度建设。农民工社会保障遇到的各种困难，如统筹层级不同、跨区域不同保障计划的衔接、人口流动和保障给付的结算安排，这些具体困难都可以通过制度建设和技术体系完善来逐步解决。对此，需要总结不同地区的农民工社会保障的成功模式和探索实践,并逐步扩展应用。西方国家在人口流动性社会保障体系建设方面的经验也值得借鉴。在城镇化过程中,我国需要加快推动城乡社会保障体系建设,使得社会保障适应和支持人口的流动性,才能支持我国的城镇化走上良性发展的道路。

参考文献

封进、张素蓉:《社会保险缴费率对企业参保行为的影响》,《上海经济研究》2012年第3期。

何文炯、金皓、尹海鹏:《农村社会养老保险:进与退》,《浙江大学学报(人文社会科学版)》2001年第3期。

任远:《后人口转变》,复旦大学出版社,2016年。

朱玲:《中国社会保障体系的公平性与可持续性研究》,《中国人口科学》2010年第5期。

张秀兰、徐月宾、方黎明:《改革开放30年:在应急中建立的中国社会保障制度》,《北京师范大学学报(社会科学版)》2009年第2期。

十七 统筹城乡发展

到 2015 年年底，我国的城镇化水平已经达到 56.1%，居住在城市的人口已经超过农村人口。当前，在城镇化过程中城乡二元结构分化，城乡差距非常显著，带来一种城乡断裂的张力。破解城乡二元结构、统筹城乡发展成为当前时期我国城镇化过程中的突出任务。这关系到能否继续有效推进城镇化发展，关系到城镇化过程中创造的经济财富和经济利益实现社会共享，关系到应对社会分化和避免国家发展陷入"中等收入陷阱"，也关系到全面建成小康社会目标的实现。

本章将讨论当前时期我国统筹城乡发展所面临的突出问题和主要任务，即如何缓解城乡之间的收入差距和福利差距，努力实现城乡发展水平的均衡；如何破除城乡之间要素流动的壁垒，构建城乡统一体系，使市场机制能够更好地发挥资源配置的作用；如何构造城乡关系的双向性，改变城市偏向和城市中心的城市化模式，构造出新农村建设和新型城镇化的双向进步，以及实现城镇化和农村发展之间的循环进步。最后，作者针对当前城乡结构分化的发展困境，提出需要加快推进综合性和配套性的制度改革，通过转变政府职能、加强法治建设、发挥市场机制的决定性作用，以及动员多元化社会力量实现协同治理，推动城镇化和促进城乡统筹发展。

1. 城乡平衡发展

（1）城乡差距

从 1978 年改革开放以来，我国城乡收入差距总体上日益扩大，已经成为国家发展不平衡的突出问题。中国改革是从农村率先开始的,城乡人均收入比从1978年的2.57∶1,下降到1983年的1.82∶1;20世纪80年代中期,随着城市企业改革的推进,城镇工业发展更加迅速,城乡收入差距逐步扩大到1990年的2.2∶1,1995年达到2.71∶1;20世纪90年代中期农产品平均价格提高带来城乡收入差距下降,1997年我国城乡人均收入比为2.47∶1;1997年以后城乡收入差距再次扩大,到了2009年左右达到3.33∶1的高水平,引起广泛的社会不满(余喆杨、李建军,2008)。近年来由于国家实施新农村建设和农业优惠政策,以及农民工工资水平的上升,城乡收入差距有所下降,城乡人均收入比2010年为3.23∶1,2011年为3.13∶1,2012年已经下降到3.10∶1。但总体上看,我国城乡差距问题仍然非常严峻。

除了收入差距,城乡间还存在着各种非经济的城乡差距。例如,在基础设施建设、社会保障水平、教育机会和教育水平、卫生和医疗服务水平等各种公共服务和社会福利,无论在数量还是在质量方面,农村地区都远落后于城镇地区。这些城乡之间的经济和非经济的普遍差距,带来城乡之间的经济和社会发展日益失衡。

城乡差距的扩大一定程度上是发展中国家必然出现的发展问题。正如刘易斯所说,发展中经济体存在落后的传统农业部门和现代工业部门。在农业部门和工业部门的生产率差别,推动大量劳动力从农村部门进入城市,而农村劳动力存在劳动力无限供给,限制了农村劳动力的工资水平。城市工业部门不断推动产业规模的扩大,带来城市经济的繁荣和财富增长,并因此使得城市和农村部门的经济差距不断扩大。刘易斯的发展经济学理论也告诉我们,当农村剩余劳动力被吸纳结束以后,城乡劳动力市场的工资水平才会提高。在劳动力不断向城市部门转移的城镇化过程中,农村部门非农经济发展所带来的生产率提高和工资水平提高,最后才会逐步形成城乡劳动力市场均衡,实现城乡平衡发展的态势。

我国发展过程中的城乡差距扩大,显然还受到城市为中心的发展思路和一系列相对不利于农村农民甚至剥夺农村农民利益的制度因素的影响。农产品价格制度、土地制度、公共财政制度、户籍制度等制度安排都强化了城乡发展差距的扩大。从农产品价格制度来看,粮食收购价格仍然相当大程度受到计划收购的指令控制,粮食生产的利润主要由销售环境而非农户所获得。在土地制度上,农村集体土地制度和城市国有土地制度形成了土地制度的剪刀差,而农村集体土地只有通过土地国有化才能进入土地市场,使得土地增值的收益多数由城市政府和房地产部门获得,从而扩大了城乡之间利益的不平衡。同时,由于工业化发展集中在城镇,城镇部门有较大的财政能力加强道路交通、教育、卫生等公共服务建设,农村部门在基础设施和公共服务的财政能力不足,甚至城市部门还将城市垃圾、城市更新改造的贫困人口转移到周边农村地区,进一步扩大了城乡发展的不平衡。从户籍制度上看,进入城市务工经商的劳动力难以得到城市市民待遇并在城市永久居留下来,他们对城市经济和社会发展作出贡献,但难以得到足够的社会再分配,他们的劳动力工资水平仍相对低于城市劳动力,而当他们失去工作或者年龄较大时回到农村,进一步带来对农村部门养老、医疗等社会保障和社会服务的压力。

农村地区不仅在公共财政和公共服务上相对滞后于城市地区,农村地区的发展能力不足,也使得城乡收入差距的扩大更加具有累积性和长期化趋势。城镇化过程本身是农村优质人力资源进入城市的过程,城镇部门不仅得到大量劳动力供给,也增加了人力资本的存量,增加了创新和创业的动力。而农村地区在大量人口流出的过程中,也出现人力资本的净流失,进一步弱化了农村地区本来就薄弱的人力资本,在农村地区出现大规模的留守儿童、留守妇女和留守老人。由于城市户籍制度的限制,当外出就业的农民工进入中高年以后,他们在就业市场上处于不利处境,又转而回到农村地区,这些人口的社会保障不足,使农村部

十七、统筹城乡发展

门的社会压力进一步增强。相反,对于农业和农村发展的长期投资则相对薄弱,农村的生态环境恶化非常严峻,限制了农村部门长远发展的潜力。

(2) 城乡平衡

城乡间的结构性差距越大,对城市化发展所带来压力和挑战就越突出。因此,如何缩小城乡间的收入差距,包括缩小城乡间的公共服务和社会福利的差距,是城市化中后期的重要任务。在城市化过程中应推动有利于农村和农民的城镇化发展,实现城镇化发展利益在城乡之间、在不同社会群体之间更平等的分配,以及需要让农民更加平等地参与现代化进程,共同分享现代化和城镇化的成果。

实现城乡之间更加平衡的发展,要增强对农村和农业部门的投资,支持工业和城市反哺农村,推动农业技术现代化,加强农业基础设施投资,完善农业经营方式的规模化,加强农业机械化,引导对农村和农业的投入,从而提高农业生产率(洪银兴,2007)。只有使农村地区的生产率提升和社会福利水平的增长速度快于城市地区,才能有效缓解城乡差距的扩大。

实现城乡之间更加平衡的发展,要保障和实现农民在城镇化过程中的土地利益。保护农民土地利益的前提是明确农民的土地权利,实现农民的土地利益则需要推动农民土地利益的市场化。长期以来,农民只有土地的承包和经营权,但没有没有土地的转让、抵押权利,这强化了农民对土地的短期行为,限制了对土地的投资,也难以使土地利益转变成为农民的财产性收入。十八届三中全会关于全面深化改革的决定中提出,"赋予农民对承包地占有、使用、收益、流转及承包经营权抵押、担保权能,允许农民以承包经营权入股发展农业产业化经营。鼓励承包经营权在公开市场上向专业大户、家庭农场、农民合作社、农业企业流转,发展多种形式规模经营"。同时还提出实现包括宅基地在内的农村集体土地权利,"赋予农民更多财产权利。保障农民集体经济组织成员权利,积极发展农民股份合作,赋予农民对集体资产股份占有、收益、有偿退出及抵押、担保、继承权。保障农户宅基地用益物权,改革完善农村宅基地制度,选择若干试点,慎重稳妥推进农民住房财产权抵押、担保、转让,探索农民增加财产性收入渠道。建立农村产权流转交易市场,推动农村产权流转交易公开、公正、规范运行"。以及"建立城乡统一的建设用地市场。在符合规划和用途管制前提下,允许农村集体经营性建设用地出让、租赁、入股,实行与国有土地同等入市、同权同价"。土地是农民的重要资产,通过推动新一轮的土地革命,使农民能够保证自身的土地权利、维护自身的土地利益和实现土地利益,并增强农民的资产性发展能力,推动农民将土地财富资产化,增强其在城镇化中投资创业的能力。

实现城乡之间更加平衡的发展,需要在社会事业和公共福利上向农村和农民倾斜,逐步实现基本公共服务均等化。通过加强财政转移支付和鼓励多元投资,统筹城乡基础设施建设和社区建设;大力促进教育公平,促进城乡义务教育资源均衡配置;统筹城乡社会保障一体化,完善城乡均等的公共就业创业服务体系;完善网络化的城乡基层医疗卫生服务运行体系。

2. 城乡活性化

社会主义市场经济体制下的城镇化发展内在要求实现生产要素的流动性,发展自由流动的劳动力、土地等要素市场。当劳动力流动和土地市场的发展受到阻碍,则有可能影响城市化的发展进程。

改革以来城乡制度壁垒松动,带来大量农村人口进入城市务工经商。非户籍流动人口数量从20世纪80年代的600万,到2000年增加到1.4亿,到了2010年已经增加到2.6亿。而由于存在城乡户籍制度和以户籍制度为依托的社会福利和社会管理体制，流动人口不能有效融入城市和实现市民化，阻碍了城镇化的发展。劳动力在城乡之间的流动性被限制，带来一系列不利的后果。

首先，我国的城镇化表现为虚假的城镇化，虽然城镇化率在数字上达到了56.1%，但是流动人口并没有实现市民化，按照户籍来衡量的真实的城镇化水平只有35%左右。同时，我国城镇化表现为"浅度城镇化"（左学金，2010），流动人口虽然在城市长期居住和稳定居住，但是流动人口在就业和劳动力市场、社会保障、城市住房领域等方面存在制度性的排斥，流动人口的待遇和福利状况远低于本地人口，这也意味着流动人口并没有真正彻底地实现城镇化。城乡之间人口的流动性被限制，也使得乡城移民未能完成其城镇化过程。笔者的研究表明，在一个同期进入城市的流动人口群体中，只有约11%的流动人口逐步在城市沉淀下来，多数流动人口不得不在年龄较大或者失去工作时离开城市，使人口迁移流动表现为暂时性移民和工作性移民（任远，2006）。乡城迁移表现为进城和返乡之间的流动，是一种暂时性迁移或者说是周期性迁移，并没有完成城镇化的过程（任远，2010）。进一步的后果在于，由于城乡流动性的通道受堵，当流动人口年龄较大时难以在城市永久居留，而不得不回到流出地的农村地区，导致农村地区的老龄化问题尤其严重，以及这些人口缺乏足够的保障金的积累而带来更大的生活保障困境。

人口的社会流动性受到阻碍会带来社会结构的固化。例如，当大量乡城移民进入城市却难以融入城市体系，难以实现向上的社会流动，就会使传统的城乡二元结构转移到城市内部形成城市内部新的二元结构，形成"城乡三元结构"的局面（甘满堂，2001）。王春光（2003）的研究表明，农民工进入城镇，主要是从一种边缘社会进入城市边缘社会的水平流动，流动人口难以市民化，使其在社会结构上的向上的流动性受到阻碍，也限制了现代社会中产阶级的形成。

当流动人口难以完成其迁移流动，他们也难以在生活方式上真正市民化，他们的储蓄率更高，并难以将经济收入的提高转化为消费需求。这意味着流动人口在城市中的生活尽量节俭，而主要将务工和经商的收入汇款给农村或者作为未来返乡后的经济开支。因此，虽然大量乡城迁移人口在城市大规模积聚，却缺乏足够的动力实现内需增长。

因此，劳动力在乡城之间的流动受到阻碍，使得大量劳动力居住在城市，但是不能成为城市的有机组成部分，或者他们在城市暂时性居住，不能根本上改革城乡结构。这样的流动性壁垒和城乡隔离，带来城市发展缺乏道德和公正，并造成城市发展内在动力的萎缩。

户籍制度是阻碍城乡人口流动和劳动力市场流动的根本性的制度壁垒。由于户籍制度的限制，在就业公共服务、部分就业岗位聘用、社会保障和社会福利、住房服务等方面存在的制度性歧视，一定程度上限制了劳动力的自由流动。研究表明，户籍制度对于劳动力向城市迁移具有显著的负面影响，户籍制度相关的制度壁垒一定程度上也是造成东部沿海地区"民工荒"的制度原因，同时户籍制度也使得东部沿海城市难以获得稳定的劳动力供给，制约了产业持续发展和升级转型。户籍制度不仅影响人口流动性，同时由于户籍制度与一系列福利体制相联系，户籍制度也带来城市劳动力内部的不平等待遇，并进而对城乡收入差距带来影响。

当前我国户籍制度改革总体上滞后于城乡人口迁移流动的态势，需要将加快推动户籍制度改革作为统筹城乡发展的重要制度改革。十八届三中全会提出，"推进农业转移人口市民化，逐步把符合条件的农业转移人口转为城镇居民。创新人口管理，加快户籍制度改革，全面放开建制镇和小城市落户限制，有序放开中等城市落户限制，合理确定大城市落户条件，严格控制特大城市人口规模"。户籍制度构成城乡福利体制和社会管理的载体性制度，逐步实施户籍制度的改革存在相当的难度。因此，一方面需要逐步将户籍身份和社会福利脱钩，另一方面需要逐步扩大城市户籍接纳的条件。在我国，不同地区也正在根据人口迁移流动的具体特点实施有针对性的户籍改革方案。例如，在广东地区实施积分入户的改革（郑梓桢、宋健，2012），而在重庆和成都地区积极推动就地城镇转移过程中的户籍转换。通过户籍改革来适应人口流动性，逐步破解城乡之间的制度隔离，是当前城乡统筹发展的重要制度改革。

3. 城乡发展的双向进步

统筹城乡发展的第三个任务是在城镇化过程中构造城乡关系的双向性。城镇化发展需要改变单向的要素资源从农村向城市转移的城镇化，同时需要在城镇化过程中发挥农村的价值，构造出以工补农、以城带乡的机制，形成城乡整体共同发展。

（1）改变城市的单向主义

顾名思义，城镇化是围绕城市为中心的要素集聚和发展能级的提升，是以人口城镇化、土地城镇化和资本城镇化为主要表现生产要素向城镇集聚的过程。大量人口向城镇集中，大量农村集体土地转换为城镇化地区，以及资本和产业向城市集中，构成城镇化发展的基本特点。长期以来的城镇化发展模式，是农村向城镇单向转移的城镇化，农村发展服务于城镇化的目的，以及农村发展为城镇工业化提供资本积累，是一种单向性的农村支持城市的城镇化过程。这样的单向性或者城市偏向的城镇化发展，也往往以牺牲农村和带来农村的衰落为代价，是城乡差距扩大的重要原因（程开明，2008）。

世界主要先发展国家的城镇化过程，往往都是这样的城镇中心主义的发展模式，例如英国17、18世纪的工业化和对农村地区的圈地运动，向城镇区域集聚也客观上具有规模经济的内在规律性。但是在这些国家城镇化发展的后期，也带来产业和资本向农村地区的外部扩散，带来郊区化和城市区域体系的演化，以至于人们意识到城市和乡村共同构成城市区域体系的不可缺少的组成部分。

统筹城乡的城镇化发展的一个重要内涵是改变偏向城镇的城市主义思路，重视农村在城镇化过程中的独特和不可替代的价值。在城镇化过程中的农村不仅为城镇化提供劳动力和余粮支持，农村的农田、森林、绿地和山川河流同时为城镇部门提供生态服务，并和城镇一起构成一个有机的生态体系。农村的生活方式和文化形态也成为与城市生活截然不同的生活存在，成为村落文化的载体，同时支持休闲旅游的发展。因此，城镇化过程不是单纯的从农村进入城镇的过程，也不是农村为城镇服务的过程，而是农村和城镇共同构成城乡整体体系。统筹城乡发展的前提在于，城市和农村在城镇化发展过程同样具有重要的、不可缺少的发展价值。正如联合国前秘书长安南提出，"不要将'城市'和'农村'看作是相互隔离的实体，而应将它们视为经济和社会整体中的组成部分；城市与农村在许多方面都是相互作用和影响的。尽管在城市和农村的发展中存在着明显的差别，需要采取不同的干预方法，但是最终可持续发展不会也不应该完全偏重于一方，而忽视另一方……城市对于农村发展有着重要的贡献，也让我们在这种理解的基础之上去寻求一条整体发展之路"（转引自叶超、陈明星，2008）。

从这种城乡整体观和城乡共同发展的视角出发，统筹城乡发展需要从单独的城市规划发展到城乡整体规划，从重视城市建设用地到重视城乡整体空间规划。城乡的整体形态规划要统筹考虑，促进城市和自然，以及和人类活动的良好协调。将城乡的工农业产业活动、道路交通、绿地、自然山水资源、园林、农林地和生态网络实现整体协调，将农村作为城乡体系的有机组成部分。在城市和乡村实施整体的产业与生活规划、城乡空间（土地利用）规划、基础设施统筹与生态网络构建、城乡公共服务设施规划、城乡形态规划等等规划体系，实现整体性衔接。

从这种城乡平等价值和城乡双向发展的视野出发,统筹城乡发展一方面要推动新型城镇化,另一方面则要推动新农村建设。城镇化离不开美丽乡村,而且需要美丽的、有发展能力的乡村与城镇的繁荣,共同构成城乡整体发展体系。城镇化和统筹城乡发展过程中需要推动人力资本、物质资本在城乡之间的相互影响,包括农村劳动力进入城市寻找创新和创业机会,也包括城镇产业机会和生活方式向农村传播扩散。强化农村劳动力和土地要素等自由进入城市,同时应该积极鼓励城市的人力资本、产业资本和社会资本进入农村,并在此过程中带动农村生态工程、农村地区的新兴产业和农村社会事业的全面进步。

(2) 城乡的循环进步

从这种城乡发展相互影响和相互作用的视角出发,统筹城乡发展还意味着通过农村发展支撑城镇化发展,而城镇化发展带动农村发展的良性循环。只有农业劳动生产率不断提高,才能提供足够的余粮,并支持人口向城镇转移和提高城镇化。以及通过农业劳动生产率提高,才能继续从农村地区转移出新的剩余劳动力而支持人口向城市转移。当农村生产率水平难以提高,农村的剩余劳动力难以继续提供,以及宏观上劳动力人口比重下降,人口继续向城镇部分转移就会遇到瓶颈。同时,在"刘易斯转折点"以后,只有城镇部门劳动生产率不断提高,才能提供充分的就业机会来吸纳农村劳动力继续向城镇部门转移;只有将城镇部门的技术创新转移到农村才能实现农业的进步和现代化,将城镇部门的产业链条衍生到农村才能带来农村非农经济的持续发展;将城镇部门的物质资本和人力资本转移到农村,才能扭转农村地区的人力资本净流失状态,而重新获得发展的能力。因此,统筹城乡发展,要鼓励城镇化和乡村的双向性建设,并在此过程中实现城镇化和农村发展之间的循环进步。

4. 城乡整体发展的道路

20世纪80年代以来中国改革的成功,证明了制度建设对于经济社会发展的巨大作用。通过围绕建立社会主义市场经济为主线的一系列制度改革,推动了中国城镇化发展和城乡二元结构的破解。而在另一方面我们也看到,当制度改革相对滞后,则会限制城镇化进程,不利于城乡整体协调的推进。当前时期,城镇化过程中城乡差距的扩大、城乡要素市场的壁垒,以及城市中心主义的发展模式,都与一系列制度改革相对缓慢密切相关。同时,统筹城乡发展的基本任务也指出了未来城镇化发展制度改革的方向。因此,在当前时期推动城镇发展,实现城乡结构的整合和城乡一体化的目标,需要积极推进一系列城乡制度体系整体改革,包括城乡公共财政制度和对农村地区公共服务的转移支付制度建设,城乡社会保障制度和国民统一的社会保障体系建设;改革作为城乡二元结构载体性制度的户籍制度,改革农村土地制度和促进农村土地市场建设;推动城乡行政管理体制和社会管理体制的整合,并逐步建立城乡整体发展、区域整体发展的制度框架。

由于城乡发展的整体性,使得城镇化过程中的制度改革需要实施综合配套的改革方案。在我国不同地区,人口迁移流动和乡城迁移的基本特点不同,不同地区产业发展、城镇化发展处于不同阶段,城乡发展条件存在很大差异,不同地区统筹城乡发展的制度改革的特点和路径因此也具有很大差异性。例如,重庆地区主要还是本地农村人口进入当地城镇,通过宅基地的流转、集中和复垦,通过"地票"制度得到城镇建设用地,并因此带动产业和社会福利的发展,这是一种就地城镇化的统筹城乡发展的道路。在广东地区的农村集体土地股份制的城乡统筹模式,以及在上海以郊区化和新城建设为主的城乡一体化管理模式,都是富有地方经验的统筹城乡发展模式。同时,中小城镇的统筹城乡发展遇到的问题和特大型城市统筹城乡发展遇到的问题也有显著不同。这些都要求实行更加多样化和适应地方实际的统筹城乡发展综合性制度改革。因此，在城镇化过程中的统筹城乡发展，一方面要重视改革的顶层设计，另一方面也要充分发挥地方性经验在统筹城乡发展方面的探索创新，并增强不同地区统筹发展实践经验的相互交流。

政府主导作用对推动城镇化发展和统筹城乡关系具有重要作用，但政府之手的行政干预，也可能带来资源配置的低效率和扭曲市场机制，有可能损害农村居民的利益，甚至挤出民间市场力量对城镇化过程的创新作用。因此，政府对于城镇化和统筹城乡发展的作用并不是直接用行政手段配置要素资源，城镇化过程中仍然要坚持市场机制对资源配置的决定性作用，政府应采取制度手段规范市场，通过制定制度和规范来监管企业、社会组织和劳动者在城镇化过程中的有序运行。转变政府职能是重要的，在城镇化的初期，过分强调了政府通过投资和推动经济增长的经营性政府的职能，在城镇化发展的中后期，更加重视政府在城乡公共物品提供中发挥作用，逐步转变成为公共服务型政府。政府应该将增进城乡整体福利、承担社会利益的再分配，及提供城乡基本公共服务作为其重要职能。这也要求政府在城乡发展中加强城乡社会事业建设和社会管理体制，加强公共财政的转移支付，促进基本公共服务的均等化。

在城镇化和城乡统筹发展中，政府发挥作用的方式也需要转型和改革。政府在城镇化过程中不能主要靠政策手段和行政机制来协调城乡利益，而应更加注重利用法治手段规范市场主体行为，保障社会不同群体利益，需要更多地利用法治手段协调城镇化过程中的权利和利益。城镇化过程涉及城乡之间、不同利益主体之间权利和利益的调整，如农民的土地问题本质上是土地财产权利的维护和实现问题，农民工的城乡流动也是农民工的社会权利的维护和实现。因此，统筹城乡发展需要完善包括土地征用管理、农村集体土地管理和流转、土地利用和城市规划立法、社会保障立法、城镇化和移民权利保障等相关立法，需要通过完善法治来规范政府行为和企业行为。

同时，统筹城乡发展也要求支持和鼓励不同主体在城镇化过程中发挥多元力量的作用。政府在城镇化过程中也需要逐步改变政府管办不分和垄断社会经济事业的现象，需要积极组织企业和各种社会主体共同推动城乡发展。例如，积极鼓励市场和社会力量发展企业，投资城乡的教育、卫生、水利、养老等公共社会事业，使城镇化过程成为多主体共同参与的过程。同时，正是因为城乡统筹发展与人的利益息息相关，在城镇化过程中需要更加尊重农民以及城乡移民自身的民主决策和自主选择。政府在城镇化过程中需要改变在城镇化规划方案和政策制定上的由上到下单独决定的主导方式，需要更加推动多方参与和公共决策，通过社会参与和公共决策的民主性，使得不同群体能够有效表达自身需要，并促进不同群体在城镇化过程中的利益在城乡公共政策中得到实现。

总之，在城市化水平达到 50% 以后如何继续有效推进我国的城市化，从而实现城乡二元结构的根本破解，实现城乡整体发展和城乡协调一体的目标，是国家未来发展面临的重要战略任务。统筹城乡发展是一项结构性改革任务，要实现城乡平衡发展、城乡流动性的提高，实现新农村建设和新城镇建设共同推进的城乡双向发展、循环发展。通过统筹城乡发展，逐步破解城乡二元结构，实现城乡协调和城乡整体发展，仍然依赖综合性、配套性的制度改革，需要提升政府治理的能力，重视法治手段的应用，重视多元社会主体的共同参与，加强治理体系和治理能力建设。只有这样，才能支持中国实现有效的、良好的城镇化，并引导中国在城乡整体发展中推动现代国家治理体系的形成。

参考文献

程开明：《从城市偏向到城乡统筹发展——城市偏向政策影响城乡差距的 Panel

Data 证据》,《经济学家》2008 年第 3 期。

甘满堂:《城市农民工与转型期中国社会的三元结构》,《福州大学学报(哲学社会科学版)》2001 年第 4 期。

洪银兴:《工业和城市反哺农业,农村的路径研究》,《经济研究》2007 年第 8 期。

任远:《"逐步沉淀"与"居留决定居留"——上海市外来人口居留模式分析》,《中国人口科学》2006 年第 3 期。

任远:《由"进城"和"返乡"共同构成的城市化》,《江苏社会科学》2010 年第 3 期。

王春光:《农民工的社会流动和社会地位的变化》,《江苏行政学院学报》2003 年第 4 期。

叶超、陈明星:《国外城乡关系理论演变及其启示》,《中国人口、资源与环境》2008 年第 1 期。

余喆杨、李建军:《城乡居民收入的互动关系研究——基于改革开放 30 年数据的实证分析》,《财政研究》2008 年第 8 期。

郑梓桢、宋健:《户籍改革新政与务实的城市化新路》,《人口研究》2012 年第 1 期。

左学金:《"浅度城市化"如何破题》,《人民论坛》2010 年第 5 期。

后　　记

　　中国的城乡发展和城镇化发展道路，是我学术工作的一个重要主题。这几年来，我陆续完成了三部著作：一是《城市流动人口的居留模式和社会融合》（上海三联书店，2012年），讨论了城镇化过程中日益增长的非户籍人口迁移流动在城市居留模式具有非永久迁移和非定居性居住的特点，以及探讨迁移流动人口社会融合的影响因素。二是《人口迁移流动和城镇化发展》（上海人民出版社，2014年），这本书主要是基于国家统计局第六次人口普查数据分析的项目，是一本合作的成果，对2000—2010年我国人口迁移流动和城镇化发展的态势和内在机理进行了分析，说明人口在国土空间的动态变化，列举城镇化发展在我国不同区域表现出不同的模式，对未来的人口迁移流动和城镇化发展进行了发展态势预测和战略性建议。本书《未来的城镇化道路》汇集了我最近几年来对中国探索新型城镇化发展的一些理论思考，从城镇化发展的内在规律、应对城镇化过程中的挑战、实现新型城镇化的制度改革和治理三个角度梳理了我的学术研究所得。

　　书稿是逐步成型的。在2015年前，我已经零星地完成了一些章节。而本书的主要工作完成于2015—2016年，当时我在美国布朗大学开展了一个学年的学术访问，于是利用这个机会致力于这项工作，基本完成了本书的初稿。2016年回国后，我又作了一些修改和增补，基本上在2017年年初完成了定稿。从联系出版社到最终付梓，我感谢复旦大学出版社王德耀先生、孙晶女士和马晓俊编辑所提供的帮助。

　　本书中的部分内容得到了上海哲社专项委托课题"城市化中后期

后　记

城乡结构调整和城乡统筹发展研究"、教育部新世纪人才（2012—2015）等若干项目资助的支持。书稿的出版得到了复旦大学社会发展与公共政策学院 2016 年度学院科研专项经费的资助。

中国的未来将进入一个继续城镇化和深化城镇化的时代，城镇化发展过程中诸多问题和挑战日益深化，新型城镇化要求的人的城镇化、更加整合包容的城镇化、大中小城市的均衡发展和城市群的发展治理、城乡结构的整合和国家统一市场的形成等等重大问题，仍然需要继续深入探索。同时，在"一带一路"、长江经济带发展的宏观背景下，我国城镇化的未来进程、发展格局也将表现出新的特点，仍然需要学界不断研究和思考。路漫漫其修远兮，吾将上下而求索。尽学术探索的努力，以求知识的进步和对社会的贡献，是当代学人应该秉持的学术责任。是为记。

任　远

2017. 9. 25

图书在版编目(CIP)数据

未来的城镇化道路/任远著. —上海:复旦大学出版社,2018.1 (2020.1 重印)
ISBN 978-7-309-13374-5

Ⅰ. 未… Ⅱ. 任… Ⅲ. 城市化-研究-中国 Ⅳ. F299.21

中国版本图书馆 CIP 数据核字(2017)第 273232 号

未来的城镇化道路
任　远　著
责任编辑/宋启立

复旦大学出版社有限公司出版发行
上海市国权路 579 号　邮编:200433
网址:fupnet@fudanpress.com　http://www.fudanpress.com
门市零售:86-21-65642857　团体订购:86-21-65118853
外埠邮购:86-21-65109143　出版部电话:86-21-65642845
当纳利(上海)信息技术有限公司

开本 787×1092　1/16　印张 20.5　字数 252 千
2020 年 1 月第 1 版第 2 次印刷

ISBN 978-7-309-13374-5/F·2416
定价:52.00 元

如有印装质量问题,请向复旦大学出版社有限公司出版部调换。
版权所有　侵权必究